现代物流综合实训
——任务驱动式教程

主　编　吕　银　刘树娟　孙霞克
副主编　王　静　牛海滨
参　编　许　晶　伊冬冬　徐　凤
　　　　陆佳怡　张　兵　李　岩

北京理工大学出版社
BEIJING INSTITUTE OF TECHNOLOGY PRESS

内 容 简 介

本书是依据职业本科教育物流类专业群新专业教学标准编写的课程配套教材,也是"岗课赛证训"新形态教材。本书在智慧物流发展背景下,以物流企业综合职业能力培养为目标,以典型工作任务为载体,围绕学生的发展和企业的岗位需求设计了综合实训项目。

本书可供高职院校、职业本科院校和应用型本科院校物流类专业的学生进行综合实训使用,也可作为物流企业职工的培训教材。

版权专有　侵权必究

图书在版编目（CIP）数据

现代物流综合实训:任务驱动式教程 / 吕银,刘树娟,孙霞克主编. --北京:北京理工大学出版社,2023.9

ISBN 978-7-5763-2914-8

Ⅰ. ①现… Ⅱ. ①吕… ②刘… ③孙… Ⅲ. ①物流管理-职业培训-教材 Ⅳ. ①F252.1

中国国家版本馆 CIP 数据核字(2023)第 182960 号

责任编辑：封　雪	**文案编辑**：毛慧佳	
责任校对：刘亚男	**责任印制**：李志强	

出版发行 / 北京理工大学出版社有限责任公司	
社　　址 / 北京市丰台区四合庄路 6 号	
邮　　编 / 100070	
电　　话 /（010）68914026（教材售后服务热线）	
（010）68944437（课件资源服务热线）	
网　　址 / http://www.bitpress.com.cn	

版 印 次 / 2023 年 9 月第 1 版第 1 次印刷	
印　　刷 / 涿州市新华印刷有限公司	
开　　本 / 787 mm×1092 mm　1/16	
印　　张 / 16.75	
字　　数 / 393 千字	
定　　价 / 88.00 元	

图书出现印装质量问题，请拨打售后服务热线，负责调换

前言

基于5G、工业互联网、大数据、人工智能等新技术的发展，物流行业已处于从传统物流向智慧物流转型发展的时期。党的二十大报告提出，要"加快发展数字经济，促进数字经济和实体经济深度融合，打造具有国际竞争力的数字产业集群"。因此，物流行业将向更加智能化、高效化、数字化转型升级，形成智慧物流新模式，也将全面提升物流效率、降低物流成本，实现物流行业的快速发展。同时，智慧物流的快速发展也对物流人才的培养提出了更高的要求，而各职业院校承担着培养高素质职业型人才的重任，即培养具有互联网思维和创新思维、具备扎实的物流职业技能和一流的职业素养的高素质人才。其中，教材在人才培养中发挥着基础性作用。

2019年1月，国务院发布《国家职业教育改革实施方案》，明确提出要建设一大批校企"双元"合作开发的国家规划教材，其中专业教材随信息技术发展和产业升级情况及时动态更新。

本书在国家物流行业发展的趋势下，落实国家物流专业教学标准，对物流综合实训课程进行了设计。本书以立德树人为根本任务，融入课程思政，将7S管理、成本意识、安全意识、劳动精神等融入课程实训任务中，从而在潜移默化中提高学生的职业素养。本书中的每个项目均由实训目标、任务概述、实训环境和设备、职业能力要求、考核标准、知识链接、技能训练内容组成，可以指导学生完成综合实训任务，从而达到德技并修的效果。

本书具有如下鲜明特色。

1. 聚焦物流管理核心岗位技能要求

以岗位能力要求确定教学目标，将岗位工作任务转化为具体的学习任务，将企业典型案例融入实训内容，培养学生提高专业操作技能并提高职业素质。

2. "岗课赛证训"多元融合

本书在编写时融入了物流专业相关专业课程、典型岗位、智慧物流技能大赛、"1+X"证书考试等多方面内容，满足学生课程实训、岗位培训、参加技能大赛，以及考取"1+X"证书等多方面的需求。

3. 融入最新物流技术

准确把握经济社会发展脉搏，反映"互联网+物流"背景下物流行业最新的应用技术、方法、理念。教材配套的实训内容，紧密贴合智慧物流发展，融入最新智慧物流新技术，使学生能更好地适应物流行业发展。

本书由辽宁理工职业大学吕银副教授、刘树娟副教授和孙霞克老师担任主编，由辽宁理工职业大学王静、牛海滨担任副主编。另外，许晶、伊冬冬、徐凤、陆佳怡、张兵、李岩也参与了本书的编写。编写的具体分工为：吕银编写项目一、项目三和项目六的部分内容；刘树娟、孙霞克编写项目二、项目四；王静、许晶编写项目五；伊冬冬、徐凤、陆佳怡编写项目六的部分内容；牛海滨、张兵、李岩编写项目七；全书由吕银统稿。本书的编写得到了调研企业的大力支持，参阅了大量的专著、教科书、期刊，以及网络资源，在此对相关作者表示衷心的感谢。

由于编者水平有限，书中难免存在疏漏之处，敬请广大读者批评指正。

编 者

2023 年 6 月

目录

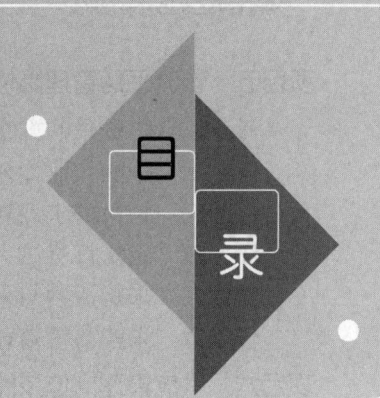

项目一 仓储管理岗位技能实训 …………………………………… (001)
  任务一 入库作业准备 ……………………………………………… (001)
  任务二 入库验收 …………………………………………………… (010)
  任务三 物动量 ABC 分类法 ………………………………………… (017)
  任务四 托盘堆码 …………………………………………………… (024)
  任务五 托盘货物存储上架 ………………………………………… (031)
  任务六 在库盘点 …………………………………………………… (046)
  任务七 7S 管理 ……………………………………………………… (054)

项目二 配送管理岗位技能实训 …………………………………… (059)
  任务一 订单有效性分析 …………………………………………… (059)
  任务二 客户优先权分析 …………………………………………… (068)
  任务三 补货作业分析 ……………………………………………… (072)
  任务四 拣选作业 …………………………………………………… (078)
  任务五 配送时效性分析 …………………………………………… (084)
  任务六 配送路线优化实训——节约里程法 ……………………… (088)
  任务七 货物配装配载 ……………………………………………… (094)
  任务八 配送需求计划 ……………………………………………… (100)

项目三 流通加工岗位技能实训 …………………………………… (106)
  任务一 手动打包机应用 …………………………………………… (106)
  任务二 半自动打包机应用 ………………………………………… (109)
  任务三 流通加工技术指派问题（匈牙利法） …………………… (113)

项目四 运输管理岗位技能实训 …………………………………… (119)
  任务一 运输作业优化 ……………………………………………… (119)
  任务二 产销平衡运输问题（表上作业法） ……………………… (128)
  任务三 运输调度计划 ……………………………………………… (139)

项目五　物流采购管理岗位技能实训……………………………………………（147）
任务一　物资采购方案编制…………………………………………………（147）
任务二　采购作业计划………………………………………………………（158）
任务三　物料需求计划法……………………………………………………（163）
任务四　定量订货法…………………………………………………………（171）
任务五　采购谈判与采购合同………………………………………………（179）
任务六　采购与绩效评估……………………………………………………（189）

项目六　供应管理岗位技能实训……………………………………………………（198）
任务一　商业企业供应商管理………………………………………………（198）
任务二　制造企业供应商管理………………………………………………（202）
任务三　供应商选择与考核…………………………………………………（208）
任务四　供应商关系管理……………………………………………………（216）

项目七　综合实训——现代物流作业方案设计与实施……………………………（221）

参考文献………………………………………………………………………………（259）

项目一　仓储管理岗位技能实训

任务一　入库作业准备

一、实训目标

1. 知识目标
➢ 熟悉验收物品的性能、特点。
➢ 掌握各种仓库类型的存储空间计算指标。
➢ 掌握货物堆码、苫盖材料的基本要求。
➢ 掌握收货单据、报表填写的规范。

2. 能力目标
➢ 能全面了解验收物品的性能、特点。
➢ 能根据入库任务合理规划存储空间。
➢ 能合理选择验收及装卸搬运器械。
➢ 能合理准备待入库货物堆码、苫盖材料。
➢ 能准确核对并填写单证、报表。
➢ 能准确识别并合理选择托盘规格。
➢ 培养学生分析问题、解决问题的能力。

3. 素养目标
➢ 树立敬业精神、安全意识、节约意识和劳动意识，培养学生的团队协作能力。
➢ 培养学生物流作业优化意识。

建议学时：4学时。

二、任务概述

入库作业准备是指仓储管理员接到物品入库预报后予以确认，并根据预报的内容做好存储货位、装卸机具、人力准备等工作，从而保证物品到达后可以及时进行入库作业。

三、实训环境、实训设备

(一)实训场地

仓储实训室应满足 40 名学生同时开展入库实训任务。

(二)实训设备

多媒体教室、计算机、物流实训室、托盘、纸张等，可满足教师授课、演示，以及每名学生进行入库作业准备的应用分析实训任务的开展。

四、职业能力要求

入库作业准备职业能力要求如表 1-1 所示。

表 1-1　入库作业准备职业能力要求

职业岗位	工作内容	基本技术	相关知识	技能要求
仓储管理员（以下简称"仓管员"）	入库作业准备	存储货位准备	货物存储空间占用的分析	根据预计到货物品的特性、体积、质量、数量和到货时间等信息，结合物品分区、分类和货位管理的要求，预计货位，预先确定物品的拣货场所和存储位置
		验收及装卸搬运器械准备	收货检验的流程、方法，装卸设备的合理配置	①仓库理货人员根据物品情况和仓储管理制度，确定验收方法，准备验收所需要的计件、检斤、测试、开箱、装箱、丈量、移动照明等器具 ②根据到货物品的特性、货位、设备条件、人员等情况，科学、合理地制订卸车搬运方案，准备好相关作业设备，安排好卸货站台或场地，以保证装卸搬运作业的效率
		堆码、苫盖材料准备	堆码、苫盖的合理选择	①依据到货物品的特性确定好货位后，要做好防雨、防潮、防尘、防晒准备，准备好所需的苫盖材料 ②苫盖材料应根据货位位置和到货物品特性进行合理选择
		人员及单证准备	收货作业人员配置，单据、报表确认	①按照到货物品的入库时间和到货数量，按计划安排好接运、卸货、检验、搬运物品的作业人员 ②仓储管理员要准备好物品入库所需的各种报表、单证、账簿，以备使用

五、考核标准

入库作业准备考核标准如表 1-2 所示。

表 1-2　入库作业准备考核标准

实训内容	考核标准	满分	得分
入库作业	存储货位区域选择合理	15 分	
	存储货位数量准备满足要求	15 分	
	验收及装卸搬运器械选择齐全	10 分	
	验收及装卸搬运器械数量准备满足要求	10 分	
	堆码、苫盖材料选择合理	10 分	
	堆码、苫盖材料数量准备满足要求	10 分	
	人员及单证准备满足要求	10 分	
	5S 管理	10 分	
	完成入库作业计划	10 分	
总分		100 分	

六、知识链接——入库作业准备

(一) 入库前的准备工作

仓库的入库准备需要由仓库业务部门、仓库管理部门、设备作业部门分工合作，共同做好以下几方面工作。

1. 熟悉入库货物

掌握入库货物的品种、规格、数量、包装状态、单价、体积、到库确切时间、货物存期、货物的理化特性、保管的要求等，据此进行精确和妥善的库场安排和准备。

2. 掌握仓库库场情况

了解在货物入库期间和保管期间仓库的库容、设备、人员的变动情况，以便安排工作。

3. 做好相关人员准备

按照货物的入库时间和到货数量，预先计划并安排好接运、卸货、检验、搬运货物的作业人员。

4. 做好物力准备

根据入库货物的种类、包装、数量等情况及接运方式，确定搬运、检验、计量等方法，配备好所用车辆、检验器材、度量器和装卸、搬运、堆码、苫盖物料，以及必要的防护用品等。

5. 做好仓位准备

按照入库货物的品种、性能、数量和存放时间等，结合堆码要求核算占用仓库的面积,以及进行必要的腾仓、清场、打扫、消毒,还要准备好验收的场地。

6. 准备好苫盖材料

确定入库货物的堆码形式和苫盖形式,准备好苫盖材料,做到商品的堆放与苫盖工作在同一时间内一次性完成,以确保商品的安全,避免以后的重复工作。

7. 文件、单证准备

仓库员对货物入库所需的各种报表、单证、记录簿等,如入库交接清单、入库单、料卡、残损单等,预先准备妥当,以备使用。

(二)货位分配

入库货位分配是指把货品分配到最佳的货位上。仓库货位分配一方面可以提高仓库平面和空间的利用率;另一方面可以提高货物保管质量,方便出入库作业,从而降低货物的仓储作业成本。

1. 货位分配的影响因素

(1)存储货物的特性、外形体积、重量、价值、质量、供应商。

(2)物料的进货时间及数量。

(3)出入库的频率。

(4)存储设备、搬运与输送设备和其他辅助物品。

2. 货位分配的方式

货位分配的方式有人工分配、计算机辅助分配和计算机全自动分配三种。

(1)人工分配。

人工分配货位所凭借的是管理者的知识和经验,其效率因人而异。人工分配货位方式的优点是比计算机等设备的投入费用少,但是缺点是分配效率低且差错率高,需要大量人力。

(2)计算机辅助分配。

计算机辅助分配方式是利用图形监控系统,收集货位信息并显示货位的使用情况,为货位分配者提供实时查询,为货位分配提供参考,最终还是需要人工下达货位分配指示。

(3)计算机全自动分配。

计算机全自动分配是利用图形监控储位管理系统和各种现代化信息技术(条形码扫描器、无线通信设备、网络技术、计算机系统等),用计算机分析后,直接完成货位分配工作,即整个作业过程不需要人工分配作业。

3. 货位分配的存储分类

(1)定位存储。

当库存货物有下列特征或要求时,可以考虑定位存储:

1)多品种少批量的货物;

2)将重要货物需要存放在重点保管区;

3)库房空间较大时;

4)根据货物的重量及规格安排储位；

5)不同物理性质和化学性质的货物须控制不同的存储条件，或防止不同性质的货物互相影响。

定位存储具有如下优点：储位容易被记录，可以根据周转率高低来安排货位，可以缩短出入库的搬运距离，便于按货物的不同特性安排储位并降低货物之间的影响等。因此，定位存储特别适用于手工作业的仓库。

定位存储的缺点有：库容利用率低，需要较大的存储空间，要求货物的储位容量必须大于其可能的最大库存量。

(2)随机存储。

随机存储与定位存储相比，可节省更多的移动库存货物的时间，提高了存储空间利用率。当出现货物种类少、批量或体积较大的货物，当库存空间有限时，如需利用存储空间，可以考虑随机存储。

随机存储存在以下缺点：增加了物料出入库管理及盘点工作的难度；周转率高的货物可能被存储在距离出入口比较远的位置，增加了搬运的工作量和费用；如果存放的货物发生物理变化或化学变化，可能影响相邻存放的货物；立体仓库的物料放在上部，底部空着，造成高层货架头重脚轻，不稳定。

由于随机存储的这些缺点，使随机存储的储位适用于信息化的仓库，管理要求比较严格。

(3)分类存储。

分类存储是指所有货物按一定特性加以分类，每类货物固定其存储位置，同类货物的不同品种又按照一定的法则来安排储位。由于储位必须按各类货物的最大在库量设计，存储区域空间平均使用效率低于随机存储。

(4)分类随机存储。

分类随机存储是指每类货物都有固定储位，但每个储位的安排是随机的。因此，分类随机存储兼有定位存储和随机存储的特点。

(5)共同存储。

共同存储是指在确定知道各货物进出仓库时间的前提下，不同货物共用相同的储位，这种存储可以更好地利用存储空间，节省搬运时间。

4.货位分配的基本思路

(1)根据货物的种类和特点分配货位。

货位分配首先应该考虑货物的种类及特点，并按照区、列、层、格的划分，对货物进行管理，实时掌握每一货格的状况。做到货位规格与货物包装规格匹配，货位容量与货物数量接近。

(2)根据"先进先出"的原则分配货位。

"先进先出"是仓储保管的重要原则，能避免货物过期变质。在分配货位时要避免后进的货物围堵先进的货物，在安排入库时就要考虑出库是否方便。

(3)根据出入库频率的原则分配货位。

选择货位时，考虑出入库频率高的货物使用方便作业的货位，如靠近主通道的货位；

对于有持续入库或者持续出库的货物,应安排在靠近出口的货位,方便出入;流动性差的货物,可以离入口较远。同样的道理,存期短的货物安排在出入口附近。

(4)根据相同客户货物邻近的原则分配货位。

为了便于统一、集中管理,更便于按订单分拣、备货,可以将同一客户的货物放在同一个区域。

(5)根据相同货物邻近的原则分配货位。

将同一品种货物放置于同一区域的相邻货位。这样,仓库作业人员对于货物保管位置都能熟记于心,有利于储放货物、查找货物、盘点作业,也方便出库。

(6)根据避免污染的原则分配货位。

分配货位时要考虑相近货物的情况,防止相近货物"相忌",从而影响货物质量。例如,对于茶叶、香皂、烟这种易发出味道影响其他货物的,存储时就应特别注意。

(7)根据方便操作的原则分配货位。

分配货位时也要考虑是否便于装卸搬运,是否安全和卫生。如体积笨重的货物,应离装卸搬运作业区最近,以减少搬运作业量,或者方便直接利用装卸设备进行堆垛作业。另外,在使用货架时,重货应放在货架下层;而那些需要人力搬运的重货,最好存放在位于腰部高度的货位。

(8)根据作业量分布均匀的原则分配货位。

货位的安排应尽可能地避免同行线路上有多项作业同时进行,以免相互妨碍,即应尽量实现不同线路上的各货位同时进行装卸作业,从而提高作业效率。

七、技能训练内容

(一)实训资料包

1. 任务资料

根据入库通知单上的相关信息和现阶段库区存储情况,完成入库作业准备。仓库设施数据如表1-3所示。

表1-3 仓库设施数据

库房号	库房面积/m^2	库高/m	地坪载荷/$(kg \cdot m^{-2})$	存储条件	备注
1	1 000	4.8	2 000	平置库	仓库可用宽度受限为5m
2	2 000	5.6	3 000	平置库	机械设备存储库
3	5 000	5.6	3 000	重型货架存储	货架结构可参见图1-1

仓库货架采用高4 550 mm,层高1 350 mm,横梁高120 mm,单元货格宽2 300 mm的横梁式货架,如图1-1所示。

托盘采用规格为1 200 mm×1 000 mm的川字式托盘,其厚度为160 mm,如图1-2所示。

图 1-1　货架结构

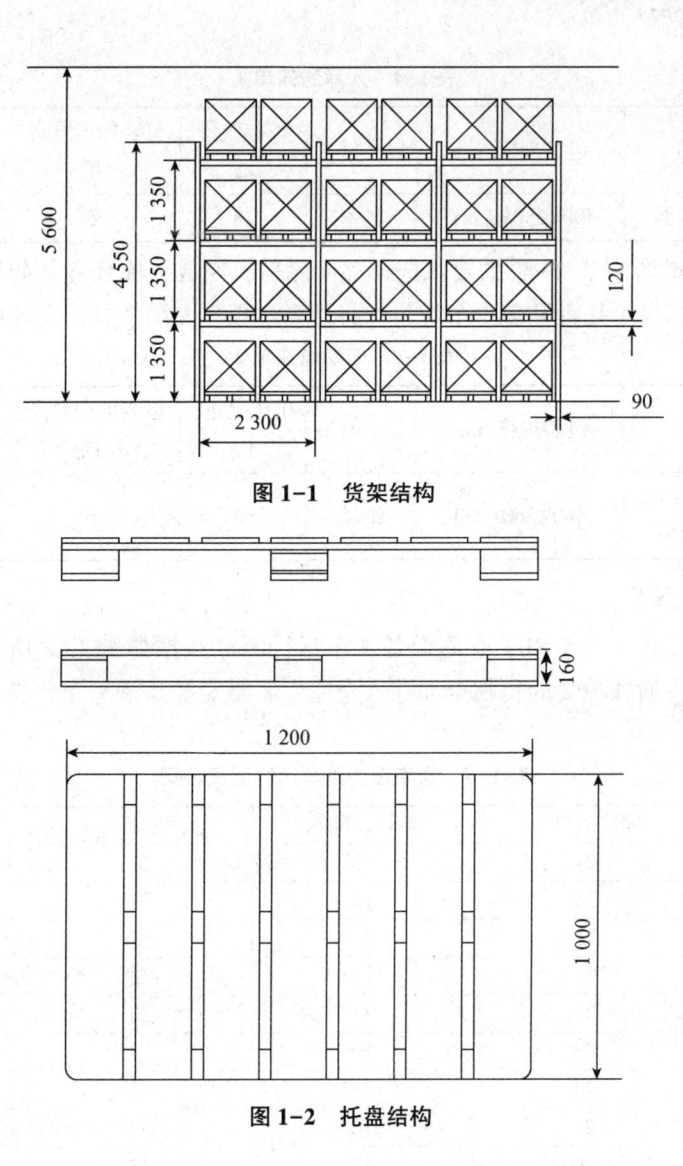

图 1-2　托盘结构

2. 项目实施

四人为一个小组,共同完成入库准备作业方案设计。
1) 计算平置库储位面积。
2) 计算货架库所需货位数量。
3) 估算入库所需各种类设备数量。
4) 选择适当堆码苫盖材料。
5) 完成人员与单证准备。

(二) 作业要求或方案设计要求

1. 存储货位准备任务

按照入库通知单 1 (表 1-4) 的要求选择存储库房,如果该批货物入库后码垛堆存,请计算至少需要多大面积的储位,再计算出计划堆成重叠堆码的平台货垛的垛长、垛宽及垛高。最后,将计算过程写入第 9 页指定区域。

表1-4　入库通知单1

入库编号	品名	包装规格/mm	包装材料	单体毛重/kg	包装标识限高/层	入库总量/箱	备注
00011216	五金工具	400×250×4 500	杨木	48	5	2 400	

按照入库通知单2(表1-5)的要求选择存储库房，完成入库任务。如果该批货物上架存储，需要准备多少个托盘和多少个货位？将计算过程写入第9页指定区域。

表1-5　入库通知单2

入库编号	品名	包装规格/mm	包装材料	单体毛重/kg	包装标识限高/层	入库总量/箱	备注
00011311	吉欧蒂雅干红葡萄酒	460×260×252	纸箱	15	6	30 000	

2. 设备准备任务

已知每辆叉车每天工作8h，仓库设备叉车运行测试数据如表1-6所示。若要使货物在一天之内将入库通知单2的货物全部存入仓库，需要安排几辆叉车？将计算过程写入第9页指定区域。

表1-6　仓库设备叉车运行测试数据

任务	固定时间/s	堆垛时间/s	行驶时间/s	耗损时间/s
任务一	24	10	20	18
任务二	25	12	23	15
任务三	22	9	18	17
任务四	25	11	22	18
任务五	24	9	20	19
任务六	23	10	19	18
任务七	24	9	22	20
任务八	21	12	20	17
任务九	26	10	21	18
任务十	24	11	20	19

3. 苫盖材料准备任务

按照入库通知单3(表1-7)上提供的包装规格、单体毛重、包装标识限高和入库总量，分析入库任务中如果有垫垛需求选择哪种衬垫材料和准备多少垫垛材料，将结果填入第9页指定区域。

表1-7　入库通知单3

入库编号	品名	包装规格/mm	包装材料	单体毛重/kg	包装标识限高/层	入库总量/箱	备注
00011219	自动加工机床	设备底架是规格为2 m×2 m×0.5 m的两条钢架	无	30	6	1	

(三)所需填制的卡、表、单

1) 根据表1-4,将答案填入框中。

| |
| |

2) 根据表1-5,将结果填入框中。

| |
| |

3) 根据表1-6,将结果填入框中。

| |
| |

4) 根据表1-7,将结果填入框中。

| |
| |

（四）实训报告

姓名		学号	
专业		班级	
实训日期		指导教师	
实训任务			
实训收获及反思			

任务二　入库验收

一、实训目标

1. 知识目标
➢ 掌握验收货物的性能、特点。
➢ 掌握货物验收的检验方式。
➢ 掌握收货检验样本比例的确定方法。
➢ 掌握收货单据、报表的填写规范。

2. 能力目标
➢ 能通过简洁手段进行质量检验。
➢ 能合理选择数量检验方式。
➢ 能合理确定抽检样本。
➢ 能运用设备进行辅助检验。
➢ 能准确核对并填写单证、报表。
➢ 培养学生分析问题、解决问题的能力。

3. 素养目标
➢ 树立敬业精神、安全意识、节约意识和劳动意识。

➢ 培养学生具有精益求精的工匠精神。
➢ 培养学生吃苦耐劳的品质。
➢ 培养学生的团队协作能力、沟通意识。

建议学时：4 学时。

二、任务概述

货物验收是指仓库在货物正式入库前，按照一定的程序和手续，对到库货物进行数量和外观质量的检查，以验证货物是否符合订货合同规定的一项工作。货物验收的主要目的是明确供货单位、承运单位和保管单位的质量责任。入库验收是货物入库作业中的一个环节，凡进入仓库存储的货物必须经过验收，只有验收过的货物才能入库保管。因此，入库验收是仓储作业中的一项重要工作。

三、实训环境、实训设备

（一）实训场地

现代物流实训中心、实训室机房，可满足 40 名学生同时进行入库验收实训任务。

（二）实训设备

多媒体教室、计算机、物流实训室、托盘、纸张、量尺等计量工具等，可满足教师授课、演示，以及每名学生开展入库验收的应用分析实训任务。

四、职业能力要求

入库验收职业能力要求如表 1-8 所示。

表 1-8 入库验收职业能力要求

职业岗位	工作内容	基本技术	相关知识	技能要求
仓储管理员	入库验收	验收准备	验收凭证的要求、计量、检测器具标准	①收集、整理并熟悉各项验收凭证、资料和有关验收要求 ②准备所需的计量器具、卡量工具和检验仪器仪表等
		核对凭证	入库相关单据、报表、凭证的内容与要求	①核对业务主管部门提供的入库通知单、订货合同副本、协议书等 ②核对供货单位提供的质量证明书、装箱单、磅码单、发货明细表、说明书、保修卡及合格证等；核对承运部门提供的运单、反映货物残损情况的货运记录、普通记录和公路交接清单等 ③在核对以上凭证的过程中，若发现证件不齐或不符等情况，要与有关业务部门及时联系以便和供货单位、承运部门交涉处理

续表

职业岗位	工作内容	基本技术	相关知识	技能要求
仓储管理员	入库验收	确定验收比例	各种因素对验收比例的影响	确定抽检比例应以合同为准，当合同没有规定时，应考虑货物的价值、性质、气候条件、运输方式、厂商信誉、生产技术、存储时间等因素，综合确定验收比例
		实物验收	质量及数量验收的合格判定标准	①仓管人员进行质量验收时，大多针对货物外观质量进行，主要是通过人的感觉器官，检验货物包装外形或装饰有没有缺陷 ②检查货物包装的牢固程度，检查货物有没有损伤，如撞击、变形、破碎等；检查货物是否被污染，有无潮湿、霉腐、生虫等 ③进行货物数量验收时可运用计件法、检斤法、检尺求积法
		验收记录	验收记录的内容与要求	根据入库单所列内容对货物进行验收后，做好详细记录，填写货物验收单及仓库货物验收记录，并作出书面总结报告，及时向主管部门及存货单位反馈，以便查询处理
		验收问题处理	验收问题处理规定	对验收中发现的问题，应根据不同情况，采取不同的方法处理

五、考核标准

入库验收作业考核标准如表1-9所示。

表1-9　入库验收作业考核标准

实训内容	考核标准	满分	得分
入库验收	验收准备完备	15分	
	核对资料准确	15分	
	验收方式选择正确	10分	
	抽检样本明确	10分	
	数量检验准确	10分	
	质量检验准确	10分	
	包装检验准确	10分	
	不良货物处理及时	10分	
	完成入库交接和登记	10分	
合计		100分	

六、知识链接——货物验收

(一)初检方法

1)看:看外观,即货物有没有破损、水渍等。
2)量:量规格,依据单据、图纸要求测量规格。
3)对样:对照样品进一步核实货物的外观形状等。
4)色:对颜色,对色板,对色样。
5)称:称重量,核对数量。
6)装箱:确认装箱方式、装箱方法及装箱效果。
7)区:区分良品和不良品。
8)分:分离,不同班组分离清点。
9)标识:标识清晰,与单据相符。

(二)验收比例的确定及验收形式

(1)验收比例。

通过综合评价法选择合理的检验方法,确定验收比例。但在确定验收比例时,应考虑表 1-10 中的因素。

表 1-10 入库验收抽验比例考虑因素一览

考虑因素	抽验比例
货物价值	货物价值高的,应全查或提高抽验比例;有些价值特别大的货物应全验
货物性质	货物性质不稳定的、质量易变化的和易混杂不良品质的,应提高验收比例或全查
气候条件	在雨季或梅雨季节,怕潮货物应提高抽验比例;在冬季,怕冻货物应提高抽验比例或全查
运输方式和工具	采用容易影响货物质量的运输方式和运输工具运送的货物,应提高抽验比例
厂商信誉	信誉好的厂商的抽验比例低,反之则高
生产技术	对于生产技术水平高、质量较稳定的货物,抽验比例高
存储时间	对于存储时间长的货物,应提高抽验比例

(2)验收形式。

1)数量检验。在一般情况下,数量检验应为全检,即按件数全部进行点数。按重量供货的全部检斤,按理论重量供货的全部检尺,后换算为重量,以实际检验结果中显示的数量为实收数。

2)外观检验。外观检验主要从以下几个方面进行检查:

外表——检验货物的包装外形或装饰有无缺陷;

包装——检查货物包装的牢固程度;

碰损——检查货物撞击、变形、破碎等损伤程度;

污染——检查货物是否被雨、雪、油等污染;

其他——有无潮湿、霉腐、生虫等问题。

(三)验收问题的处理

(1)凭证不齐。

仓储部门在验收货物时,若发现货物凭证不齐,应及时向供应商索取,再将该批货物作为待检货物堆放到待检区,待凭证到库后再验收。在凭证未到齐之前,不能验收和入库,更不能发料(物料管理部门根据生产计划直接向制造部门发放仓库中储存的物料的现象)。

(2)数量不符。

若货物数量短缺在磅差允许的范围内,则可按原数入账;若货物数量短缺超出了磅差允许的范围,则应做好验收记录,填写磅码单并交主管部门,由主管部门同供应商交涉处理;若货物数量多于原发料量,则由主管部门向供应商退回多余货物或补付相应货款。

(3)质量不符。

仓储部门验收货物时,若发现货物质量不符合标准,则应及时填写退货单,向供应商办理退货或换货手续,或者在征得供应商同意后,在不影响使用的前提下以低价收货。

(4)部分货物残损。

仓储部门验收货物时,如果发现部分货物残损,应分以下两种情况处理。

1)若货物残损情况在货运记录范围内,则可按实际验收情况填写验收记录。

2)若货物残损情况在货运记录范围之外或无货运记录,则应查明原因,做好验收记录并交主管部门,由主管部门同供应商交涉处理。

(5)未按时到货。

仓储部门验收货物时,若发现货物凭证已到达,但货物未在规定的时间内到库,则应及时通知供应商查询货物情况。

(6)价格不符。

仓储部门验收货物时,若发现货物总金额计算错误,则应通知供应商及时更改;同时,按照合同规定的价格承付货款。

七、技能训练内容

(一)实训资料包

1. 任务资料

根据入库通知单,结合货物性质和验收实训的现场检验条件,完成验收准备、验收操作和相关单据。

2. 项目实施

以四人为小组完成以下任务。

1)接收入库通知单,分析货物性质和批量,做好验收工作准备。
2)填写"货物收货初检记录"。
3)选择合理的检验方法和验收比例。
4)进行数量和质量检验,填写"货物验收单"。
5)填写"货物验收异常统计表",并进行异常处理。

(二)作业要求或方案设计要求

接到如表1-11中的入库通知单后,根据货物的性质和批量进行货物验收工作的各项准备。

表 1-11 入库通知单

入库时间： 年 月 日 时

货物编号	品名	包装规格/mm	包装材料	单位	数量	备注
00001212	欢喜微波炉（181）	290×290×149	纸箱	箱	200	
00001216	欢喜微波炉（201）	282×482×368	纸箱	箱	300	
00001214	欢喜微波炉（211）	461×261×289	纸箱	箱	150	

1）收集、整理并熟悉各项验收凭证、资料和有关验收要求。
2）准备验收所需的计量器具、卡量工具和检测仪器仪表等。
3）落实检验地点，选择合理的堆码垛形和检验方法。
4）准备所需的苫垫堆码物料和操作人员。
5）准备配合商检部门或检验部门到库进行检验或质量检测。

（三）所需填写的账、表、单

1）核对入库收货相关凭证资料，填写表 1-12 中的货物初检记录。

表 1-12 货物初检记录

品名		包装规格		
货物编号		单位		
送货人		送货日期		
供货单位		检查结果		备注
检查项目		是	否	
送货时间、地点是否与约定的一致				
送货车辆是否密封				
货物名称、规格、批号、数量、颜色、等级、产地是否正确				
有没有合格证，有没有商标				
货物包装是否完整，有没有破损				
发货明细表、货物运输单、封口签的标识数量与入库通知单数量是否相符				
结论：				

2）按照验收要求，进行货物质量、数量检验，填写表 1-13 中的货物验收。

表 1-13 货物验收单

序号	货物名称	包装规格	单位	应收数量	实收数量	质量	验收人
1							
2							
3							

续表

序号	货物名称	包装规格	单位	应收数量	实收数量	质量	验收人
4							
5							
验收时间				审核人			

3）将验收中发现的问题填写在表 1-14 的货物验收异常统计中，并采取合适的方法处理，完成表 1-15 中退货单的填写。

表 1-14　货物验收异常统计

序号	交货单编号	料名	料号	数量	供应商	供应商编号	交货日	不良内容	处理方法
1									
2									
3									
4									
合计									

表 1-15　退货单

厂商：　　　　　　　　　　　　　年　月　日　　　　　　　　　　编码：

货物条码	名称	规格	数量	备注	签章
退货理由					

主管：　　　　　　　　　　　　　　　　　　　　　　　　　填表人：

（四）实训报告

姓名		学号	
专业		班级	
实训日期		指导教师	
实训任务			
实训收获及反思			

任务三 物动量 ABC 分类法

一、实训目标

1. 知识目标
- 掌握物资统计分析方法的应用。
- 掌握物动量 ABC 分类法的基本原理及操作流程。

2. 能力目标
- 能够对物资进行统计并进行数据处理和分析。
- 能应用 ABC 方法解决问题。

3. 素养目标
- 培养学生正确的采购管理岗位的职业操守。
- 培养学生的工匠精神。

建议学时：4 学时。

二、任务概述

根据南京通达物流公司仓库货物出入库的资料，对货物进行物动量 ABC 分类，并根据不同的分类采取不同的管理方法。

三、实训环境、实训设备

（一）实训场地

现代物流实训中心、实训室机房，可满足 40 名学生同时进行物动量 ABC 分类管理实训任务。

（二）实训设备

多媒体教室、计算机、物流实训室、白板、纸张等，可满足教师授课、演示，以及学生进行物动量 ABC 分类管理实训任务。

四、职业能力要求

物动量 ABC 分类法的职业能力要求如表 1-16 所示。

表 1-16 职业能力要求

职业岗位	工作内容	基本技术	相关知识	技能要求
仓储管理员	物动量 ABC 分类管理	熟悉物动量 ABC 分类法的管理原则；熟知物动量 ABC 分类法的具体步骤	掌握物动量 ABC 分类法的原理；掌握物动量 ABC 分类法的具体步骤	能够进行物动量 ABC 分类的具体操作

五、考核标准

物动量 ABC 分类法职业能力考核标准如表 1-17 所示。

表 1-17 物动量 ABC 分类法职业能力考核标准

实训内容	考核标准	满分	得分
物资 ABC 分类管理	确定统计周期收集数据	10 分	
	进行数据处理（计算、排序、汇总等）	20 分	
	编制 ABC 分类表（正确体现单项占比、累计占比）	20 分	
	根据 ABC 分类标准确定 ABC 分类结果	10 分	
	绘制 ABC 分析图	20 分	
	完成 ABC 物资分类管理实训报告（完整性、科学性、美观性）	20 分	
	合计	100 分	

六、知识链接——物动量 ABC 分类法

物动量 ABC 分类法又称为重点管理法，在库存控制和库位优化以及物资管理中起着很大的作用。其中属于 A 类的是少数价值高的重要项目，这部分货物品种少，单位价值高，在实际工作中，这些货物品种数占存货总品种数 10%左右；而从出库金额看，这些货物出库金额占存货出库总金额的 70%左右。属于 C 类的是为数众多的低值项目，从品种数量来看，其占全部存货总品种数的 70%左右；而从出库金额来看，这类存货的出库金额占全部存货出库总金额的 10%左右。B 类存货则介于这两者之间，从品种数和出库金额看，其品种数占全部存货总数的 20%左右，出库金额占全部出库总金额的 20%左右。

七、技能训练内容

(一)实训资料包

1. 任务 1 背景资料

根据南京通达物流公司仓库货物连续 6 周出库的资料，对货物进行 ABC 分类，并根据不同的分类采取不同的管理方法，具体数据如表 1-18 所示。

表 1-18 连续 6 周的出库收据　　　　　　　　　　　　　　　　单位：箱

货品编码/条码	货品名称	第一周出库量	第二周出库量	第三周出库量	第四周出库量	第五周出库量	第六周出库量
6931433330065	手口湿巾	285	178	283	188	280	278
6925911519653	妈妈壹选肥皂	280	168	285	170	290	265
6930720110519	好想你红枣	281	175	275	165	273	270
6952124203338	婴儿洗发沐浴二合一	260	170	275	165	278	265
6940653910230	东北黑木耳	275	160	260	173	263	280
6903148270745	帮宝适拉拉裤	200	175	280	200	190	295

续表

货品编码/条码	货品名称	第一周 出库量	第二周 出库量	第三周 出库量	第四周 出库量	第五周 出库量	第六周 出库量
6910019012601	超能亮丽植萃低泡洗衣液	100	52	48	53	45	35
6920174763676	好爸爸天然熏香洗衣液	100	45	50	48	50	38
6901939661604	可口可乐	50	80	48	50	48	30
6924714600162	乐事薯片	50	50	60	50	50	43
6922255447833	百岁山饮用天然矿泉水	100	48	33	45	40	35
6922024732955	徐福记糖果	43	50	43	80	43	40
6936571950052	百事可乐	30	50	60	50	60	43
6903244675338	百草味牛肉干	45	50	53	50	45	38
6923644282028	蒙牛纯牛奶	40	45	50	43	50	40
6943052100110	恒大冰泉长白山天然矿泉水	60	40	50	40	48	30
6914068029573	洁柔纸巾	50	40	50	45	38	43
6941742575019	方家铺子龙眼干	48	40	45	38	43	40
6901285991240	怡宝饮用纯净水	45	40	43	40	43	33
6944293802979	谷物发酵饼干	43	50	35	38	35	33
6933426796230	泉林本色纸巾	35	40	45	38	35	38
6911988018687	杏仁酥饼	45	38	45	30	25	38
6920912350885	盼盼法式小面包	38	33	40	40	33	34
6910042900115	手撕面包	45	43	35	25	38	20
6936003512414	旺仔牛奶糖	30	33	38	40	30	35
6922266438417	清风湿巾	35	35	33	30	15	40
6956532100289	旺仔纯牛奶	25	23	23	28	50	20
6920912360488	肉松饼	38	30	38	20	10	28
6946571100333	绿雅湖米粉	29	30	23	25	23	30
6901236380505	厨房纸巾	33	25	33	25	18	23

2. 任务 1 实施

1）将出库量进行汇总并按照出入库总量进行降序排列。
2）计算每种货物的品种和出库量的单项占比和累计占比。
3）根据 ABC 分类标准得出计算结果。
4）根据计算结果和分类结果，画出物资 ABC 折线图。

经计算得到如表1-19所示的结果。其中，分类标准参考如下：0≤A≤60%；60%<B≤90%；90%<C≤100%。

表1-19 计算结果

货品编码/条码	货品名称	出库总量/箱	单项占比/% 品种	单项占比/% 出库量	累计占比/% 品种	累计占比/% 出库量	分类结果
6931433330065	手口湿巾	1 492	3.33	10.32	3.33	10.32	A
6925911519653	妈妈壹选肥皂	1 458	3.33	10.09	6.67	20.41	A
6930720110519	好想你红枣	1 439	3.33	9.96	10.00	30.37	A
6952124203338	婴儿洗发沐浴二合一	1 413	3.33	9.78	13.33	40.14	A
6940653910230	东北黑木耳	1 411	3.33	9.76	16.67	49.90	A
6903148270745	帮宝适拉拉裤	1 340	3.33	9.27	20.00	59.17	A
6910019012601	超能亮丽植萃低泡洗衣液	333	3.33	2.30	23.33	61.48	B
6920174763676	好爸爸天然熏香洗衣液	331	3.33	2.29	26.67	63.77	B
6901939661604	可口可乐	306	3.33	2.12	30.00	65.88	B
6924714600162	乐事薯片	303	3.33	2.10	33.33	67.98	B
6922255447833	百岁山饮用天然矿泉水	301	3.33	2.08	36.67	70.06	B
6922024732955	徐福记糖果	299	3.33	2.07	40.00	72.13	B
6936571950052	百事可乐	293	3.33	2.03	43.33	74.16	B
6903244675338	百草味牛肉干	281	3.33	1.94	46.67	76.10	B
6923644282028	蒙牛纯牛奶	268	3.33	1.85	50.00	77.96	B
6943052100110	恒大冰泉长白山天然矿泉水	268	3.33	1.85	53.33	79.81	B
6914068029573	洁柔纸巾	266	3.33	1.84	56.67	81.65	B
6941742575019	方家铺子龙眼干	254	3.33	1.76	60.00	83.41	B
6901285991240	怡宝饮用纯净水	244	3.33	1.69	63.33	85.10	B
6944293802979	谷物发酵饼干	234	3.33	1.62	66.67	86.72	B
6933426796230	泉林本色纸巾	231	3.33	1.60	70.00	88.31	B
6911988018687	杏仁酥饼	221	3.33	1.53	73.33	89.84	B
6920912350885	盼盼法式小面包	218	3.33	1.51	76.67	91.35	C
6910042900115	手撕面包	206	3.33	1.43	80.00	92.78	C
6936003512414	旺仔牛奶糖	206	3.33	1.43	83.33	94.20	C
6922266438417	清风湿巾	188	3.33	1.30	86.67	95.50	C

续表

货品编码/条码	货品名称	出库总量/箱	单项占比/% 品种	单项占比/% 出库量	累计占比/% 品种	累计占比/% 出库量	分类结果
6956532100289	旺仔纯牛奶	169	3.33	1.17	90.00	96.67	C
6920912360488	肉松饼	164	3.33	1.13	93.33	97.81	
6946571100333	绿雅湖米粉	160	3.33	1.11	96.67	98.91	
6901236380505	厨房纸巾	157	3.33	1.09	100.00	100.00	
合计		14 454	100.00				

注：①累计占比最终结果按四舍五入计算；②品种单项占比=每种商品品类数/总品类数×100%。

根据表1-19中的计算结果，绘出ABC分类折线，如图1-3和图1-4所示。

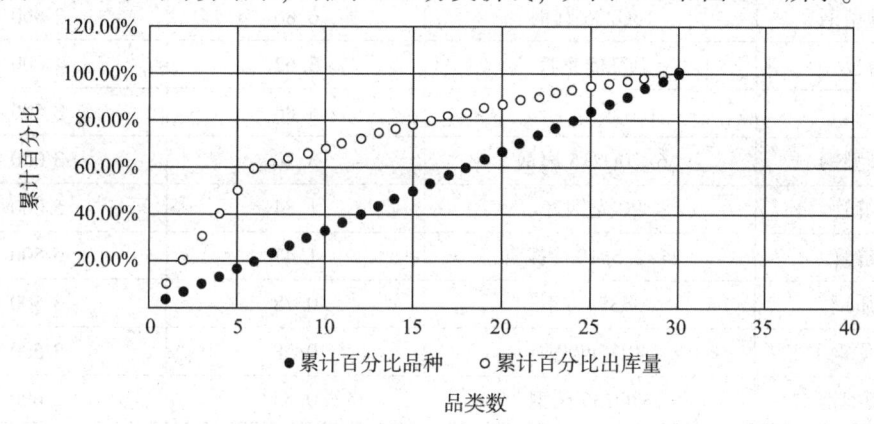

图1-3 ABC分类折线1

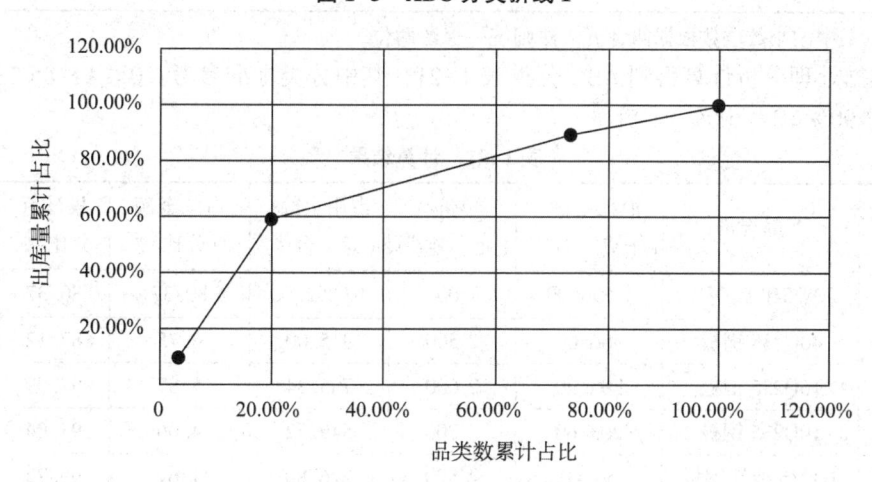

图1-4 ABC分类折线2

3. 任务2资料

明日制造公司是一家国有大型企业，主要生产三种产品：异步电动机、电容器柜和电机车。生产产品使用的各种钢材如表1-20所示。

表1-20 生产产品使用的各种钢材

品种	产品规格	消耗定额/(千克·台$^{-1}$)	单价/(元·吨$^{-1}$)
硅钢片	50W540 硅钢片	1 556.00	7 000
大型型钢	40Q235 钢板	366.00	2 500
中板	16Q235 钢板	305.90	2 600
中板	10Q235 钢板	203.60	2 700
薄板	1Q235 冷轧钢板	50.40	4 500
大型型钢	120Q235 圆钢	26.40	2 800
中型型钢	6×20Q215 扁钢	6.54	3 000
小型型钢	16Q235 圆钢	6.86	2 800
薄板	1Q235 钢板	3.62	4 000
金属制品	1.6 镀锌钢丝	3.86	3 500
小型型钢	6×20Q215 扁钢	3.20	3 000
无缝管	20 光钢管	1.84	5 000
无缝管	25×2.5#10 冷拨管	1.47	5 500
优质钢	3635#方钢	0.78	3 500
优质钢	1235#圆钢	0.58	3 500
中型型钢	38Q235 圆钢	0.55	2 600
金属制品	1.5T262(y)黄钢丝	0.05	3 500

注：本书中的小数位数根据四舍五入法则统一保留两位。

经数据处理分析计算得到ABC分类表1-21，其中分类标准参考：0≤A≤85%；85%<B≤90%；90%<C≤100%。

表1-21 计算结果

品种	产品规格	消耗定额/(千克·台$^{-1}$)	单价/(元·吨$^{-1}$)	占用金额/(元·台$^{-1}$)	占总金额百分比/%	累计百分比/%	ABC分类
硅钢片	50W540 硅钢片	1 556.00	7 000	10 892.00	80.37	80.37	A类
大型型钢	40Q235 钢板	366.00	2 500	915.00	6.75	87.12	B类
中板	16Q235 钢板	305.90	2 600	795.34	5.87	92.99	B类
中板	10Q235 钢板	203.60	2 700	549.72	4.06	97.04	C类
薄板	1Q235 冷轧钢板	50.40	4 500	226.80	1.67	98.72	C类
大型型钢	120Q235 圆钢	26.40	2 800	73.92	0.55	99.26	C类
中型型钢	6×20Q215 扁钢	6.54	3 000	19.62	0.14	99.41	C类
小型型钢	16Q235 圆钢	6.86	2 800	19.21	0.14	99.55	C类

续表

品种	产品规格	消耗定额/(千克·台$^{-1}$)	单价/(元·吨$^{-1}$)	占用金额/(元·台$^{-1}$)	占总金额百分比/%	累计百分比/%	ABC分类
薄板	1Q235 钢板	3.62	4 000	14.50	0.11	99.65	C 类
金属制品	1.6 镀锌钢丝	3.86	3 500	13.51	0.10	99.75	
小型型钢	6×20Q215 扁钢	3.20	3 000	9.60	0.07	99.83	
无缝管	20 光钢管	1.84	5 000	9.20	0.07	99.89	
无缝管	25×2.5#10 冷拔管	1.47	5 500	8.09	0.06	99.95	
优质钢	3635#方钢	0.78	3 500	2.74	0.02	99.97	
优质钢	1235#圆钢	0.58	3 500	2.03	0.01	99.99	
中型型钢	38Q235 圆钢	0.55	2 600	1.44	0.01	100.00	
金属制品	1.5T262(y)黄钢丝	0.05	3 500	0.16	0.00	100.00	
合计				13 552.86			

(二)作业或方案设计要求

1. 作业要求

运用所学理论知识和实践技能完成明日制造公司的 ABC 分类表的编制；进行科学合理的 ABC 分类管理；学生可以充分利用 Excel 完成数据的处理分析，完成 ABC 分类表的绘制。

2. 实训组织形式

1)建议独立完成该问题的实训流程，保留每一环节的 Excel 运算步骤。

2)教师利用 Excel 讲授演示 ABC 分类涉及的各种表单的编制和填制。

3)每位同学完成以上两种类型的 ABC 分类表的编制，形成完整的 ABC 分类表编制实训报告。

(三)所需账、表、单

根据情境描述资料，本次实训所涉及的有效数据可以根据项目 1 和项目 2 获取，在 Excel 中自行完成 ABC 分类表的编制，并生成 ABC 折线图，并将数据写在框中。

(四)实训报告

姓名		学号	
专业		班级	
实训日期		指导教师	
实训任务			
实训收获及反思			

任务四　托盘堆码

一、实训目标

1. 知识目标
➢ 掌握托盘的规格、特点。
➢ 掌握各类包装的规格、特点,熟悉货物组托的操作规范。

2. 能力目标
➢ 能有效提高托盘利用率。
➢ 能合理选择托盘码放方式。
➢ 能使用拉伸膜、包装带加固货垛。
➢ 培养学生分析问题、解决问题的能力。

3. 素养目标
➢ 树立敬业精神、安全意识、节约意识和劳动意识,培养学生的团队合作能力。
➢ 让学生养成精益求精的工匠精神,以及吃苦耐劳的品质。

建议学时:2学时。

二、任务概述

堆码是将物品整齐、规则地摆放成货垛的作业。该实训项目为货物入库时,为了提高托盘利用率和仓库空间利用率,方便库内装卸搬运,以托盘为载体把单件商品成组化(单元化)的过程。

三、实训环境、实训设备

(一)实训场地

现代物流实训中心、实训室机房,能满足40名学生同时进行托盘堆码实训项目。

(二)实训设备

手动托盘搬运车、托盘(木质或塑料托盘,商务部推荐规格为 1 200 mm×1 000 mm)、纸箱、拉伸膜加固和包装带等辅助材料。

四、职业能力要求

托盘堆码作业职业能力要求如表1-22所示。

表 1-22 托盘堆码作业职业能力要求

职业岗位	工作内容	基本技术	相关知识	技能要求
仓储管理员	托盘堆码	选取组托方式	组托合理性目标	熟悉重叠式、纵横交错式、正反交错式、旋转交错式等组托方法,根据货物特点确定组托方式
		绘制组托图	组托图的绘制标准	①用 Word 绘图功能绘制示意图;②画出托盘码放的奇数层俯视图和偶数层俯视图;③在图上标出托盘的长、宽规格(以 mm 为单位);④用文字说明堆码后的层数;⑤用文字说明此类商品所需托盘的个数;⑥将托盘上的货物以浅灰色填涂;⑦货物组托时均需压缝
		托盘堆码	堆码操作要求	能按照合理、牢固、定量、整齐、节约、方便等方面的基本要求进行组托作业
		托盘货物加固	加固处理技术要求	合理选择用拉伸膜加固和包装带加固等方式,对组合码放好的托盘进行加固处理

五、考核标准

托盘堆码作业考核标准如表1-23所示。

表1-23 托盘堆码作业考核标准

实训内容	考核标准	满分	得分
托盘堆码	选择正确的组托方式	10分	
	托盘使用数量与货位占用合理	20分	
	码放科学，余量设置合理，托盘利用率高	20分	
	层间压缝合理、整齐、牢固、美观	10分	
	要将薄膜加固得牢固、美观	10分	
	作业时间及场地7S管理	10分	
	按标准完成实训报告(完整性、科学性、美观性)	20分	
总分		100分	

六、知识链接——托盘堆码

(一)码盘规范

码放货物时应该注意以下一些原则和要求。

1)货物码放时必须符合包装上储运图示标志的规定，按文字、箭头方向码放。严禁超高、超重、超限额和倒置、侧置存放。

2)货物码放时必须保证每件货物的标签都朝外。如果货物的尺寸较小，则必须码空心托，严禁码实心托或花心托。

3)货物堆码时按照包装规格合理摆放，堆高要互相错缝压碴，保持整托货物的稳定性，保证在地牛和叉车转弯时货物不晃动、不散落。必要时应使用捆扎带。

4)除了大件货物外，堆码时要求货物不能超出托盘四边，且托盘边沿需留出1~2 cm。

5)托盘堆码高度一般不超过15 m，堆码时必须注意货物包装的堆码限制，以防止因摆放层数过多导致底层货物挤压损坏。

6)必须分开平铺码放，不可上下交叠，以免货物混淆。

7)当多件货物需要码多个托盘时，应保证各个托盘按照统一规则码放，各托盘码放的货物数量相同。

(二)组托方式

1. 重叠式

重叠式也称直堆法，是一种逐件、逐层向上重叠堆码，一件压一件，四个角边垂直重叠，各层码放方式相同，上下对应，层与层之间不交错堆码的组托方式，如图1-5所示。重叠式托盘堆码的优点是操作简单，码盘速度快，适用于自动化码盘；缺点是货物之间咬合性不高，以及稳定性不够好。

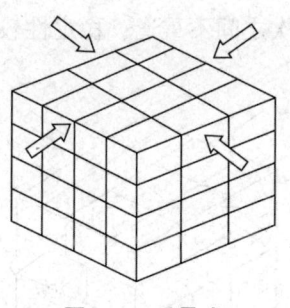

图 1-5　重叠式

2. 纵横交错式

在纵横交错式组托方式中，一层为横向放置，另一层为纵向放置，每层货物都改变方向，向上堆放。即相邻两层货物的摆放旋转 90°，层次之间交错堆码，如图 1-6 所示。纵横交错式托盘堆码的优点是操作相对简单，层次之间有一定的咬合效果，稳定性比重叠式好；缺点是咬合强度不够，以及稳定性不够好。

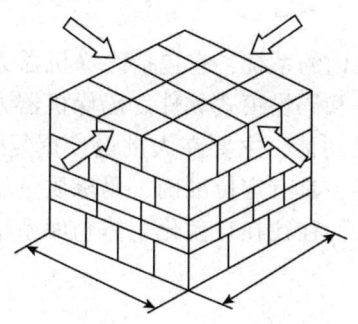

图 1-6　纵横交错式

3. 旋转交错式

旋转交错式组托方式是指第一层相邻的两个包装体互为 90°，两层间堆积又相差 180°，优点是相邻两层之间咬合交叉，托盘中的货物稳定性较高，不容易塌垛；缺点是堆码难度大，由于中间形成空穴，降低了托盘承载能力，如图 1-7 所示。

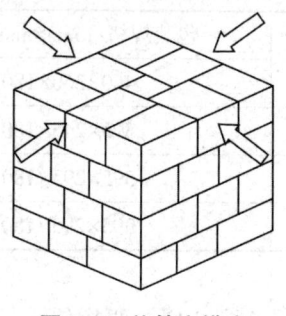

图 1-7　旋转交错式

4. 正反交错式

正反交错式组托方式是指在同一层中，不同列的货以 90°垂直堆积，对于木托盘相邻两层的堆积方法是将另一层旋转 180°，如图 1-8 所示。正反交错式托盘堆码的优点是不同层之间的咬合强度较好，相邻层次之间不重逢，稳定性较高；缺点是操作较复杂，人工操作速度慢。

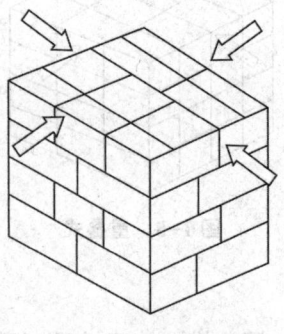

图1-8　正反交错式

(三) 自动码盘

由于托盘码垛往往是高强度的人力劳动，采用自动码垛能够减少劳动力的使用、降低运营成本、提高工作效率。

自动码垛系统是一种集成化的系统，它包括码垛机器人、控制器、编程器、自动折叠盘机、托盘输送及定位设备和码垛模式软件。码垛机器人的作用是在物流生产线末端取代人工完成工件的自动码垛功能，主要在大批量、重复性强或者工作环境具有高温、粉尘等条件恶劣的情况下使用，具有定位准确、码垛质量稳定、工作节拍可调、运行平稳可靠、维修方便等特点。人们往往在自动化立体仓库系统中大量使用码垛机或者机器人来完成码垛、拆垛工作。

七、技能训练内容

(一) 实训资料包

1. 项目背景

根据表1-24的收货通知单，选择适当的组托方式来完成货物组托作业。

表1-24　收货通知单

序号	货物名称	包装规格/(mm×mm×mm)	应收数量/箱
1	婴儿纸尿裤	460×260×180	54
2	婴儿奶嘴	395×245×180	36
3	婴儿美奶粉	395×295×180	40
4	婴儿湿巾	395×295×180	40

实训设备参数如下。

1) 重型货架(托盘货架)：1排6列3层，双货位，货格承重≤2 000 kg。
2) 货位参考规格：1 125 mm×1 000 mm×1 010 mm。
3) 托盘参考规格：1 200 mm×1 000 mm×160 mm。
4) 托盘重量：20 kg/个，数量不超过10个。

货位情况如图1-9所示。

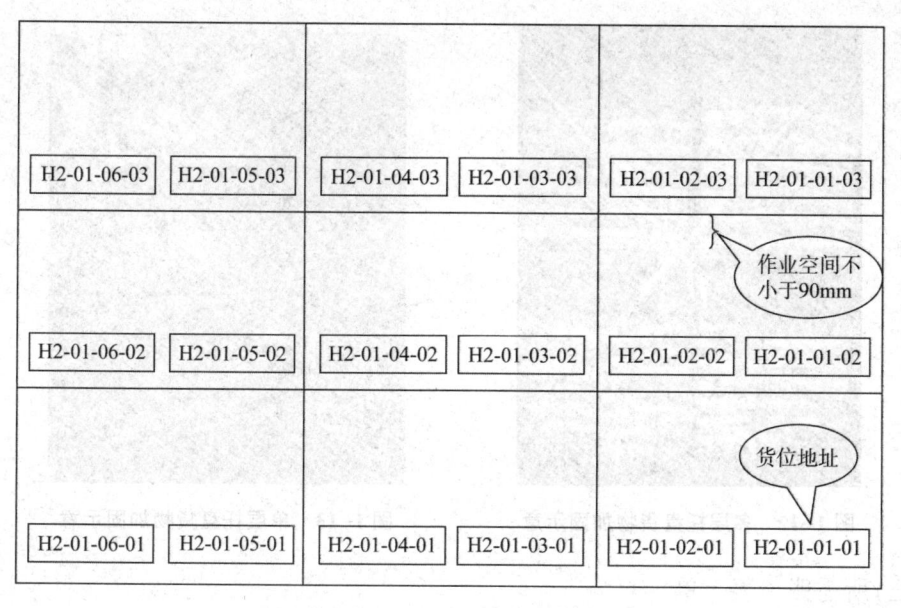

H2-01-06-03	H2-01-05-03	H2-01-04-03	H2-01-03-03	H2-01-02-03	H2-01-01-03
H2-01-06-02	H2-01-05-02	H2-01-04-02	H2-01-03-02	H2-01-02-02	H2-01-01-02
H2-01-06-01	H2-01-05-01	H2-01-04-01	H2-01-03-01	H2-01-02-01	H2-01-01-01

（作业空间不小于90mm）

（货位地址）

图1-9　货位情况

2. 项目实施

四人为一组完成以下任务，并将结果填入下一页指定区域。

1）根据收货通知单，确定待入库货物组托方式。
2）每名同学完成一种货物的组托示意图。
3）完成组托方案。
4）按照操作规范进行组托操作。
5）根据现场需求进行托盘货体加固。

（二）作业要求或方案设计要求

1）按要求绘制组托示意图（样例如图1-10和图1-11所示）并制订组托方案。依据组托方案，按照操作规范进行组托操作。

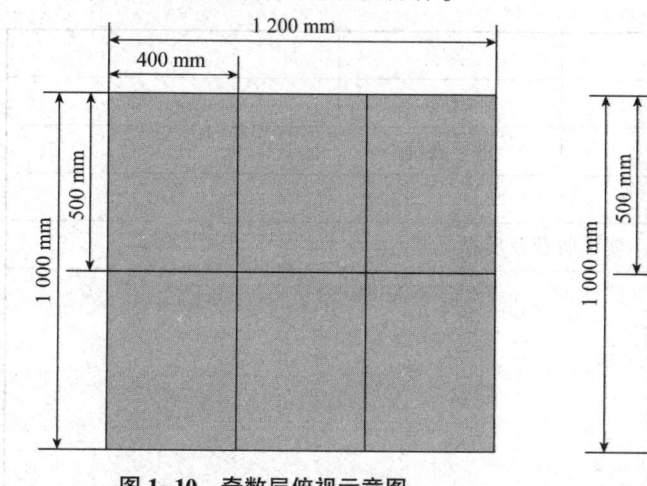

图1-10　奇数层俯视示意图

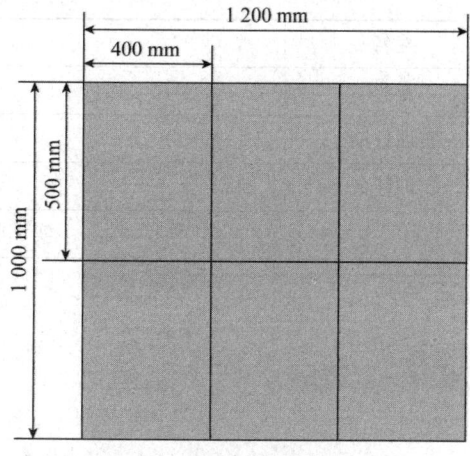

图1-11　偶数层俯视示意图

2）根据现场需求进行托盘货体加固，样例如图1-12和图1-13所示。

图 1-12　多层托盘货物加固示意　　　图 1-13　单层托盘货物加固示意

(三) 所需账、表、单

(1) 货物名称(　　　)，规格(　　　)，每层码(　　　)箱，最高码放(　　　)层，每托码放(　　　)箱，现需入库(　　　)箱，需要(　　　)个托盘。

(2) 根据项目实训要求，将结果填入框中。

(四) 实训报告

姓名		学号	
专业		班级	
实训日期		指导教师	
实训任务			
实训收获及反思			

任务五 托盘货物存储上架

一、实训目标

1. 知识目标
➢ 掌握上架存储货位图的绘制。
➢ 掌握如何在仓库中选择货架及如何选择仓库。

2. 能力目标
➢ 能以托盘式货架的排位单位将货物存储情况反映在存储示意图上。
➢ 能根据实际情况选择仓库和货架。
➢ 能进行上架储位图的绘制。
➢ 培养学生分析问题、解决问题的能力。

3. 素养目标
➢ 树立敬业精神、安全意识、节约意识和劳动意识,培养学生团队协作能力,沟通意识。
➢ 培养学生物流作业优化意识。

建议学时:4 学时。

二、任务概述

托盘货物存储上架技术是指使用特定的设备和工具,如叉车、手推车和吊车等将货物放置在货架之上。为精准进行货位管理,货物上架前要对其进行 ABC 分类。

三、实训环境、实训设备

(一)实训场地

现代物流实训中心、实训室机房,可满足 40 名学生进行托盘货物存储上架作业实训项目。

(二)设备要求

叉车、手推车、托盘(木质或塑料托盘,商务部推荐规格为 1 200 mm×1 000 mm)、纸箱、托盘货架,可满足教师授课、演示,以及每名学生进行托盘货物存储上架的应用分析实训项目。

四、职业能力要求

托盘货物上架职业能力要求如表 1-25 所示。

表1-25 托盘货物上架职业能力要求

职业岗位	工作内容	基本技术	相关知识	技能要求
仓储管理员	托盘货物存储上架	①将货物放置在仓库货架上的技术 ②托盘货物存储上架技术：需要对货物进行分类，以便在仓库中进行有效的存储和检索 ③托盘货物存储上架技术：需要使用特定的设备和工具，如叉车、手推车和吊车等	①了解货物的规格、重量和数量等相关信息，以便进行有效的存储和检索 ②了解仓库货架的类型和特点，以便选择合适的存储方式 ③了解托盘的类型和特点，以便选择合适的托盘进行存储 ④了解使用叉车、手推车和吊车等设备和工具的操作方法和安全规定	①具有良好的空间感知能力和手眼协调能力 ②具有对货物细节的敏锐观察能力和对货物安全的掌控能力 ③具备操作叉车、手推车和吊车等设备和工具的技能 ④具有团队合作精神与沟通协调能力

五、考核标准

托盘货物上架职业考核标准如表1-26所示。

表1-26 托盘货物上架职业考核标准

实训内容	考核标准	满分	得分
托盘货物存储上架	出勤	10分	
	仓库货物上架摆放整齐、正确	15分	
	超市货物上架摆放整齐、正确	15分	
	货架布局正确	15分	
	仓库选择正确	15分	
	作业美观大方	10分	
	现场7S管理	10分	
	具有团队合作精神	10分	
总计		100分	

六、知识链接——托盘货物上架

1. 托盘货物上下架的目的

1）确保库房工作安全、高效、快速地开展，以提高工作质量和效率，不断满足客户的需求。

2）合理利用货架和叉车，使货物安全、准确地入库、入位。

3）使仓库整洁、有序，通道顺畅。

2. 托盘货物上下架使用的工具

电动叉车/平衡动力叉车、堆高机、拖车等。

3. 托盘货物上下架的注意事项

1) 防超载：货品上架时，要注意货架的最大承重，货物存放的每层重量不得超过货架的最大承重。

2) 防超高、超宽：货物码放的尺寸受限于货架的层高、层宽。所以，卡板货物码放的规格应略小于净空间 5 cm。

3) 防撞击：叉车等作业工具在上架作业中，应注意作业安全，不要与货架碰撞。

4) 防头重脚轻：摆放货物时应将轻货放在高层货架上，将重货放在底层货架上。

5) 禁止在货架上使用不标准的垫板。

6) 货物上架前要确保货物打码是否牢固，以及是否要使用安全带固定，防止倒货时发生伤人事故。

7) 货架上方摆放货物时，操作人员严禁直接进入货架底部，如发现货架横梁或立柱有损坏，应移到安全地点。

8) 叉车上架操作注意安全。

9) 烂损垫板、堆码不整齐的货物、质量较差的货箱、超高类货物、超重类货物不能上架。

4. 自动化立体库货物上架

自动化立体库的上架由一系列自动化作业完成，即上架人员先把货物放在输送系统入口，由输送系统运输到库台，再使用条码识别系统进行扫描识读，待条码标签携带的信息被读后，将其传递给中央服务器，然后，控制系统根据中央服务器返回的信息来判断是否入库。当能够确定入库时，发送包含货位坐标的入库指令给执行系统，堆垛机根据自动寻址，将货物存放到指定货格。完成入库作业后，堆垛机向控制系统返回作业完成信息，并等待接收下一个作业命令。

5. 托盘货物上架流程

托盘货物上架操作流程如表 1-27 所示。

表 1-27 托盘货物上架操作流程

操作人员	上架流程	操作
信息员	入库指令	准确的货物上架信息
入库管理员	准备入库	安排入库人员、车辆等
库区管理员	库区货架货位确认	通过手持终端确认货物所在库区和货架货位
叉车拖车司机	叉车/拖车	叉车和拖车按规定通道安全行驶，右侧通行，车速控制在安全车速内；拖车叉车配合工作时要有序进行，以避免事故
堆高车司机	堆高机	按规定货位上架，保证货架、货物准确、安全。货物摆放从上到下按照轻货、一般货物、重货摆放
库工/司机	扫描货物 / 按货位上架	库工与堆高车司机配合扫描货物上架入位，按照货架摆放规则摆放，保证货物上架入位准确、安全、摆放整齐、标签明显
库区管理员	检查货位货架	库管人员检查货物上架情况，以保证货物准确、安全

6. 货物上架摆放分类

1) 下层：摆放 A 类货物。

2) 中层：摆放 B 类货物。

3) 上层：摆放 C 类货物。

七、技能训练内容

(一) 实训资料包

1. 任务资料

根据入库通知单（表 1-28）、出库作业周报（表 1-29～表 1-34）和货位信息（图 1-14），将任务单上的货物按 ABC 分类管理完成上架存储，要体现重点货物重点管理。

表 1-28　入库通知单

入库任务单编号：R20210617

序号	货物名称	包装规格/ (mm×mm×mm) (长×宽×高)	单价/ (元·箱$^{-1}$)	重量/ kg	生产日期	保质期	入库/ (箱·托$^{-1}$)	货物状态
1	王牌面粉	265×210×240	100	12	2021年10月8日	12个月	40	已组托
2	好娃娃水杯	345×285×180	100	8	2021年10月9日	12个月	33	已组托
3	三只松鼠核桃仁	225×159×180	100	8	2021年9月10日	6个月	40	已组托
4	焦糖饼干	266×177×180	100	10	2021年10月11日	12个月	30	已组托
5	洽洽松仁	395×295×180	100	11	2021年10月13日	12个月	20	已组托

（供应商：万事通达商贸有限公司）

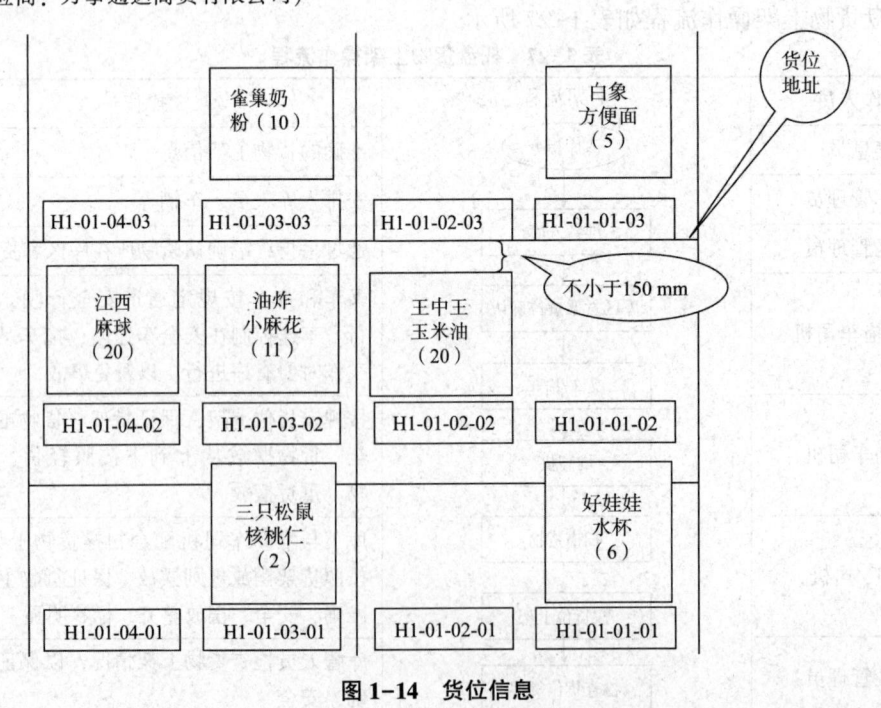

	雀巢奶粉（10）	白象方便面（5）	货位地址
H1-01-04-03	H1-01-03-03	H1-01-02-03	H1-01-01-03
江西麻球（20）	油炸小麻花（11）	王中王玉米油（20）	不小于150 mm
H1-01-04-02	H1-01-03-02	H1-01-02-02	H1-01-01-02
	三只松鼠核桃仁（2）		好娃娃水杯（6）
H1-01-04-01	H1-01-03-01	H1-01-02-01	H1-01-01-01

图 1-14　货位信息

表 1-29　出库作业周报 1（物动量统计）

制表人：王猛　　　　　　　　　　　　　　　　　　　　　制表时间：2021 年 5 月 13 日

货物编码/条码	货物名称	出库量/箱
6982010061891	乾广章鱼小丸子	9
6958786200067	婴儿湿巾	66
6944848456599	云南优质咖啡	12
6944848456589	王中王玉米油	125
6944848456527	油炸小麻花	81
6944848456350	雀巢奶粉	8
6944848456290	城城花生仁	11
6944848456282	三只松鼠核桃仁	210
6944848456015	王牌面粉	860
6944848450350	可口年糕	8
6942425987629	日明腐乳	10
6942425987624	雅比沙拉酱	4
6942425987524	山地玫瑰蒸馏果酒	10
6942423987624	隆迭葡萄籽油	12
6939261900108	好娃娃薯片	10
6934848456092	江西麻球	94
6933434567891	白象方便面	7
6932425987656	婴儿纸尿裤	331
6932410061891	大嫂水果罐头	16
6932010961891	兴毕苦杏仁	11
6932010081891	雅儿沙拉酱	11
6932010061976	万盛牌瓷砖	7
6932010061969	鹏泽海鲜锅底	7
6932010061952	日月腐乳	15
6932010061921	山地玫瑰蒸馏果酒	2
6932010061907	大嫂什锦水果罐头	9
6932010061900	鹏润海鲜锅底	14
6932010061891	轩广章鱼小丸子	16
6932010061887	神气松花蛋	9
6932010061884	早苗栗子西点蛋糕	10
6932010061877	华冠芝士微波炉爆米花	6

续表

货物编码/条码	货物名称	出库量/箱
6932010061865	万胜瓷砖	11
6932010061863	脆享饼干	3
6932010061860	金谷精品杂粮营养粥	1
6932010061853	乐纳可茄汁沙丁鱼罐头	4
6932010061829	华冠黄油微波炉爆米花	9
6932010061826	好哇哇薯片	8
6932010061822	爱牧云南优质小粒咖啡	193
6932010061808	神奇松花蛋	82
6932010061780	大玉牌大豆酶解蛋白粉	7
6932010061459	幸福方便挂面	7
6921317958690	婴儿美奶粉	174
6920907800173	洽洽松仁	15
6920907800171	婴儿美羊奶粉	3
6920855052068	利鑫达板栗	47
6918163010887	黄桃水果罐头	10
6918011061360	鑫利达板栗	11
6918010061369	焦糖饼干	144
6913221010106	好娃娃水杯	584
6902774003017	金多多婴儿营养米粉	8

表 1-30 出库作业周报 2(物动量统计)

制表人：王猛　　　　　　　　　　　　　　　　　　　　制表时间：2021 年 5 月 20 日

货物编码/条码	货物名称	出库量/箱
6932010061822	爱牧云南优质小粒咖啡	178
6918163010887	黄桃水果罐头	7
6920907800173	洽洽松仁	7
6944848456015	王牌面粉	800
6944848456599	云南优质咖啡	12
6944848456350	雀巢奶粉	11
6932010061887	神气松花蛋	4
6932010061780	大玉牌大豆酶解蛋白粉	4
6942425987524	山地玫瑰蒸馏果酒	11
6942425987629	日明腐乳	15

续表

货物编码/条码	货物名称	出库量/箱
6944848456589	王中王玉米油	129
6921317958690	婴儿美奶粉	146
6920855052068	利鑫达板栗	70
6932010061891	轩广章鱼小丸子	14
6942425987624	雅比沙拉酱	3
6932010061877	华冠芝士微波炉爆米花	8
6918011061360	鑫利达板栗	8
6932010061459	幸福方便挂面	10
6982010061891	乾广章鱼小丸子	10
6942423987624	隆迭葡萄籽油	11
6902774003017	金多多婴儿营养米粉	16
6913221010106	好娃娃水杯	491
6932425987656	婴儿纸尿裤	456
6932010061921	山地玫瑰蒸馏果酒	6
6920907800171	婴儿美羊奶粉	5
6932010961891	兴毕苦杏仁	9
6932010061900	鹏润海鲜锅底	7
6932010061976	万盛牌瓷砖	9
6918010061369	焦糖饼干	137
6932010061808	神奇松花蛋	118
6958786200067	婴儿湿巾	73
6932010061907	大嫂什锦水果罐头	7
6933434567891	白象方便面	7
6932410061891	大嫂水果罐头	5
6932010081891	雅儿沙拉酱	24
6932010061829	华冠黄油微波炉爆米花	8
6932010061863	脆享饼干	15
6932010061952	日月腐乳	7
6944848456282	三只松鼠核桃仁	329
6932010061853	乐纳可茄汁沙丁鱼罐头	13
6932010061860	金谷精品杂粮营养粥	12
6934848456092	江西麻球	123

续表

货物编码/条码	货物名称	出库量/箱
6932010061884	早苗栗子西点蛋糕	8
6932010061826	好哇哇薯片	3
6932010061969	鹏泽海鲜锅底	15
6944848456527	油炸小麻花	93
6944848456290	城城花生仁	6
6932010061865	万胜瓷砖	13
6944848450350	可口年糕	7
6939261900108	好娃娃薯片	9

表1-31 出库作业周报3(物动量统计)

制表人：王猛　　　　　　　　　　　　　　　　　　　　制表时间：2021年5月27日

货物编码/条码	货物名称	出库量/箱
6918163010887	黄桃水果罐头	6
6932010061907	大嫂什锦水果罐头	10
6944848456350	雀巢奶粉	14
6920907800171	婴儿美羊奶粉	9
6932010061459	幸福方便挂面	9
6942425987524	山地玫瑰蒸馏果酒	4
6932010061921	山地玫瑰蒸馏果酒	5
6932010061976	万盛牌瓷砖	14
6932010061826	好哇哇薯片	3
6939261900108	好娃娃薯片	6
6932010061853	乐纳可茄汁沙丁鱼罐头	3
6944848456527	油炸小麻花	84
6920907800173	洽洽松仁	2
6944848456589	王中王玉米油	99
6944848456015	王牌面粉	565
6932010081891	雅儿沙拉酱	14
6942423987624	隆迭葡萄籽油	15
6932010061969	鹏泽海鲜锅底	2
6944848456599	云南优质咖啡	15
6944848450350	可口年糕	3

续表

货物编码/条码	货物名称	出库量/箱
6932425987656	婴儿纸尿裤	343
6920855052068	利鑫达板栗	57
6932010061822	爱牧云南优质小粒咖啡	125
6932010061877	华冠芝士微波炉爆米花	7
6932410061891	大嫂水果罐头	12
6982010061891	乾广章鱼小丸子	5
6932010061900	鹏润海鲜锅底	11
6921317958690	婴儿美奶粉	112
6932010061860	金谷精品杂粮营养粥	5
6958786200067	婴儿湿巾	64
6902774003017	金多多婴儿营养米粉	1
6944848456282	三只松鼠核桃仁	282
6932010061891	轩广章鱼小丸子	8
6933434567891	白象方便面	8
6918011061360	鑫利达板栗	11
6932010061887	神气松花蛋	6
6932010061780	大玉牌大豆酶解蛋白粉	2
6944848456290	城城花生仁	7
6942425987624	雅比沙拉酱	7
6932010061808	神奇松花蛋	86
6932010061952	日月腐乳	2
6934848456092	江西麻球	89
6918010061369	焦糖饼干	109
6932010061829	华冠黄油微波炉爆米花	14
6932010961891	兴毕苦杏仁	8
6913221010106	好娃娃水杯	473
6932010061884	早苗栗子西点蛋糕	4
6932010061865	万胜瓷砖	7
6942425987629	日明腐乳	5
6932010061863	脆享饼干	11

表 1-32 出库作业周报 4（物动量统计）

制表人：王猛　　　　　　　　　　　　　　　　　　　制表时间：2021 年 6 月 3 日

货物编码/条码	货物名称	出库量（箱）
6902774003017	金多多婴儿营养米粉	8
6921317958690	婴儿美奶粉	175
6913221010106	好娃娃水杯	521
6944848456527	油炸小麻花	87
6932010061907	大嫂什锦水果罐头	11
6932010061952	日月腐乳	7
6944848456290	城城花生仁	6
6944848456015	王牌面粉	978
6920907800171	婴儿美羊奶粉	11
6932010081891	雅儿沙拉酱	15
6932010061780	大玉牌大豆酶解蛋白粉	17
6942425987524	山地玫瑰蒸馏果酒	7
6942425987629	日明腐乳	1
6932010061808	神奇松花蛋	96
6918163010887	黄桃水果罐头	17
6920907800173	洽洽松仁	15
6934848456092	江西麻球	125
6932010061884	早苗栗子西点蛋糕	11
6942425987624	雅比沙拉酱	2
6932010061877	华冠芝士微波炉爆米花	5
6958786200067	婴儿湿巾	88
6932010061853	乐纳可茄汁沙丁鱼罐头	3
6920855052068	利鑫达板栗	45
6932010061860	金谷精品杂粮营养粥	7
6933434567891	白象方便面	14
6932010061891	轩广章鱼小丸子	7
6932010061976	万盛牌瓷砖	11
6932010061826	好哇哇薯片	8
6932010061829	华冠黄油微波炉爆米花	11
6932010061459	幸福方便挂面	12
6932010061921	山地玫瑰蒸馏果酒	3

续表

货物编码/条码	货物名称	出库量(箱)
6944848456599	云南优质咖啡	9
6932410061891	大嫂水果罐头	12
6932010961891	兴毕苦杏仁	18
6932010061900	鹏润海鲜锅底	19
6918011061360	鑫利达板栗	9
6939261900108	好娃娃薯片	11
6932010061822	爱牧云南优质小粒咖啡	187
6932425987656	婴儿纸尿裤	357
6944848456350	雀巢奶粉	9
6944848456589	王中王玉米油	131
6932010061969	鹏泽海鲜锅底	9
6932010061865	万胜瓷砖	3
6932010061887	神气松花蛋	12
6932010061863	脆享饼干	10
6944848456282	三只松鼠核桃仁	272
6944848450350	可口年糕	9
6942423987624	隆迭葡萄籽油	12
6982010061891	乾广章鱼小丸子	2
6918010061369	焦糖饼干	146

表1-33　出库作业周报5(物动量统计)

制表人：王猛　　　　　　　　　　　　　　制表时间：2021年6月10日

货物编码/条码	货物名称	出库量/箱
6932425987656	婴儿纸尿裤	362
6913221010106	好娃娃水杯	495
6944848456589	王中王玉米油	136
6921317958690	婴儿美奶粉	167
6932010061860	金谷精品杂粮营养粥	2
6932010061976	万盛牌瓷砖	11
6944848456015	王牌面粉	1 034
6944848450350	可口年糕	15
6932010061865	万胜瓷砖	10
6982010061891	乾广章鱼小丸子	10

续表

货物编码/条码	货物名称	出库量/箱
6902774003017	金多多婴儿营养米粉	17
6918163010887	黄桃水果罐头	3
6920907800173	洽洽松仁	7
6944848456282	三只松鼠核桃仁	231
6932010061891	轩广章鱼小丸子	10
6944848456350	雀巢奶粉	11
6932010061969	鹏泽海鲜锅底	2
6944848456599	云南优质咖啡	6
6918011061360	鑫利达板栗	15
6932410061891	大嫂水果罐头	11
6944848456527	油炸小麻花	89
6932010061884	早苗栗子西点蛋糕	10
6920855052068	利鑫达板栗	53
6932010061921	山地玫瑰蒸馏果酒	1
6932010061952	日月腐乳	14
6939261900108	好娃娃薯片	5
6932010061829	华冠黄油微波炉爆米花	7
6932010061780	大玉牌大豆酶解蛋白粉	7
6932010061900	鹏润海鲜锅底	1
6942425987629	日明腐乳	25
6932010061877	华冠芝士微波炉爆米花	5
6932010061822	爱牧云南优质小粒咖啡	190
6932010061907	大嫂什锦水果罐头	15
6944848456290	城城花生仁	12
6920907800171	婴儿美羊奶粉	6
6932010961891	兴毕苦杏仁	13
6942425987524	山地玫瑰蒸馏果酒	4
6932010081891	雅儿沙拉酱	11
6918010061369	焦糖饼干	137
6958786200067	婴儿湿巾	70
6942423987624	隆迭葡萄籽油	14
6932010061887	神气松花蛋	9

续表

货物编码/条码	货物名称	出库量/箱
6932010061459	幸福方便挂面	16
6932010061863	脆享饼干	5
6932010061826	好哇哇薯片	9
6942425987624	雅比沙拉酱	11
6933434567891	白象方便面	9
6932010061853	乐纳可茄汁沙丁鱼罐头	17
6932010061808	神奇松花蛋	117
6934848456092	江西麻球	124

表1-34 出库作业周报6(物动量统计)

制表人：王猛　　　　　　　　　　　　　　　　　制表时间：2021年6月17日

货物编码/条码	货物名称	出库量/箱
6902774003017	金多多婴儿营养米粉	15
6918163010887	黄桃水果罐头	16
6920907800173	洽洽松仁	13
6944848456282	三只松鼠核桃仁	225
6944848456589	王中王玉米油	135
6932010061884	早苗栗子西点蛋糕	13
6932010061969	鹏泽海鲜锅底	7
6932010061976	万盛牌瓷砖	8
6944848456599	云南优质咖啡	14
6932010061829	华冠黄油微波炉爆米花	2
6982010061891	乾广章鱼小丸子	8
6942423987624	隆迭葡萄籽油	8
6939261900108	好娃娃薯片	4
6932010061822	爱牧云南优质小粒咖啡	175
6932425987656	婴儿纸尿裤	334
6920855052068	利鑫达板栗	43
6921317958690	婴儿美奶粉	142
6932010061907	大嫂什锦水果罐头	14
6918011061360	鑫利达板栗	6
6932010061459	幸福方便挂面	7
6958786200067	婴儿湿巾	51

续表

货物编码/条码	货物名称	出库量/箱
6934848456092	江西麻球	89
6918010061369	焦糖饼干	141
6932010061853	乐纳可茄汁沙丁鱼罐头	10
6933434567891	白象方便面	12
6944848456015	王牌面粉	1 007
6932410061891	大嫂水果罐头	6
6932010081891	雅儿沙拉酱	5
6942425987524	山地玫瑰蒸馏果酒	12
6932010061900	鹏润海鲜锅底	9
6944848456527	油炸小麻花	55
6932010061860	金谷精品杂粮营养粥	9
6932010061891	轩广章鱼小丸子	14
6932010061921	山地玫瑰蒸馏果酒	3
6944848456290	城城花生仁	8
6932010061863	脆享饼干	9
6932010961891	兴毕苦杏仁	4
6932010061887	神气松花蛋	11
6932010061826	好哇哇薯片	3
6932010061877	华冠芝士微波炉爆米花	13
6913221010106	好娃娃水杯	510
6932010061808	神奇松花蛋	84
6942425987624	雅比沙拉酱	3
6944848456350	雀巢奶粉	17
6942425987629	日明腐乳	7
6944848450350	可口年糕	5
6932010061865	万胜瓷砖	8
6920907800171	婴儿美羊奶粉	4
6932010061952	日月腐乳	11
6932010061780	大玉牌大豆酶解蛋白粉	14

2. 任务实施

1)确定入库货物的类别,完成货物的 ABC 分类。

2)将货位存储情况反映在存储示意图上。

3)分组完成货物上架操作。

(二)作业要求或方案设计要求

1. 作业要求

运用所学理论知识和实践技能完成货位存储示意图的绘制,并完成实际的货物上架操作。

2. 实训组织形式

1)建议独立完成该问题的实训流程,保留每一环节的 Excel 运算步骤。

2)教师利用 Excel 演示货位存储示意图涉及的各种表单的编制和填制。

3)每位同学完成货位存储示意图,形成完整的物资 ABC 分类表编制实训报告。

4)分组完成货物的上架操作。

(三)所需填制的卡、表、单

1)根据物动量信息,完成货物的 ABC 分类,将分类结果填入框中。

2)根据入库通知单和 ABC 分类结果,将货位存储情况反映在存储示意图上,填入框中。

(四)实训报告

姓名		学号	
专业		班级	
实训日期		指导教师	
实训任务			
实训收获及反思			

任务六　在库盘点

一、实训目标

1. 知识目标

➢ 掌握盘点工作的方式、方法和操作要领。

➢ 熟悉盘点的作业流程。

➢ 掌握盘点时间确定的原则。

➢ 掌握盘点结果并进行差异分析。

2. 能力目标

➢ 能有效地做好盘点前的准备工作。

➢ 会根据货物的特点与要求，选择合适的盘点方法。
➢ 会正确识读和使用盘点的各种表单。
➢ 能配合财务部门对盘亏、盘盈进行及时处理。

3. 素养目标

➢ 具备良好的沟通能力和团队合作能力。
➢ 具备基本技能，注重作业细节。
➢ 培养责任意识和诚信意识。

建议学时：4学时。

二、任务概述

盘点是对存储物品的品种、规格、数量、质量进行清点对账。根据作业环境和已知条件，判断物流企业需要在何时、以何种形式进行盘点，并能用恰当的方法实施盘点工作，并进行盘盈、盘亏处理。

（一）确定盘点方法

盘点的方法有很多种，不同的盘点方法具有不同的特点，需要根据情况选择相应的盘点方法，本次课着重介绍以下三种盘点方法。

1）定期盘点：对仓库中的所有货物进行盘点（全面盘点）。
2）循环盘点：周期性地分批检查仓库内不同区域的库存。
3）临时盘点：突击性盘点。

（二）确定盘点方法

盘点方式有很多种方法：分区盘点法、分批分堆盘点法、盘点单盘点法等，而本次盘点实训考虑到实训设备，以及学生人数的情况，采取分区盘点方式。

三、实训环境、实训设备

（一）场地要求

现代物流实训中心、实训室机房，能满足40名学生同时进行盘点实训作业项目。

（二）设备要求

货物（20种以上，包含货物的名称、规格、型号、数量），货架（3种以上类型），作业任务单（满足上述要素条件和作业要求的单据），条码识读器，计算机，两种颜色的水彩笔、计算器、盘点表单等。

四、职业能力要求

在库盘点作业的职业能力要求如表1-35所示。

表 1-35　在库盘点作业的职业能力要求

职业岗位	工作内容	基本技术	相关知识	技能要求
仓储管理员	盘点准备工作	熟悉本企业的盘点规则	熟知仓库布局、货架的功能，读懂盘点表	对盘点现场进行及时的清理、整顿，进行人员分组
仓储管理员	盘点作业	盘点方式、方法的选择	掌握实地盘存制和永续盘存制的内涵；熟练掌握其对应的盘点方式、方法	会根据货物的特点与盘点要求，选择合适的盘点方法；盘点过程可以使机-机、人-机、人-人配合；机-机、人-机盘点方式的应用需要操作者熟练掌握设备的使用方法
		预盘	了解盘点的目的：若属于定期盘点，由主管部门或财务部门会同货主、仓储管理员等相关人员进行盘点对账；若属于临时盘点，由仓库组织仓储管理员等相关人员进行局部或全面的盘点	会使用各种盘点报表
		复盘	在预盘的基础上，由其他部门或质量监督部门（无利益相关）的人员进行	协助其他部门人员进行复盘
		盘点后统计	对盘点结果进行统计	进行盘点统计报表填写
	盘点结果的处理	差异原因	对盘点结果进行差异分析	分析原因
		整改	对可避免的原因要制订措施，避免再次发生	配合财务部门对盘亏、盘盈进行及时处理

五、考核标准

盘点作业考核评价标准如表 1-36 所示。

表1-36 盘点作业考核评价标准

实训内容	考核标准	满分	得分
盘点业务	盘点前期准备工作充分	5	
	盘点安排事项齐全，不缺项	15	
	选择适宜的盘点表，修改和完善盘点表	10	
	账目核对严谨、认真、准确	5	
	认真、熟练、清晰地填写盘点记录表或盘点卡	5	
	盘点作业过程完整，没有遗漏	5	
	采用正确的方式修改、填写错误的盘点表	5	
	认真、准确地复核、填写复盘数据	5	
	正确处理初盘、复盘中有差异的盘点数据	5	
	认真、正确、熟练地编制盈亏报表	5	
	盈亏原因分析合理、全面、准确	10	
	采用正确的方式处理、盘点盈亏数据	5	
	对在盘点中发现的物资差额、错误、损耗等问题判断准确，能提出合理的处理意见并纠正和预防措施	20	
合计		100	

六、知识链接——货物盘点

(一) 盘点作业的目的

1. 查清实际库存数量

盘点可以帮助企业查清实际库存数量，并通过盈亏调整使库存账面数量与实际库存数量一致。账面库存数量与实际存货数量不符的主要原因通常是：收发作业中产生的误差，如对于库存数量多记、误记、漏记；作业中导致的损失、遗失；验收与出货时的清点有误；盘点时出现误盘、重盘、漏盘等现象。通过盘点，企业可以清查实际库存数量与账面库存数量，发现问题并查明原因，及时调整。

2. 帮助企业计算资产损益

对于货主企业来讲，库存货物总金额直接反映企业流动资产的使用情况，库存量过高，流动资金的正常运转将受到威胁。由于库存金额又与库存量及其单价成正比，为了能准确地计算出企业实际损益，必须进行准确无误的盘点。

3. 发现仓库管理中存在的问题

通过盘点查明盈亏的原因，发现作业与管理中存在的问题，并通过解决这些问题来改善作业流程和作业方式提高工作人员的素质和管理水平。

(二) 盘点作业的内容

1) 查数量。通过点数计数查明在库物品的实际数量，核对库存账面资料与实际库存数量是否一致。

2) 查质量。检查在库货物质量有无变化，有无超过有效期和保质期，有无长期积压等现象，必要时还必须对其进行技术检验。

3) 查保管条件。检查保管条件是否与各种货物的保管要求相符，如堆码是否合理、稳固，库内温度是否符合要求，各类计量器具是否准确等。

4) 查安全。检查各种安全措施和消防设备、器材是否符合安全要求，建筑物和设备是否处于安全状态。盘点是为了避免账物不符的情况，对库存货物进行定期或不定期的盘点或清查。通过盘点核对系统库存数量与实物数量是否一致，检查货物状态是否正常，保证库存货品质量良好、数量正确。

（三）常见的盘点方法

常见的盘点方法如表1-37所示。

表1-37 常见的盘点方法

编号	盘点方法	操作方法和特点
1	动态盘点	指核对处于动态的货物（即发生过收、发作业的货物）的余额是否与系统相符。动态盘点法有利于及时发现差错并及时处理
2	循环盘点	指周而复始地连续盘点库存货物，每天、每周按顺序盘点，到了月末或期末，每项货物至少完成一次盘点。循环盘点法是保持存货记录准确性的可靠方法
3	期末盘点	指在期末对所有库存货物进行数量清点。必须关闭仓库做全面的货物清点，因此对货物的核对十分方便和准确，可以避免盘点中不少的错误
4	缺料盘点	指某一货物的存量低于一定数量时，防止断货而对其进行的盘点。例如，大包装货物低于200个，小包装货物低于500个时，应及时盘点
5	重点盘点	指对进出频率高、易损耗的或昂贵的货物所用的盘点方法
6	全面盘点	指对在库货物进行全面的盘点清查，多用于清仓查库或年终盘点
7	临时盘点	指在台风、梅雨、严冬等灾害性季节时进行临时性突击盘点

七、技能训练内容

（一）实训资料包

1. 任务资料

由于某物流公司因仓储部1号库饮料和饮用水库区的仓储管理员离职，须组织完成一次盘点作业。1号库是公司自营仓库，饮料和饮用水库区主要存放整箱饮料和饮用水，一般是批量进货、批量出库；主要客户是零售商。离职仓储管理员管理的饮料和饮用水库区储位为2排6列3层托盘式货架（横梁式货架），层净高1.8 m。仓库营业时间为每周一至周日的6点—22点。货物实际情况如图1-15所示。

2. 任务实施

1) 根据盘点安排，准备盘点用具。

2)如有需要,将盘点区域做明显标记。
3)堆码力求整齐、集中、分类,标示牌一律朝外。
4)在财务部门准备的盘点表单库中选取适宜的表单。
5)仓储部统计台账与公司财务账面数据等登记完毕。
6)盘点期未办妥入/出库(账)手续的,应予以标示/说明。

巴马铂泉 500 mL 44箱 01-02-01-03	北大荒天然 矿泉水 350 mL 102箱 01-02-02-03	纯悦包装 饮用水 350 mL 43箱 01-02-03-03	恒大冰泉天然 矿泉水 500 mL 64箱 01-02-04-03	康师傅包装 饮用水 550 mL 48箱 01-02-05-03	可口可乐零度 汽水500 mL 118箱 01-02-06-03
巴马铂泉 350 mL 140箱 01-02-01-02	百岁山饮用 矿泉水 570 mL 58箱 01-02-02-02	纯悦包装 饮用水 550 mL 30箱 01-02-03-02	格桑泉饮用 矿泉水 330 mL 61箱 01-02-04-02	加多宝凉茶 310 mL 122箱 01-02-05-02	康师傅优悦 饮用纯净水 550 mL 116箱 01-02-06-02
阿尔山矿泉水 550 mL 72箱 01-02-01-01	百岁山饮用 天然矿泉水 348 mL 113箱 01-02-02-01	冰露包装 饮用水 550 mL 20箱 01-02-03-01	芬达橙味汽水 500 mL 30箱 01-02-04-01	恒大冰泉天然 矿泉水 310 mL 100箱 01-02-05-01	康师傅浓浓 柠檬红茶 500 mL 28箱 01-02-06-01
名仁苏打水 375 mL 90箱 01-03-01-03	农夫山泉饮用 天然水 550 mL 28箱 01-03-02-03	水立方饮用 天然矿泉水 585 mL 110箱 01-03-03-03	统一绿茶 茉莉味 500 mL 48箱 01-03-04-03	王老吉凉茶 植物饮料 310 mL 140箱 01-03-05-03	怡宝饮用 纯净水 350 mL 132箱 01-03-06-03
昆仑山矿泉水 350 mL 160箱 01-03-01-02	农夫山泉饮用 天然水 380 mL 25箱 01-03-02-02	雀巢优活 饮用水 550 mL 120箱 01-03-03-02	统一ALKAQUA 爱夸饮用天然 矿泉水 270 mL 61箱 01-03-04-02	娃哈哈饮用 纯净水 550 mL 78箱 01-03-05-02	雪碧 550 mL 72箱 01-03-06-02
可蓝天然矿泉 水 550 mL 120箱 01-03-01-01	农夫山泉天然 运动装 400 mL 136箱 01-03-02-01	雀巢优活 饮用水 330 mL 45箱 01-03-03-01	天宝泉弱碱性 天然饮用水 500 mL 132箱 01-03-04-01	娃哈哈纯净水 596 mL 64箱 01-03-05-01	旺仔牛奶 145 mL 90箱 01-03-06-01

图 1-15 货物实际情况

(二)作业要求或方案设计要求

按照盘点工作流程(图 1-16)中的要求完成以下作业内容。
1)主盘人完成盘点工作安排。
2)根据仓库盘点前时点账面数据(表 1-38)完善结存调整表(表 1-39)。

3) 根据盘点人员职责，分工完成盘点工作，缮制盘点表(表1-40)和盘点卡(表1-41)。
4) 进行盘点结果处理，完成盘点盈亏汇总表(表1-42)的填写。

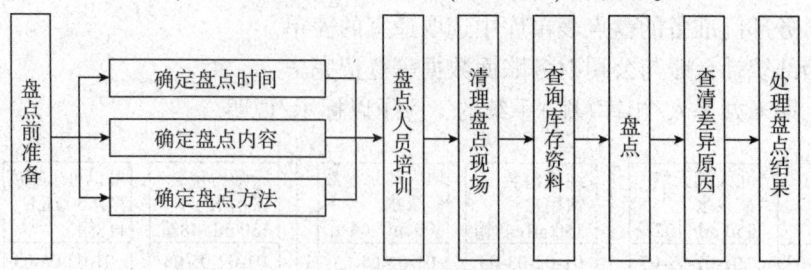

图1-16 盘点工作流程

表1-38 仓库盘点前时点账面数据

货位地址	品名	入库单号	批次	规格/mL	单价/(元·箱$^{-1}$)	单位	时点账面数量
01-02-01-01	阿尔山矿泉水	D200101	202102	550	80	箱	72
01-02-01-02	巴马铂泉	D200102	202101	350	56.9	箱	140
01-02-01-03	巴马铂泉	D200103	202102	500	132	箱	44
01-02-02-01	百岁山饮用天然矿泉水	D200104	202103	348	39.9	箱	113
01-02-02-02	百岁山饮用天然矿泉水	D200105	202104	570	49.9	箱	58
01-02-02-03	北大荒天然矿泉水	D200106	202105	350	48	箱	102
01-02-03-01	冰露包装饮用水	D200107	202201	550	19	箱	20
01-02-03-02	纯悦包装饮用水	D200108	202202	550	48	箱	28
01-02-03-03	纯悦包装饮用水	D200109	202203	350	27	箱	45

(三) 所需账、表、单

表1-39 结存调整数据

盘点序列号：DF0120020221015　　　　盘点区域(范围)：　　　　　　年　　月　　日

类别	品名	货位地址	规格	单位	账面结存数	增加数	减少数	调整后结存数	调整愿意说明	批次	入库单号	责任人	备注
可销售	统一绿茶茉莉味	01-03-04-03	500 mL	箱	50	—	2	48	记账时间差异	202220	D200130	A	
可销售	农夫山泉天然运动装	01-03-02-01	400 mL	箱	140	—	4	136	记账时间差异	202128	D200122	A	

总经理：　　　　　　　　　　　　　制表人：　　　　　　　　　　第一联
备注：第一联是仓库参考此单进行盘点；第二联是财务账联。

表 1-40　盘点单

盘点序列号：　　　　　　　盘点区域(范围)：　　　　　　　　　　　年　月　日

品名	货位地址	规格	单位	账面数量	盘点实存	责任人

盘点人：　　　复盘人(1)：　　　复盘人(2)：　　　监盘人：　　　主盘人：

表 1-41　盘点卡

盘点序列号：　　　　　　　盘点范围：　　　　　　　　　　　年　月　日

类别		货位地址	
品名		批次	
入库单号		规格		单位	
账面数量		盘点实存	
差量		说明	
复盘人	
盘点人	

表 1-42　盘点盈亏汇总

盘点序列号：　　　　　　　盘点范围：　　　　　　　　　　　年　月　日

类别	品名	货位地址	批次	入库单号	规格	单位	数量	单价/元	盈亏/元	原因	改善建议或措施

制表人：　　　　　　　　　仓库主管：　　　　　　　　　财务部门：

备注：差异原因一般指记账时间差异、计算错误、规格不符、漏记、丢失、损耗、损坏、改变包装、错发货等。

（四）实训报告

姓名		学号	
专业		班级	
实训日期		指导教师	
实训任务			
实训收获及反思			

任务七　7S 管理

一、实训目标

1. 知识目标
- 了解 7S 管理的目的。
- 掌握 7S 管理的方法。
- 熟悉 7S 管理的内容。

2. 能力目标
- 能够有效地领导和组织团队进行 7S 管理。
- 能够分析组织内部的问题，并制订相应的改进方案。
- 能够关注 7S 管理中的细节问题，并进行有效改进。
- 能够与组织内部的各个部门进行有效的沟通和协调。
- 能够持续学习和更新 7S 管理的知识和技能。

3. 素养目标
- 具备对工作的热情和积极性，对管理工作有责任心和使命感。
- 具备良好的人际交往能力，能够与同事和客户建立良好的关系。
- 具备勇于承担责任的精神和能力，能够处理各种突发事件。
- 具备创新思维和创造力，能够不断探索新的管理方法和工作方式。
- 具备团队合作精神，能够与团队成员默契配合，共同完成任务。

建议学时：4 学时。

二、任务概述

7S 管理的内容分别是整理（Seiri）、整顿（Seiton）、清扫（Seiso）、清洁（Seikeetsu）、素养（Shitsuke）、安全（Safety）和节约（Saving）。7S 管理法是指在生产现场对人员、机器、材料、方法、信息等生产要素进行管理，从而提高管理质量和管理效率的实用方法。

三、实训环境、实训设备

（一）场地要求

仓储实训室，可满足 40 名学生同时开展现场 7S 管理的需求。

（二）设备要求

多媒体教室、计算机、物流实训室、托盘、纸张等，可满足教师授课、演示，以及每名学生进行 7S 管理的应用分析实训任务开展的需求。

四、职业能力要求

7S 管理的职业能力要求如表 1-43 所示。

表 1-43　7S 管理职业能力要求

职业岗位	工作内容	基本技术	相关知识	技能要求
仓储管理员	7S 管理	①7S 管理是一种现场管理方法，是指对现场进行整顿、整理、清扫、清洁、素养、安全和节约的管理来提高现场效率和品质 ②7S 管理需要对现场进行规划和分析，根据实际情况制订改进计划，明确改进目标和时间节点 ③7S 管理需要建立相应的管理制度和流程，对 7S 管理工作进行有效的监督和评估	①熟悉 7S 管理的理论和方法，了解各个环节的相关知识和技能 ②熟悉现场管理的流程和方法，了解现场管理的目标和需求 ③了解现代化管理工具和设备，如条码扫描枪、工位指示牌等	①具备现场管理的专业知识和技能 ②具备项目管理、计划管理、质量管理等方面的能力 ③具备沟通协调能力、团队协作能力和领导能力 ④具备数据分析和问题解决的能力，能够通过数据分析找到问题的根源并提出解决方案 ⑤具备创新思维和创造力，能够不断探索新的管理方法和工作方式

五、考核标准

7S 管理考核标准如表 1-44 所示。

表1-44 7S管理考核标准

实训内容	考核标准	满分	得分
7S管理	出勤	15分	
	运用鱼刺图分析问题	15分	
	针对问题制订改进计划（完整、正确）	20分	
	根据计划实施步骤（正确、规范）	20分	
	制度的建设和培训完整、正确	12分	
	作业美观、大方	8分	
	具有团队合作精神	10分	
合计		100分	

六、知识链接——7S管理

7S管理的方法主要有以下几种。

1. 定点照相

定点照相是对同一地点，面对同一方向，进行持续性的照相，其目的就是把现场不合理现象（包括作业、设备、流程与工作方法）予以定点拍摄，并且作为连续性改善的一种方法。

2. 红单管理

利用红单可以使工作人员都能一目了然地知道现场的缺点在哪里。而贴红单的对象，包括库存、机器、设备及空间，能够让各级主管能一眼看出何处有什么东西，有多少数量。

3. 看板管理

将整体管理的内容、流程、订货、交货日程和工作安排等制作成看板，使工作人员易于了解，从而方便进行必要的操作。

4. 颜色管理

颜色管理就是运用工作人员对色彩的分辨能力和特有的联想力，将复杂的管理问题脑化成不同的色彩，按不同的程度区分，以直觉与目视的方法呈现问题的本质和改善问题的情况，使每一个人对问题有相同的认识。

七、技能训练内容

（一）实训资料包

1. 项目背景

某物流公司仓库设计原是为某大型生产企业做物流配送用的，自2006年起开始扩能，也为某商场做物流配送，没有新增库区。公司运行了一段时间发现库存积压较大，造成库容紧张，除通道外，库内可用空间几乎为零。自仓库建库以来，相关领导考察过不少单位，进行过多次整改，但始终无效果。7S管理理念的传播，使领导层深受触动和启发，于是便逐渐形成了运用精益理念改善仓库的思路。

2. 项目实施

假如你作为该仓库的主管，该如何运用 7S 管理改善现状？

(二)作业要求或方案设计要求

(1)运用鱼刺图 1-17 分析原因并制订改进措施。

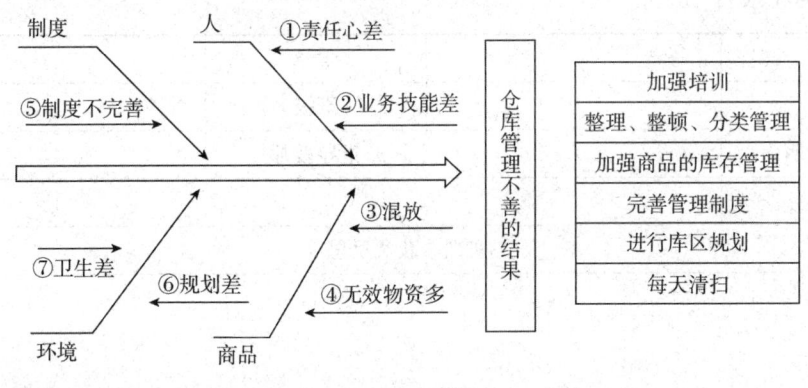

图 1-17 鱼刺图

(2)制订 7S 管理改善计划。

(3)实施改善计划。

1)整理。对各类货物进行分类，区分出必需品和非必需品，具体操作如下：账与现场实物逐一核查；运用 ABC 分类法对货物进行分类；确认杂物、垃圾及非必需品并清除出库。

2)整顿。各类物资分区域存放并明确标识，做到取放方便，具体操作如下：新划分区域，标识；按新区域分类搬迁；依规定定位；摆放整齐。

3)清扫。将地面卫生打扫干净，分配每个人应负责清扫的区域。分配区域时必须绝对清楚地划清界限，不能留下没有人负责的区域，具体操作如下：全面清扫、清洁；库房门窗修缮、防尘；备品备件防尘。

4)清洁。要健全 7S 管理的相关制度，将整理、整顿、清扫形成的良好氛围保持下去，具体操作如下：①梳理原有制度。对仓库管理制度、出入库管理办法、物资配送管理办法、仓库安全管理制度、信息系统操作等制度重新梳理。②对原有制度进行补充完善。将与仓库管理有关的制度梳理完成以后要找到产生管理效率低下的原因，根据原因进行制度的补充和完善，要从制度的角度保障运作效率和服务水平。

5)安全。对安全隐患进行排查，保障员工的人身安全，保证生产的连续、安全，还要减少因安全事故而带来的经济损失。具体操作如下：全面检查场内所有设施设备并分区保管，重点检查设备和物资的保管条件以及安全管理制度，制订安全管理台账。

6)素养。通过制度、培训、文化等方面的建设来培养全体员工养成良好的工作习惯，遵守组织纪律和满怀激情的投入工作中去，具体建议如下：①加强学习和培训，使员工理解并努力遵守规章制度；②管理透明，形成互相信任和互相配合的工作氛围；③养成良好的习惯，对好的行为予以表彰。

7)节约。对时间、空间、能源等方面合理利用，以发挥其最大效能，具体操作步骤：

检查仓储空间利用率并及时改善；检查资源利用率以及各作业环节的时间效能。

（4）实施效果检查与反馈。

实施 7S 管理后，仓库的运营效率和员工的积极性都会获得极大提高，在实施过程中要及时检查，发现问题要及时反馈，将 7S 管理理念根植于员工内心深处，将 7S 管理改善的成果保持下去。

（三）实训报告

姓名		学号	
专业		班级	
实训日期		指导教师	
实训任务			
实训收获及反思				

项目二　配送管理岗位技能实训

任务一　订单有效性分析

一、实训目标

1. 知识目标
➢ 掌握货物出库作业流程。
➢ 掌握订单处理方法。
➢ 掌握异常订单处理。

2. 能力目标
➢ 能够正确分析有效客户订单。
➢ 能够编制有效客户订单分析详情表。
➢ 能够处理异常订单。
➢ 培养学生分析问题、解决问题的能力。

3. 素养目标
➢ 培养学生正确的现代物流管理的职业操守。
➢ 树立敬业精神、安全意识、节约意识和劳动意识。
➢ 培养学生团队协作能力，沟通意识。
➢ 培养学生物流作业优化意识。
➢ 培养工匠精神。

建议学时：4学时。

二、任务概述

有效客户订单是指在一定时间内，能够产生实际销售并且能够让企业获得利润的订单。另外，有效客户订单是一个企业是否能够获得商业成功的重要指标之一，因为它直接影响着企业的销售额和盈利能力。

三、实训环境、实训设备

（一）实训场地

现代物流实训中心，满足40名学生同时进行订单有效性分析实训任务。

（二）实训设备

叉车、托盘、货架等物流综合实训室相关设施设备，可满足教师授课、演示，以及每名学生进行订单有效性分析的应用分析实训任务的需求。

四、职业能力要求

订单有效性分析的职业能力要求如表2-1所示。

表2-1 订单有效性分析的职业能力要求

职业岗位	工作内容	基本技术	相关知识	技能要求
仓储管理员	出库作业计划——订单有效性分析	运用Excel工具对客户订单进行核算；结合客户订单和客户档案进行订单有效性分析，并编制作业表格	订单有效性的原则；无效订单处理的方法	能够判断出有效订单/无效订单，并且能对无效订单做出处理

五、考核标准

订单有效性分析的考核标准如表2-2所示。

表2-2 订单有效性分析的考核标准

实训内容	考核标准	满分	得分
流通加工技术指派问题（匈牙利法）	订单有效性分析正确	50分	
	对无效订单做出处理	20分	
	按标准完成实训报告（完整性、科学性、美观性）	30分	
总分		100分	

六、知识链接——订单有效性分析

有效客户订单的理论基础可以从以下几个方面来解释。

1. 市场定位理论

有效客户订单的实现需要先通过市场定位来找到具有购买能力和购买意愿的目标客户。市场定位理论认为，一个企业应该根据其产品、服务和市场环境等因素，确定目标客户，并为其提供有针对性的营销策略，以吸引目标客户购买产品。

2. 客户需求理论

有效客户订单的实现需要根据客户需求来开发产品和服务。客户需求理论认为,企业应该不断了解客户需求,根据客户需求来设计产品和服务,以满足客户的需求,从而吸引客户购买。

3. 销售管理理论

有效客户订单的实现需要通过有效的销售管理来实现。销售管理理论认为,一个企业应该建立有效的销售管理体系,包括销售流程、销售渠道、销售人员培训和管理等方面,以确保有效的销售和订单实现。

4. 利润管理理论

有效客户订单的实现需要企业在订单获得和交付的过程中实现利润最大化。利润管理理论认为,企业应该在订单获得和交付的过程中控制成本,提高效率,以实现利润最大化。

综上所述,有效客户订单的实现需要企业在市场定位、客户需求、销售管理和利润管理等方面做好各项工作,以确保订单的实现和企业的商业成功。

七、技能训练内容

(一)实训资料包

1. 任务资料

南通物流公司小张对其公司的德福公司、德鄢公司、德来公司、德麟公司四个客户的订单以及四家客户的档案进行分析,判断其订单是否有效,并对无效订单进行处理。

(1)客户订单信息。

德福公司、德鄢公司、德来公司、德麟公司四个客户的订单如表2-3~表2-6所示。

表2-3 德福公司采购订单

订单编号:D202106170101　　　　　　　　　　　　　　　　订货时间:2021.10.17

序号	货物名称	单位	单价/元	订购数量	金额/元
1	三只松鼠核桃仁	箱	100	5	500
2	江西麻球	箱	100	4	400
3	伊利纯牛奶	瓶	100	2	200
4	冰红茶	瓶	50	5	250
6	娃哈哈爽歪歪	瓶	50	5	250
7	营养快线原味	瓶	50	2	100
8	百岁山饮用天然矿泉水	瓶	50	2	100
9	康师傅饮用水	瓶	50	2	100
10	可口可乐	瓶	50	1	50
11	小茗同学溜溜哒茶	瓶	50	1	50

续表

序号	货物名称	单位	单价/元	订购数量	金额/元
12	固体胶	个	50	1	50
13	爱家沁心柠檬固体清香剂	盒	50	2	100
14	香皂	块	50	1	50
合计		—	—	33	2 200

表 2-4　德鄢公司采购订单

订单编号：D202106170102　　　　　　　　　　　　　　　　订货时间：2021.10.17

序号	货物名称	单位	单价/元	订购数量	金额/元
1	三只松鼠核桃仁	箱	100	4	400
2	雀巢奶粉	箱	100	4	400
3	白象方便面	箱	100	2	200
4	好娃娃水杯	箱	100	5	500
5	小茗同学冰橘绿茶	瓶	50	1	50
6	百岁山饮用天然矿泉水	瓶	50	2	100
7	康师傅矿泉水	瓶	50	1	50
8	海之言	瓶	50	1	50
9	可口可乐	瓶	50	2	100
10	伊利纯牛奶	瓶	50	1	50
11	冰红茶	瓶	50	2	100
12	果粒橙	瓶	50	1	50
13	沐浴花	个	50	2	100
14	佳洁士草本牙膏	支	50	2	100
15	天鹅绒牙刷	把	50	1	50
合计		—	—	31	2 300

表 2-5　德来公司采购订单

订单编号：D202106170103　　　　　　　　　　　　　　　　订货时间：2021.10.17

序号	货物名称	单位	单价/元	订购数量	金额/元
1	油炸小麻花	箱	100	5	500
2	王中王玉米油	箱	100	2	200
3	白象方便面	箱	100	2	200
4	江西麻球	箱	100	3	300
5	小茗同学冰橘绿茶	瓶	50	2	100

续表

序号	货物名称	单位	单价/元	订购数量	金额/元
6	百岁山饮用天然矿泉水	瓶	50	2	100
7	康师傅饮用水	瓶	50	2	100
8	可口可乐	瓶	50	2	100
9	伊利纯牛奶	瓶	50	1	50
10	冰红茶	瓶	50	1	50
11	果粒橙	瓶	50	2	100
12	美年达青苹果味	瓶	50	2	100
13	香皂	块	50	1	50
14	沐浴花	个	50	2	100
15	佳洁士草本牙膏	支	50	1	50
16	天鹅绒牙刷	把	50	1	50
合计		—	—	31	2 150

表 2-6 德麟公司采购订单

订单编号：D202106170104　　　　　　　　　　　　　　　订货时间：2021. 10. 17

序号	货物名称	单位	单价/元	订购数量	金额/元
1	三只松鼠核桃仁	箱	100	10	1000
2	江西麻球	箱	100	4	400
3	白象方便面	箱	100	2	200
4	小茗同学冰橘绿茶	瓶	50	4	200
5	海之言	瓶	50	2	100
6	莱特薄本	册	50	2	100
7	心心相印纸帕	包	50	3	150
8	冰红茶	瓶	50	2	100
9	旺仔牛奶	瓶	50	2	100
10	果粒橙	瓶	50	2	100
11	真彩中性笔	盒	50	2	100
12	固体胶	个	50	3	150
13	沐浴花	个	50	1	50
合计		—	—	39	2 750

（2）客户档案。

德福公司、德鄢公司、德来公司、德麟公司四个客户的档案如表2-7~表2-10所示。

表 2-7 德鄢公司档案

客户编号			2008160902			
公司名称			德鄢公司		助记码	DY
法人代表	略	家庭地址	略		联系方式	略
证件类型	营业执照	证件编号	略		营销区域	塘汉大
公司地址		略	邮编	略		略
办公电话		略	家庭电话	略	传真号码	略
电子邮箱		略	QQ 账号	略	MSN 账号	略
开户银行		津广银行		银行账号		略
公司性质	中外合资	所属行业	零售业	注册资金	3 600 万元	经营范围	食品、日用品
信用额度	190 万元	忠诚度	高	满意度	高	应收账款	178 万元
客户类型		伙伴型	客户级别		A	
建档时间		2008 年 8 月	维护时间		2021 年 4 月	
Web 主页			www.deyan.com			
备注：						

表 2-8 德福公司档案

客户编号			2003020106			
公司名称			德福公司		助记码	MF
法人代表	略	家庭地址	略		联系方式	略
证件类型	营业执照	证件编号	略		营销区域	京津塘
公司地址		略	邮编	略	联系人	略
办公电话		略	家庭电话	略	传真号码	略
电子邮箱		略	QQ 账号	略	MSN 账号	略
开户银行		招商银行海河支行		银行账号		略
公司性质	民营	所属行业	零售	注册资金	300 万元	经营范围	日用品、食品
信用额度	12 万元	忠诚度	一般	满意度	高	应收账款	11.95 万元
客户类型		普通	客户级别		B	

续表

建档时间	2003年2月	维护时间	2021年3月
Web主页	www.meifu.com			

备注：

表2-9　德来公司档案

客户编号	2004030123				
公司名称	德来公司			助记码	DL
法人代表	略	家庭地址	略	联系方式	略
证件类型	营业执照	证件编号	略	营销区域	天津市区
公司地址	略		邮编	略	联系人	略
办公电话	略	家庭电话	略	传真号码	略
电子邮箱	略	QQ账号	略	MSN账号	略
开户银行	新华商业银行		银行账号	略	
公司性质	民营	所属行业	零售业	注册资金	1 200万元	经营范围	食品、办公用品
信用额度	150万元	忠诚度	高	满意度	较高	应收账款	142万元
客户类型	重点型			客户级别	A
建档时间	2006年5月		维护时间	2021年4月	
Web主页	www.meilai.com				

备注：

表 2-10　德麟公司档案

客户编号	2009012403				
公司名称	德麟公司			助记码	DLL
法人代表	略	家庭地址	略	联系方式	略
证件类型	营业执照	证件编号	略	营销区域	华北地区
公司地址	略		邮编	略	联系人	略
办公电话	略	家庭电话	略	传真号码	略
电子邮箱	略	QQ 账号	略	MSN 账号	略
开户银行	海河银行滨海支行		银行账号	略	
公司性质	民营	所属行业	零售	注册资金	400 万元	经营范围	食品、日用百货
信用额度	160 万元	忠诚度	较高	满意度	高	应收账款	152.5 万元
客户类型	重点型		客户级别	B	
建档时间	2009 年 1 月		维护时间	2021 年 3 月	
Web 主页	www.meilin.com				
备注:					

2. 任务实施

1) 对客户档案信息、订单信息中的有效数据进行汇总。

2) 对订单进行有效性分析。

3) 根据订单有效性的分析结果，对无效订单进行处理。

3. 实训考核

1) 订单有效性分析是否正确，要求有完整过程。

2) 是否体现无效订单的处理，处理方式是否正确。

(二) 作业要求或方案设计要求

1. 作业要求

1) 南京通达物流公司小张经过计算，根据各公司的累计应收账款判断其订单是否有效。

2) 对于累计应收账款超过信用额度的公司，视其订单为无效订单。

3）若发生缺货，公司与客户均允许不足额订货延期补送。

4）若存在无效订单，对无效客户订单进行处理。

2. 实训组织形式

1）学生以个人为单位完成客户有效性分析。

2）编制订单有效性分析表。

3）编制无效订单处理表单。

(三) 所需账、表、单

1. 订单有效性分析

通过计算累计应收账款和信用额度对比，判断订单是否有效，如表2-11所示。

表2-11 订单有效性分析　　　　　　　　　　　　　　单位：万元

客户名称	德福公司	德来公司	德麟公司	德鄢公司
客户类型	普通型	重点型	重点型	伙伴型
信用额度	12.00	150.00	160.00	190.00
应收账款	11.95	142.00	152.50	178.00
订单金额	0.22	0.22	0.28	0.23
累计应收账款	12.17	142.22	152.78	178.23
差额	-0.17	7.79	7.23	11.77
累计应收账款是否超过信用额度	是	否	否	否
订单是否有效	无效	有效	有效	有效

主管签字：　　　　　　　　　　　　　　　　　　　　　　　　　日期：

说明：由于德福公司累计应收账款超过信用额度，故该公司订单无效（订单编号：D202106170101）。

2. 无效订单处理

无效订单处理如表2-12所示。

表2-12 无效订单处理

序号	订单编号	客户名称	无效原因	处理方案	处理时间	主管签字	备注
1	D202106170101	德福公司	累计应收账款超过信用额度	视为无效订单，不予发货	2021.9.26	张三	—

接下来，对无效订单用户发出停止发货告知函，其基本内容如下。

停止发货告知函

德福公司（订单编号 D202106170101）：

　　经与财务核实，贵公司累计应收账款大于信用额度，故冻结本次订单，为不影响贵公司正常有序经营，请尽快汇款！

　　顺祝商祺！

(四) 实训报告

姓名		学号	
专业		班级	
实训日期		指导教师	
实训任务			
实训收获及反思				

任务二　客户优先权分析

一、实训目标

1. 知识目标
➤ 了解客户优先权的概念、意义和实现方法。
➤ 掌握客户需求、满意度和忠诚度等指标的测量方法和应用技巧。
➤ 了解客户优先权对企业的重要性。
➤ 能够进行客户调研、数据分析和报告撰写等工作。

2. 能力目标
➤ 培养学员识别客户需求的能力。
➤ 提高客户满意度和忠诚度的能力。
➤ 能够根据客户需求和反馈，提出改进方案和创新策略。
➤ 能够促进企业的持续发展和提高客户忠诚度。
➤ 提高学员的沟通、协调、组织和领导能力。

3. 素质目标
➤ 培养学生解决问题的能力和创新思维能力。
➤ 培养学生注重客户体验，尊重客户需求和权益的素质。
➤ 增强学生的责任感、创新精神和团队合作精神。
➤ 提高学生的职业道德水平并增强其社会责任感。

➤ 提高服务意识和服务质量，增强客户与企业之间的信任。

建议学时：4 学时。

二、任务项目概述

客户优先权的作用是当多个客户针对某一货物的要货量大于该货物库存量时，通过一定的方法对客户进行优先等级的划分，确定各个客户的优先等级顺序。

小张作为南京通达物流公司的仓储管理人员，协助主管根据任务分析出的客户有效订单，从忠诚度、满意度、客户类型、客户级别四个方面分析客户的优先权，对客户按照由高到低的优先级别进行排序。

三、实训环境、实训设备

（一）实训场地

现代物流实训中心、实训室机房，能满足 40 名学生同时进行客户优先权实训作业。

（二）实训设备

计算机、白板等可满足教师授课、演示，以及每名学生进行客户优先权应用分析实训任务的需求。

四、职业能力要求

客户优先权分析的职业能力要求如表 2-13 所示。

表 2-13　客户优先权分析的职业能力要求

职业岗位	工作内容	基本技术	相关知识	技能要求
仓储管理员	客户优先权分析	客户需求分析，客户满意度测量，客户价值分析，客户忠诚度测量	客户优先权分析的处理依据；客户导向理念；客户需求分析；客户满意度测量；客户满意度管理等	能够依据不同维度的权重分析客户优先权，并绘制详情表格

五、考核标准

客户优先权分析的考核标准如表 2-14 所示。

表 2-14　客户优先权分析的考核标准

实训内容	考核标准	满分	得分
客户优先权分析	客户优先权权衡因素确定	20 分	
	不同因素的赋值科学、合理	20 分	
	客户优先权分析准确	30 分	
	结果描述合理，表格绘制标准	20 分	
	按标准完成实训报告（完整性、科学性、美观性）	10 分	
总分		100 分	

六、知识链接——客户优先权分析步骤

1. 确定影响优先权的因素

影响客户优先权的因素主要有客户忠诚度、客户满意度、客户类型、客户级别、客户订单的紧急情况。单品的利润、交货期限、货款到账时间、去年需求量比重、与客户的合作时间、信用度也是影响客户优先权的指标。

2. 对影响优先权因素的权重赋值

对客户优先权指标的具体信息进行赋值，赋值的方法有很多种，如客户类型为母公司、伙伴型、重点型、普通型时，其赋值就应该按照从高到低进行排列。对影响客户优先权的因素赋权重，如果影响客户优先权的因素考虑了客户级别、客户类型、忠诚度、满意度四个方面，可以分别赋值为40%、30%、20%、10%，权重总比率为100%。

3. 计算企业优先权总值，确定客户优先权等级表

利用加权法，计算各个赋值的得分，得出客户的合计分数，最后按得分高低排序。

七、技能训练内容

(一)实训资料包

1. 任务资料

根据上一节的任务信息(有效客户订单、相应的客户档案)继续分析。

2. 实训步骤

1)根据有效客户订单，从客户级别、客户类型、忠诚度、满意度四个方面设定客户优先权权重。
2)完成客户指标详情表的设置。
3)划分等级指标，并完成等级指标详情表的设计。
4)完成客户优先权的设计。

3. 实训考核

考核其客户优先权的设计是否正确，要求具备完整步骤。

4. 任务实施

根据任务一分析有效客户订单，并从忠诚度、满意度、客户类型、客户级别四个方面分析客户的优先权，对客户中按照优先权级别由高到低排序，如表2-15所示。

表2-15 客户优先权分析情况

判断指标及权重	客户名称					
	德来公司		德麟公司		德鄢公司	
客户类型(0.4)	重点型	2	重点型	2	伙伴型	3
客户级别(0.3)	A	3	B	2	A	3
忠诚度(0.2)	高	3	较高	2	高	3

续表

判断指标及权重	客户名称					
	德来公司		德麟公司		德鄢公司	
满意度(0.1)	较高	2	高	3	高	3
分值合计	2.5		2.1		3	
优先排序	2		3		1	

表2-15中的数据说明如下。

1)判断指标权重赋值：客户类型0.4，客户级别0.3，忠诚度0.2，满意度0.1。

2)客户类型：重点型2分，伙伴型3分。

3)客户级别：A级3分，B级2分。

4)忠诚度：高3分，较高2分。

5)满意度：高3分，较高2分。

由上述分析可知客户优先权为：德鄢公司 > 德来公司 > 德麟公司。

(二)作业要求或方案设计要求

1. 作业要求

对任务二中的有效客户进行客户优先权分析，并形成详情表。

2. 实训组织形式

以个人为单位完成任务。

(三)所需账、表、单

根据任务一中的客户订单和客户档案数据表进行客户优先权分析，形成表2-16~表2-18中的各种指标详情。

表2-16 客户指标详情

指标 公司	客户级别 (0.4)	客户类型 (0.3)	忠诚度 (0.2)	满意度 (0.1)
德来公司	A	重点型	高	较高
德麟公司	B	重点型	较高	高
德鄢公司	A	伙伴型	高	高

表2-17 等级指标详情

指标 得分	客户级别 (0.4)	客户类型 (0.3)	忠诚度 (0.2)	满意度 (0.1)
3	A	伙伴型	高	高
2	B	重点型	较高	较高
1	C	一般型	一般	一般

表 2-18 客户优先权等级

公司\指标	客户级别(0.4)	客户类型(0.3)	忠诚度(0.2)	满意度(0.1)	合计	等级
德来公司	3	2	3	2	2.5	2
德麟公司	2	2	2	3	2.1	3
德鄂公司	3	3	3	3	3	1

(四)实训报告

姓名		学号	
专业		班级	
实训日期		指导教师	
实训任务			
实训收获及反思			

任务三　补货作业分析

一、实训目标

1. 知识目标

➢ 掌握各种补货方法。
➢ 熟悉补货时机的影响因素。
➢ 掌握补货数量的计算方法。

2. 能力目标

➢ 能根据作业情况合理选择补货时机。

- 能及时接收补货指令，有效进行补货作业现场实施。
- 能将补货作业与库存合理化分析相结合。
- 能运用自动化设备完成补货作业。
- 培养学生提高分析问题、解决问题的能力。

3. 素养目标
- 树立敬业精神、安全意识、节约意识和劳动意识。
- 培养学生团队协作能力，沟通意识。
- 培养学生精益求精的工匠精神。
- 培养学生吃苦耐劳的品质。

建议学时：4学时。

二、任务概述

在仓销配送中心，为了保证拣货区有货可拣，可以先将货物从存储区的货架上或货堆中转移到拣货区的货架上，再将此移库作业做库存信息处理。一般以托盘或整件货为单位移库，补货时可以整件补到流动式货架上，供人工拣货；也可以拆开外包装，将零货补到自动分拣机上，保证自动分拣机有货可拣。

三、实训环境、实训设备

（一）实训场地

现代物流实训中心、实训室机房，可满足40名学生同时进行补货实训任务。

（二）实训设备

装卸工具和搬运工具(叉车、地牛、台车)、托盘、托盘式货架、流利式货架，可满足教师授课、演示，以及每名学生进行补货实训应用分析任务的需求。

四、职业能力要求

补货作业分析的职业能力要求如表2-19所示。

表2-19　补货作业分析的职业能力要求

职业岗位	工作内容	基本技术	相关知识	技能要求
仓储管理员	补货作业	制订补货流程	各种补货方式	①整箱补货，是由料架保管区补货至流动棚架的动管区；②整托补货(一)，是由地板堆叠保管区补货至地板堆叠动管区；③整托补货(二)，是由地板堆叠保管区补货至托盘货架动管区；④货架上层至货架下层的补货，由上层作为保管区向下层的动管区补货
		编制补货作业计划	补货作业计划内容	确定补货作业任务，编制补货作业计划

续表

职业岗位	工作内容	基本技术	相关知识	技能要求
仓储管理员	补货作业	确定补货时机	补货时机选择方法	①批次补货，在每一天或每一批次拣取前，经由计算机计算所需物品的总拣取量，再查看动管拣货区的物品；计算差额并在拣取前一特定时点补足物品 ②定时补货，将每天划分为数个时点，补货人员在时段内检查动管拣货区货架上的物品存量，若不足马上将货架补满 ③随机补货，指定专门的补货人员，随时巡视动管拣选区的物品存量，有不足时随时补货
		实施补货作业	补货作业要求	将物品从货物保管区移到动管区进行补货操作
		补货作业信息处理	补货信息管理内容	及时调整货物库存状态，做到料、卡、物相符

五、考核标准

补货作业分析的考核评价标准如表2-20所示。

表2-20 补货作业分析的考核评价标准

实训内容	考核标准	满分	得分
补货作业	缺货查询无遗漏	10分	
	缺货物品选择正确	10分	
	确定补货数量正确	15分	
	补货单填写正确	15分	
	补货作业计划制订科学	20分	
	补货位置合适	10分	
	补货数量准确	10分	
	7S管理	10分	
总计		100分	

六、知识链接——补货的基本方式及补货时机

（一）补货的基本方式

补货作业与拣货作业息息相关。补货作业的策划必须满足两个前提，即"确保波动式货架上有货可拣"和"将待配货物放置在存取都方便的位置"。在仓储配送中心通常有两种补货方式：①由存储货架区与流动式货架组成的存货、拣货、补货系统，待配货物从存储货架取出，补向流动式货架，保证流动式货架上有货可拣；②将货架的上层作为存储区，下层为拣货区，待配货物从货架的上层取出，补向下层，保证货架的下层有货可拣。

1. 整箱补货

整箱补货的保管区为货架储放区，动管拣货区为两面开放式的流动棚架。拣货时拣货员从拣取区拣取单品放入物流箱中，然后运至出货区。而当拣取后自动识别到动管区的存货已低于规定的水平时，就会进行补货的动作。其补货方式为作业员到货架保管区取货箱，用手推车将货箱载至拣货区，从流动棚架的后方补货。

2. 托盘补货

此补货方式是以托盘为单位补货。托盘由地板堆放保管区运到地板堆放动管区，拣货时把托盘上的货箱置于中央输送机送到发货区。当存货量低于设定标准时，需要立即补货，可使用堆垛机把托盘由保管区运到拣货动管区，也可把托盘运到货架动管区进行补货。适用于体积大或出货量多的货物。

3. 货架上层到货架下层的补货方式

此补货方式保管区与动管区属于同一货架，即将同一货架上的中下层作为动管区，上层作为保管区，而进货时则将动管区放不下的多余货箱放到上层保管区。当动管区的存货低于设定标准时，利用堆垛机将上层保管区的货物搬至下层动管区。适用于体积不大、存货量不高且多为中小量出货的货物。

(二)补货时机

补货作业的发生与否，主要看待配货物在流动式货架上的存量，或待配货物在自动分拣机上的存量。要保证流动式货架上有货可配、自动分拣机有货可拣，补货时机的掌握很重要。如果补货不及时，会导致拣货作业中断，影响拣货作业的按时完成。准确掌握补货时机，保证有货可配，通常采取以下三种补货方法。

1. 批次补货

该方法是在每天或每一批次拣货之前，经计算机计算所需货物的总拣取量，再查看流动式货架上的货物存量，计算差额，并在拣货作业开始前补足货物。这种"一次补足"的补货原则，比较适用于一天内作业量变化不大、紧急追加订货不多或每一批次拣取量大需事先掌握的情况。

2. 定时补货

该方法是将每天划分为若干个时段，补货人员在不同的时段内检查流动式货架上的货物存量，如果发现货物存量不足，马上予以补足。这种定时补货的原则较适用于分批拣货时间固定且处理紧急追加订货的时间也固定的情况。

3. 随机补货

该方法是指定专人从事补货作业方式，这些人员随时巡视流动货架上的货物存量，发现不足时随时补货。这种"不定时补足"的补货原则较适用于每批次拣货量不大、紧急追加订货次数较多，从而导致一天内的作业量不确定性较大的情况。

(三)补货时的注意事项

1)准确把握补货时机。

2)补货时货物的品名、规格要与流动货架上的品名、规格相符。注意，放置货物时，要将位置对齐。

3) 货物摆放要整齐，便于拣货。
4) 坚持"先进先出"的原则。
5) 补货时轻拿轻放，防止摔坏货物。

七、技能训练内容

(一) 实训资料包

1. 任务资料

资料1：托盘货架存储区和拆零拣选区货位信息资料如表2-21和表2-22所示。

表2-21 托盘货架存储区货位信息资料

货位	01-03-02-03	02-01-02-01	02-02-02-03	01-04-01-02	02-03-05-02
品名	脆香饼干	婴儿纸尿裤	婴儿美奶粉	婴儿湿巾	梦阳奶粉
规格	1×12桶	1×6包	1×24罐	1×24盒	1×20袋
存储单位	箱	箱	箱	箱	箱
数量	24	30	20	23	18
货位	01-03-02-02	02-01-02-02	02-02-02-01	01-04-01-03	02-03-05-01
品名	婴儿纸尿裤（大片装）	可乐年糕	艾尔湿纸巾	可乐磁化杯	多乐儿童牙膏
规格	1×48片	1×24袋	1×24包	1×24个	1×80支
存储单位	箱	箱	箱	箱	箱
数量	24	30	20	23	18
货位	01-03-02-01	02-01-02-03	02-02-02-02	01-04-01-01	02-03-05-03
品名	顺心奶嘴	金谷精品杂粮营养粥	金谷精品杂粮营养粥	金谷精品杂粮营养粥	金多多婴儿营养米粉
规格	1×48个	1×24瓶	1×24瓶	1×24瓶	1×60盒
存储单位	箱	箱	箱	箱	箱
数量	24	30	30	30	18

表2-22 拆零拣选区货位信息资料

货位	09-02-03-04	09-01-04-02	09-02-03-02	09-03-01-02	09-04-02-01
品名	脆香饼干	婴儿纸尿裤	婴儿美奶粉	婴儿湿巾	梦阳奶粉
规格	1 000 g	30片	500 g	100张	250 g
拣选单位	桶	包	罐	盒	袋
补货前数量	12	9	13	32	90
存储上/下限	80/10	60/8	70/10	60/10	100/20

资料2：补货任务单如图2-1所示。

> 作业地点：托盘货架存储区、拆零拣选区。
> 时间要求：15分钟。
> 质量要求：补货及时、准确。
> 补货方法：定时补货。
>
> 作业人员签名：
> 作业日期：　　年　　月　　日

图2-1　补货任务单

2. 任务实施

根据补货任务单及托盘货架、拆零拣选区货位信息资料，完成补货作业。

(二) 作业要求或方案设计要求

1) 根据托盘货架和拆零拣选区货位信息资料，查询并填制补货信息。
2) 根据补货任务单，填写补货单。
3) 制订补货作业计划。
4) 实施补货作业计划。

(三) 所需账、表、单

所需账、表、单如表2-23~表2-25所示。

表2-23　零货区补货信息

缺货品名	规格单位	现有库存	零货区货位存储限额	保管区库存数	单位

表2-24　补货单

品名	数量	单位

表2-25　补货作业计划

序号	品名	取货地址	补货地址	数量	单位

(四)实训报告

姓名		学号	
专业		班级	
实训日期		指导教师	
实训任务			
实训收获及反思			

任务四　拣选作业

一、实训目标

1. 知识目标

➢ 掌握拣选作业必备的基础知识。
➢ 熟悉拣选单元。
➢ 掌握拣选方式、拣选作业流程。

2. 能力目标

➢ 能够将订单转化为拣选单。
➢ 能够优化拣货路径。
➢ 能够合理使用拣选和搬运工具。
➢ 能够在拣选过程中实现零货损、零失误,提高工作效率。
➢ 能熟练进行月台理货操作。
➢ 培养学生分析问题、解决问题的能力。

3. 素养目标

➢ 培养学生的敬业精神、安全意识、节约意识和劳动意识。

➢ 培养学生的团队协作能力。

建议学时：2学时。

二、任务概述

拣选是按订单或出库单的要求，从存储场所拣出物品的作业。本项目要求学生根据接到的客户订单将其转化为拣选单，并按照拣选单完成拣选作业。在作业过程中，学生应充分考虑作业成本，选择适宜的拣选方式、拣选工具，在对应的拣选区域内完成拣选作业。

三、实训环境、实训设备

（一）实训场地

现代物流实训中心、实训室机房，可满足40名学生同时进行拣选作业实训任务。

（二）实训设备

流利式货架、电子标签拣选系统、拣货台车、托盘式货架、托盘、手持式RF智能终端、条码扫描器、条码打印机、包装箱、周转箱叉车、搬运车，可满足教师授课、演示，以及每名学生进行拣选作业的应用分析实训任务的需求。

四、职业能力要求

拣选作业职业能力要求如表2-26所示。

表2-26　拣选作业职业能力要求

职业岗位	工作内容	基本技术	相关知识	技能要求
仓储管理员	拣选作业	拣选单制作	拣选单的应用范围及必备要素	能够理解出库订单，并能够根据出库订单完成拣选单的制作和填写
		拣选方式选择	订单拣选、批量拣选、复合拣选	能够掌握不同拣选方式的区别与联系，并根据客户订单的特点选择适宜的拣选方式
		拣选作业组织	拣选单位，拣选作业流程	能够根据出库订单的特点进行有序的拣选作业组织，在拣选过程中实现零货损、零失误，提高工作效率

五、考核标准

拣选作业考核标准如表2-27所示。

表 2-27 拣选作业考核标准

实训内容	考核标准	满分	得分
拣选作业	拣选单设计合理，充分考虑作业效率	10 分	
	作业时间（单位：秒）	10 分	
	品种（每错一种扣 5 分，最高扣 25 分）	25 分	
	数量（每多一件或少一件扣 3 分，最高扣 5 分）	15 分	
	拣选过程科学（拣选过程中运用统筹方法，将拣选货物适当整合，没有出现迂回、重复等过程不科学的现象）	5 分	
	搬运过程中没有出现工具倾翻、漏货、撒货等现象	5 分	
	分拣过程中注意动作幅度，轻拿轻放，保护货物安全	5 分	
	场地 5S 管理	5 分	
	按标准完成实训报告（完整性、科学性、美观性）	20 分	
总分		100 分	

六、知识链接——货物拣选

常见的拣货方式有摘果式拣选作业和播种式拣选作业。

1. 摘果式拣选作业

摘果式拣选作业又称为"拣取式""按单分拣"拣选作业，是针对每张订单，拣选人员或拣选工具巡回于各个存储点将所需的货物取出，从而完成货物配备的，且较为传统的一种拣货方法。

摘果式拣选作业的货位相对固定，而拣选人员和拣选工具相对运动，所以又称作"人到货前式工艺"。形象地说，又类似人们进入果园，在一棵树上摘下熟了的果子，再转到另一棵树下继续摘，所以又形象地称之为"摘果式或摘取式工艺"。

2. 播种式拣选作业

播种式拣选作业又称为"分货式""批量分拣"拣选作业，是指把多张订单集合成一批，按照商品种类汇总后进行拣取操作，之后按照客户订单做分类处理的拣选作业方法。

播种式拣选作业类似于田野中的播种操作。分货人员或工具从存储点集中取出各个客户共同需要的货物，然后巡回于各客户的货位之间，将货物按客户需求量放在各客户的货位上，再取出下一种共同需求的商品，如此反复进行，直至按客户需求将全部货物取出并分放完毕。同时也完成各个用户的拣选配货工作。播种式用户货位固定，分货人员和工具流动性强。

物流信息技术的迅猛发展，给仓储作业带来了前所未有的智能化、科技化。在拣选作业中，使用自动化拣选已成为一种趋势。自动化拣选实现了不等待、不搬运、不走动、不寻找等特点的理想拣选方式。电子标签拣选、语音拣选、手持拣选、周转箱拣选、自动分拣机拣选，货到人拣选，将智慧物流智能仓储的高效作业体现得淋漓尽致。另外，物流技术的发展也表现了我们国家物流科技的发展水平居世界前列。作为物流人，我们为此感到自豪，也更激发了我们的爱国热情。

七、技能训练内容

(一)实训资料包

1. 任务资料

某物流公司货物存储在拆零拣选区和托盘货架区,现收到来自3个客户的出库订单(表2-28~表2-30),需要将其转化为拣选单,并按照拣选单完成拣选作业。

2. 任务实施

四个人完成拣选作业。

1)将出库订单转化为拣选单。
2)选用适当的拣选方式,选择适宜的装卸搬运工具,优化拣选作业路径。
3)分区实施拣选作业。

(二)作业要求或方案设计要求

1. 缮制拣选单

A区存放日用品,采用货架存储形式;B区存放饮料,采用地面存储形式。

合理选用不同的拣选方式——摘果式或播种式,将来自3个客户的出库订单(表2-28~表2-30)转化为拣选单,完成表2-34和表2-35的填写。

表2-28 出库订单1

订单编号	Ck20201117	客户名称	明发集团	紧急程度	一般
库房	A市物流中心	出库类型	正常出库	是否送货	是
收货人	A超市					
计划出库时间	2020年11月30日				
货物编码	货物名称	包装规格	总质量/kg	数量/箱	批次	备注
6922266462511	清风原木精品	448 mm×276 mm×180 mm	60	10	—	先进先出

表2-29 出库订单2

订单编号	Ck20201118	客户名称	明发集团	紧急程度	一般
库房	A市物流中心	出库类型	正常出库	是否送货	否
收货人	B生活馆				
计划出库时间	2020年11月30日				
货物编码	货物名称	包装规格	单位	数量	批次	备注
6922266462511	清风原木精品	—	卷	3	—	—
6921317905168	康师傅绿茶(500mL)	—	瓶	3	—	—
6921317905014	心相印心柔三层卷纸	265 mm×210 mm×150 mm	箱	7	20201020	—
6932835313953	24色彩色铅笔	—	套	3	—	—

表 2-30 出库订单 3

订单编号	Ck20201119	客户名称		明发集团	紧急程度	一般
库房	A 市物流中心	出库类型		正常出库	是否送货	否
收货人			C 便利店			
计划出库时间			2020 年 11 月 30 日			
货物编码	货物名称	包装规格	单位	数量	批次	备注
6954767470573	冰露矿泉水（550mL）	—	瓶	3	—	—
6922266462511	清风原木精品	—	卷	5	—	—
6921168509256	农夫山泉（550mL）	265 mm×210 mm×150 mm	箱	6	—	—
6921168509256	农夫山泉（550 mL）	—	瓶	3	—	—

2. 实施托盘货架区拣选作业

托盘货架区拣选出库时，应遵守先进先出的原则，有特殊要求除外。

根据货物性质选择适宜的装卸搬运工具（地牛、叉车等），优化拣选作业路径，完成拣选作业。货物存储情况如表 2-31 至表 2-32 所示。

表 2-31 托盘货架去库存（A 区）

日用品区（A 区）		
清风原木精品（15 箱） ［20200828］	清风原木精品（28 箱） ［20201015］	
A00200	A00201	A00202
雕牌高效洗洁精（18 箱） ［20200908］		
A00100	A00101	A00102
心相印心柔三层卷纸（13 箱） ［20200921］	心相印心柔三层卷纸（13 箱） ［202010201］	
A00000	A00001	A00002

表 2-32 托盘货架去库存（B 区）

饮料区（B 区）		
农夫山泉（550mL）（8 箱） ［20200828］		
B00000	B00001	B00002

3. 实施拆零拣选区拣选作业

拆零拣选区出库时，采用周转箱或纸箱进行包装封箱，应遵守装箱规则，拆零货物包装内应放置装箱单。

根据货物性质选择适宜的装卸搬运工具(拣选台车等)，优化拣选作业路径，完成拣选作业。拆零拣选区货物存储明细如表 2-33 所示。

表 2-33 拆零拣选区货物存储明细

序号	储位编码	货位条码	货物名称	数量	单位	品类
1	A000000	6922266462511	清风原木精品	8	卷	日用品
2	A000001	6922868288052	心相印茶语私享四层卷纸	7	卷	日用品
3	A000002	6922868283101	心相印心柔三层卷纸	8	卷	日用品
4	A000003	6903148015834	佳洁士天然多效草本水晶牙膏	6	支	日用品
5	A000004	6927034953215	航母大号背心式垃圾袋厚实型	10	个	日用品
6	A000005	6932835313953	24色彩色铅笔	8	套	日用品
7	A000100	6921317905014	康师傅冰红茶(500 mL)	9	瓶	饮料
8	A000101	6921317905168	康师傅绿茶(500 mL)	9	瓶	饮料
9	A000102	6954767410173	可口可乐(300 mL)	10	瓶	饮料
10	A000103	6921168509256	农夫山泉(550 mL)	10	瓶	饮料
11	A000104	6921168511280	农夫山泉(380 mL)	7	瓶	饮料
12	A000105	695476747573	冰露矿泉(550 mL)	9	瓶	饮料

(三)所需账、表、单

根据表 2-28~表 2-30 的内容完成表 2-34 和表 2-35 的填写。

表 2-34 拣选单 1

拣选单编号			用户订单编号			
用户名称						
出库日期：			拣货月台			
拣货日期：				拣货人：		
核查日期：				核查人：		
序号	储位号码	货物名称	包装单位			数量	备注
			件	箱	托		
1							
2							
3							
4							
5							

表2-35　拣选单2

拣选单编号			包装单位			储位编号	
货物名称			件	箱	托		
出库日期：				总量			
拣货日期：					拣货人：		
核查日期：					核查人：		
序号	用户订单编号		用户名称	数量		储货月台	备注
1							
2							
3							
4							

（四）实训报告

姓名		学号	
专业		班级	
实训日期		指导教师	
实训任务			
实训收获及反思			

任务五　配送时效性分析

一、实训目标

1. 知识目标

➢ 理解配送时效性的内涵及计算原理。
➢ 掌握物流配送的基本原理和流程。
➢ 掌握市场需求和客户需求的变化趋势。
➢ 了解不同行业和不同地区的物流配送特点和需求，以及相关政策和法律法规和标准。

2. 能力目标
➢ 能够运用公式计算配送时效性，并分析结果。
➢ 具备较强的数据分析和决策能力。
➢ 能够分析物流配送数据和客户反馈信息。
➢ 能制订合理的物流配送计划和优化方案。
➢ 能提升企业的物流配送服务水平和客户满意度。

3. 素养目标
➢ 培养学生正确的现代物流管理的职业操守。
➢ 需要学生不断更新物流配送知识，提高自身的综合素质和职业素养。
➢ 培养学生具备责任心和团队意识，能够为企业的发展贡献自己的力量。
➢ 积极参与团队协作和知识共享，提高团队的协作效率和业务水平。
➢ 铸造培养当代大学生的工匠精神。

建议学时：4学时。

二、任务概述

该任务涉及物流、运营管理、客户服务等多个方面的知识和技能，旨在提高学生的数据分析和决策能力、组织协调和沟通能力、质量管理和客户服务能力等方面的综合素质和职业能力。

三、实训环境、实训设备

(一)实训场地

现代物流实训中心、实训室机房，能同时满足40名学生进行配送时效性分析实训作业。

(二)实训设备

计算机、白板等，可满足教师授课、演示，以及每名学生进行配送时效性实训应用分析任务的需求。

四、职业能力要求

配送时效性分析的职业能力要求如表2-36所示。

表2-36 配送时效性分析的职业能力要求

职业岗位	工作内容	基本技术	相关知识	技能要求
配送管理员	配送时效性分析作业	应用配送时效性原理	配送时效性原理及公式	运用配送时效性原理计算分析

五、考核标准

配送时效性分析的考核标准如表2-37所示。

表 2-37 配送时效性分析的考核标准

实训内容	考核标准	满分	得分
配送管理员	公式书写正确	20 分	
	计算过程正确	20 分	
	计算结果正确及分析描述合理	20 分	
	按标准完成实训报告(完整性、科学性、美观性)	40 分	
总分		100 分	

六、知识链接——配送时效性分析

配送时效性分析是一项针对企业物流配送服务水平和客户满意度的评估项目。该项目旨在通过收集和分析物流配送数据和客户反馈信息，评估企业的物流配送服务水平和客户满意度，提出相关的优化建议和改进措施，以提升企业的物流配送服务水平和客户满意度。具体而言，该项目主要包括以下内容。

1. 数据收集和分析

收集企业的物流配送数据和客户反馈信息，对配送时效、配送准确率、退换货率等指标进行分析，识别问题和瓶颈，找出影响物流配送效率和服务质量的因素。

2. 评估物流配送服务水平和客户满意度

根据数据分析结果，评估企业的物流配送服务水平和客户满意度，制订相关评估指标和评估标准，确定评估方法和流程，对企业的物流配送服务水平和客户满意度进行客观评价。

3. 提出优化建议和改进措施

根据评估结果，提出相关的优化建议和改进措施，包括优化配送方案、提高配送准确率、减少配送时效、提高售后服务水平等方面的优化建议和改进措施。

4. 实施跟踪和监控

实施优化建议和改进措施后，对其实施效果进行跟踪和监控，及时发现和解决问题，保证改进措施的顺利实施。

七、技能训练内容

(一)实训资料包

1. 任务资料

某配送中心为一重要客户配送货物，承诺服务时间为 3 h，平均备货时间为 1.2 h，标准差为 0.2，平均出行速度为 45 km/h，标准差为 10。在 95% 的服务水平下，配送中心的配送半径应该限定在什么范围内？（计算结果四舍五入保留整数）

配送中心服务水平系数对照

服务水平	0.99	0.99	0.98	0.95	0.90	0.80	0.70
系数 Z	3.50	2.33	2.05	1.65	1.29	0.84	0.53

2. 实训原理

配送时效性分析公式如下：

$R=($承诺服务时间$-$平均备货时间$)\times$平均出行速度$-$服务水平系数 $Z\times\sqrt{平均出行速度标准差^2\times(承诺服务时间-平均备货时间)+平均备货时间标准差^2\times平均出行速度^2}$

$R = (3-1.2)\times 45 - 1.65\times\sqrt{10^2\times(3-1.25)+0.2^2\times 45^2}$

$= 49$

(二) 作业要求或方案设计要求

1. 作业要求

结合题意计算配送时效性分析结果。

2. 实训组织形式

学生以个人为单位完成实训。

(三) 所需账、表、单

请计算上题的配送时效性分析结果，将过程和结果填在框中。

(四) 实训报告

姓名		学号	
专业		班级	
实训日期		指导教师	
实训任务			
实训收获及反思			

任务六　配送路线优化实训——节约里程法

一、实训目标

1. 知识目标
- 熟悉物流路径优化的影响因素。
- 掌握物流路径的优化方法。
- 掌握物流路径计算指标功能。

2. 能力目标
- 能根据相关信息,利用经验来寻找物流优化路径。
- 能利用数学计算的方法来寻找物流优化路径。
- 能从多种优化方案中选取合理的物流优化路径。
- 能根据业务需求,合理地进行车辆配备。
- 培养学生分析问题、解决问题的能力。

3. 素养目标
- 树立敬业精神、安全意识、节约意识和劳动意识。
- 培养学生的团队协作能力和沟通意识。
- 培养学生的物流作业优化意识。

建议学时:4学时。

二、任务概述

配送路线优化实训是根据不同客户的需求特点,整合影响配送运输的各种要素,合理配置运输车辆,优化物流路径,将客户所需的商品准确送达,最终达到节省时间、运距和降低物流成本的目的。其中,节约里程法是用来解决运输车辆数目不确定的问题的最有名的启发式算法。

节约里程法的原理——三角形两边之和大于第三边,用算式 $a+b-c$ 表示,即依次将运输问题中的两个回路合并为一个回路,每次使合并后的总运输距离减小的幅度最大,直至达到一辆车的装载限制时,再进行下一辆车的优化。优化过程分为并行方式和串行方式,如图2-2和图2-3所示。其中,并行方式的运行距离为 $2a+2b$,串行方式的运行距离为 $a+b+c$。

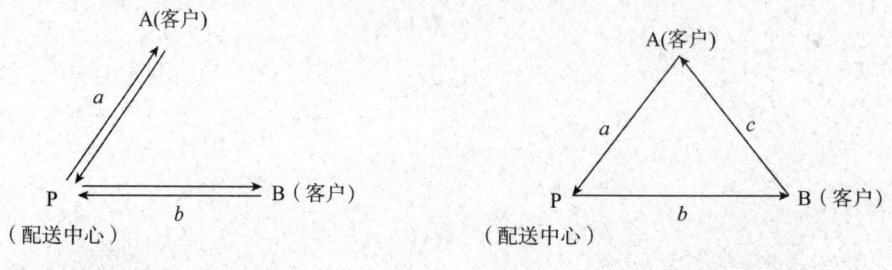

图2-2　并行方式　　　　　　　　　图2-3　串行方式

三、实训环境、实训设备

(一)实训场地

现代物流实训中心、实训室机房,可满足 40 名学生同时进行配送路线优化实训。

(二)实训设备

计算机、白板等,可满足教师授课、演示,以及每名学生进行配送路线优化实训任务的需求。

四、职业能力要求

配送路线优化作业职业能力要求如表 2-38 所示。

表 2-38　配送路线优化作业职业能力要求

职业岗位	工作内容	基本技术	相关知识	技能要求
调度员	配送路线优化	分析配送路线影响因素	各种影响因素的内容条件	①分析道路允许通行的时间、运输车辆载重、物流中心能力、自然因素及其他不可抗力因素等影响配送路线的客观因素 ②分析收货人对送达的货物要求、时间要求、地点要求等影响配送路线的主观因素
		确定配送路线优化原则	各种优化原则的作用与意义	①以效益最大化为原则的分析方法 ②以路程最短为原则的分析方法 ③以时间与距离乘积最小为原则的分析方法 ④以准确性最高为原则的分析方法
		选择配送路线优化方法	各种优化手段的计算方法	根据影响因素与优化原则选择配送路线方法,主要有综合评价法、线性规划法、网络图法和节约里程法等
		分析配送路线	数据收集与计算分析方法	收集相关数据,利用已选择的优化方法进行分析
		完成配送路线优化方案	方案的撰写要求	选择优化路径,合理进行资源配置,制订优化方案并指导相关部门实施

五、考核标准

配送路线优化作业考核标准如表 2-39 所示。

表 2-39 配送路线优化作业考核标准

实训内容	考核标准	满分	得分
配送路线优化	正确分析配送路线选择影响因素	10分	
	准确确定配送路线优化原则	10分	
	正确选择配送路线优化方法	10分	
	正确分析配送路线	25分	
	完成配送路线优化方案	25分	
	按标准完成实训报告(完整性、科学性、美观性)	20分	
总分		100分	

六、知识链接——节约里程法的应用原理

起点与终点为同一地点的物流运输线路优化，最常用的是节约里程法，它是形成人工和计算机计算单起点、多回路最短路线的基础，是确定优化配送方案的一个较成熟的方法。

1. 基本原理

利用节约里程法确定配送线路的主要出发点是：根据配送中心的配送能力(包括车辆的多少和载重量)和配送中心到各个客户以及各个客户之间的距离来制订使总体车辆运输的吨千米数最小的配送方案。

其基本思路：已知 O 点为配送中心，它分别向客户 A 和 B 送货。设 O 点到客户 A 和客户 B 的距离分别为 a 和 b，客户 A 和客户 B 之间的距离为 c。现有两种送货方案，如图 2-4 和图 2-5 所示。

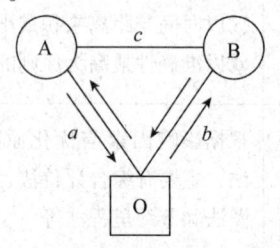

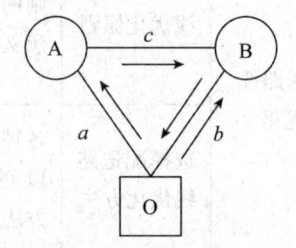

图 2-4 方案一　　　　图 2-5 方案二

方案一：图 2-4 中，从 O—A—O，然后从 O—B—O，配送距离为 $L_1 = 2(a+b)$。

方案二：图 2-5 中，从 O—A—B—O，配送距离 $L_2 = a+b+c$。

方案二与方案一比较，节约的里程数 $\Delta L = L_1 - L_2 = 2(a+b) - (a+b+c) = a+b-c$，得到节约量的基本公式为：

$$\Delta L = a+b-c$$

2. 适用条件

利用节约里程法制订出的配送方案除了要使配送总吨千米数最小外，还满足以下条件：①适用于有稳定客户群的配送中心，方案能满足所有客户的要求；②各配送线路的负荷要尽量均衡；③要考虑客户要求的交货时间，即一条线路的配送总里程不能太长，以免影响客户交货时间的准确性。每辆车每天的总运行时间或行驶里程不超过规定的上限；④要考虑货物总重量不能超过车辆的额定载重量。

3. 计算方法

在实际配送中，一个配送中心给多个客户进行配送，应首先计算配送中心与每个客户之间的最短距离，以及任意两个客户之间的最短距离，然后计算各客户之间的可节约的配送距离，按照节约配送距离的大小顺序连接各个客户，并设计出相应的配送路线。

七、技能训练内容

(一)实训资料包

某配送中心 P 将于 2023 年 10 月 17 日为德家(A)、德兰(B)、德鄢(C)、德来(D)、德麟(E)、德乐(F)、德程(G)、德福(H)、德凯(I)、德翔(J)10 家公司配送货物。如图 2-6 所示，连线上的数字表示公路里程(km)，靠近各公司括号内的数字表示各公司对货物的需求量(t)。配送中心备有 3 吨和 4 吨载重量的汽车可供使用，且配送车辆一次巡回里程不超过 40 km。设送到时间均符合用户要求，试用节约里程法制订出最优的配送方案。

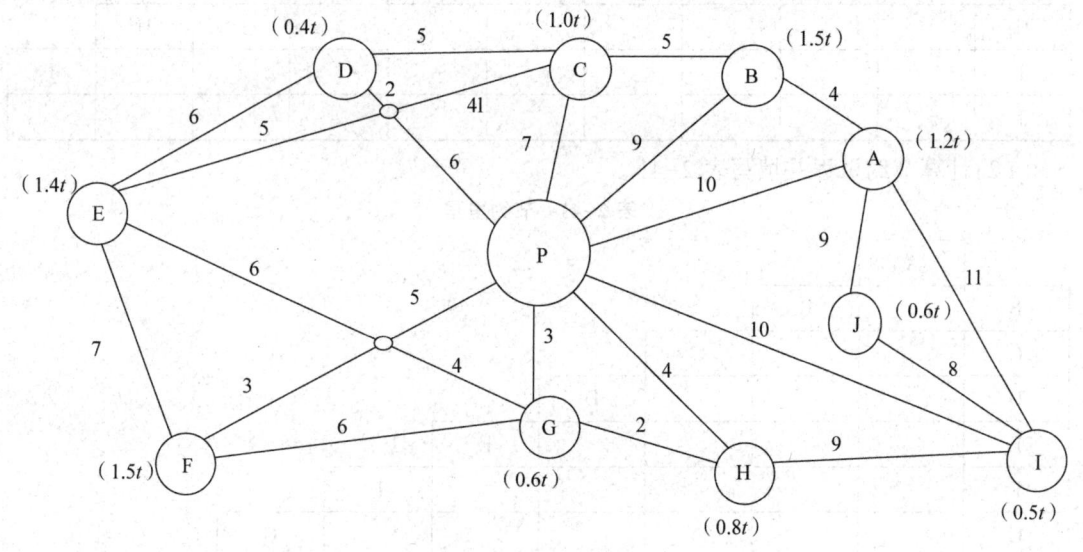

图 2-6 配送线路

(二)作业要求或方案设计要求

1. 需完成的任务

1) 应用节约里程法，测算最短距离。
2) 编制节约里程排序表，绘制配送路线。
3) 优化成本核算，制订指导方案。

2. 实施步骤

第 1 步：计算物流中心到各点以及各点之间的最短距离，做出最短距离表(表 2-40)。
第 2 步：计算节约里程，做出节约里程表(表 2-41)。
第 3 步：将节约里程按从大到小的顺序排列，编制节约里程排序表(表 2-42)。
第 4 步：绘制配送路线。
第 5 步：优化成本核算，要有计算过程。
第 6 步：制订指导方案。

(三)所需账、表、单

(1)计算最短距离并填写表2-40。

表2-40 最短距离

	P	A	B	C	D	E	F	G	H	I
A										
B										
C										
D										
E										
F										
G										
H										
I										
J										

(2)计算节约里程并填写表2-41。

表2-41 节约里程

	A	B	C	D	E	F	G	H	I
B									
C									
D									
E									
F									
G									
H									
I									
J									

(3)将节约里程排序相关内容填入表2-42中。

表2-42 节约里程排序

序号	连接点	节约里程	序号	连接点	节约里程
1			8		
2			9		
3			10		
4			11		
5			12		
6			13		

续表

序号	连接点	节约里程	序号	连接点	节约里程
7			14		
15			23		
16			24		
17			25		
18			26		
19			27		
20			28		
21			29		
22			30		

（4）在框中绘制配送路线。

（5）进行优化成本核算，并将计算过程写入框中。

(6)制订指导方案并写入框中。

(四)实训报告

姓名		学号	
专业		班级	
实训日期		指导教师	
实训任务			
实训收获及反思			

任务七　货物配装配载

一、实训目标

1. 知识目标

➢ 掌握各种货物的规格、特性。

> 掌握各类车辆的规格特点。
> 掌握货物配载的计算方法。

2. 能力目标

> 能根据货物特点与运输的目的地进行货物分类。
> 能根据货物数量与特性选择相应车辆。
> 能根据物流综合价值优化配装作业。
> 培养学生分析问题、解决问题的能力。

3. 素养目标

> 树立敬业精神、安全意识、节约意识和劳动意识。
> 培养学生团队合作能力和沟通意识。
> 培养学生养成精益求精的工匠精神、吃苦耐劳的品质。
> 培养学生的物流作业优化意识。

建议学时：2学时。

二、任务概述

随着市场经济的发展和物流专业化水平的提高，物流配送业得到了迅速的发展。货物配装问题是物流配送过程中的一个重要环节，是指充分利用运输工具的载重量和容积，采用先进的装载方法，合理地安排货物的配载。货物配装的合理化就是在既定的车辆条件下使货物装载的综合利用率最高。应制订出合理的配装方案以提高车辆的载重量和空间利用率，降低配送企业的物流成本，增强其企业竞争力，将会给配送企业带来巨大的经济效益，也可以为全社会创造更多价值。

综合来看，货物配装配载综合实训是根据客户订单需求及货物种类特性，结合拣选工作进程并按照货物配装原则，对待送货物进行配装方案设计并组织实施。

三、实训环境、实训设备

(一)实训场地

现代物流实训中心、实训室机房，可满足40名学生同时进行货物配装配载综合实训。

(二)实训设备

至少准备3种型号的装载车辆、托盘、料箱、纸箱，可满足教师授课、演示，以及每名学生进行配送路线优化实训任务的需求。

四、职业能力要求

货物配装配载职业能力要求如表2-43所示。

表 2-43 货物配装配载职业能力要求

职业岗位	工作内容	基本技术	相关知识	技能要求
调度员	货物配装配载	明确配装配载要求	配装配载作业要求	①中转先运、急件先运、先托先运、合同先运的原则 ②一张托运单和一次中转的货物，需一次运清，不得分送 ③凡是可以直达运送的货物必须直达运送；必须中转的货物，合理配载，不得任意增加中转环节 ④充分利用车辆的载重量和容积进行轻重配装、巧装满装 ⑤认真执行货物混装限制规定，确保运输安全 ⑥加强预报中途各站的待运量，并尽量使同站装卸的货物在吨容积上相适应
		制订配装配载方案	方案的撰写要求	①依据客户货物参数计算货物体积及重量 ②分析影响因素进行运输车辆选择 ③绘制货物装载平面设计图
		进行装车准备	相关单据报表的内容与要求	①按车辆的容载量和货物长短、大小、性质进行合理配装，填制配装单和货物交接清单 ②将各种随货单证分附于交接单后面 ③核对货物的堆放位置并做好标记
		实施配装配载作业	配装配载操作规范	按任务要求完成配装作业

五、考核标准

货物配装配载考核标准如表 2-44 所示。

表 2-44 货物配装配载考核标准

实训内容	考核标准	满分	得分
配送路线优化	货物体积和重量计算正确	15 分	
	配装车辆选择正确	15 分	
	配载装车实施无误	20 分	
	车辆利用率计算及成本分析正确	10 分	
	作业时间（单位：秒）	10 分	
	现场 5S 管理	10 分	
	按标准完成实训报告（完整性、科学性、美观性）	20 分	
总分		100 分	

六、知识链接——货物配装配载

配装配载也可称为配装或配载，是指充分利用运输工具的载重量和容积，采用先进的装载方法，合理安排货物的装载，即当单个用户配送数量不能达到车辆的有效运载负荷时，就存在如何集中不同用户的配送货物，进行搭配装载以充分利用运能、运力的问题，这就需要配装。和一般送货不同，配装送货可以大大提高送货水平及降低送货成本。所以，配装也是配送系统中具备现代特点的功能要素，也是现代配送不同于以往送货的重要区别之一。

（一）配载的影响因素

导致配载效率低下的主要因素包括：配载优化技术不成熟，计算困难；配载时间受制约，当配送中心采用"快进快出"的模式时，配载决策时间有限；订单波动，线路上的装载货物是动态的，随时都会有新订单录入，带来多次重复计算；货物重量、体积数据没有或者不准确，无法优化计算货物基础数据。

（二）配载的原则

车辆配载要解决的问题是如何将货物装车，按什么顺序装车。为了有效利用车辆的容积和载重量，还要考虑货物的性质、形状、重量和体积等因素进行具体安排。车辆配载一般应遵循以下原则。

1）尽量多装入货物，充分利用车辆的有效容积和载重量。

2）装入货物的总体积不超过车辆的有效容积。

3）装入货物的总重量不超过车辆额定载重量。

4）重不压轻，大不压小。

5）货物堆放要前后、左右、上下重心平衡。

6）尽量做到"先送后装"。

7）货与货之间、货与车辆之间应留有空隙并适当衬垫，防止货损。

8）货物的标签朝外，以方便装卸。

9）配载完毕，应在门端处采取适当的稳固措施。

（三）配载时的注意事项

1）为了减少或避免差错，尽量把外观相近、容易混淆的货物分开装载。

2）不将散发异味的货物与具有吸收性的食品混装。

3）切勿将渗水货物与易受潮货物一同存放。

4）包装不同的货物应分开装载，如板条箱货物不要与纸箱、袋装货物堆放在一起。

5）具有尖角或其他突出物的货物应与其他货物分开装载或用木板隔离。

6）尽量不将散发粉尘的货物与清洁货物混装。

7）危险货物要单独装载，配装于同一车内的危险货物应尽量隔离开。

七、技能训练内容

(一)实训资料包

1. 任务资料

按照货物配装原则,对待送货物进行配装方案设计并组织实施,车辆信息如下。

(1)大车规格。

车厢内规格:1.52 m×0.92 m×0.83 m。

车辆外规格:1.60 m×1.05 m×0.91 m。

车厢侧拉门1个、后双开门1个。

(2)小车规格。

车厢内规格:1.37 m×0.90 m×0.90 m。

车辆外规格:1.41 m×0.97 m×0.94 m。

车厢侧拉门1个、后双开门1个。

2. 任务实施

以四人为一组完成以下任务。

1)计算货物体积。

2)配送车辆选择。

3)实施配载装车作业。

4)计算车辆配载利用率及成本分析。

(二)作业要求或方案设计要求

1. 计算货物体积

包装箱信息见表2-45。

表2-45 包装箱信息

序号	货物名称	规格/(mm×mm×mm)	单位
1	婴儿纸尿裤	460×260×180	箱
2	顺心奶嘴	395×245×180	箱
3	婴儿美奶粉	395×295×180	箱
4	婴儿湿巾	395×295×180	箱
5	诚诚油炸花生仁	448×276×180	箱
6	梦阳奶粉	355×235×180	箱
7	隆达葡萄籽油	297×223×240	箱

2. 配载装车

根据设备实际应用情况实施配载装车作业。

3. 车载效率与成本分析

按车辆使用成本(大车500元,小车300元)计算车辆配载利用率及成本分析。

(三)所需账、表、单

1)根据表 2-45 中的信息计算货物体积并将其填入框中。

| |
| |

2)计算车辆配载利用率及成本分析并填入框中。

| |
| |

(四)实训报告

姓名		学号	
专业		班级	
实训日期		指导教师	
实训任务			
实训收获及反思			

任务八　配送需求计划

一、实训目标

1. 知识目标
- 掌握物流配送和库存管理的基本原理和流程。
- 了解配送需求计划的相关概念、方法和工具。
- 了解市场需求和客户需求的变化趋势。
- 掌握销售预测和库存管理中的常用方法。

2. 能力目标
- 具备销售预测和库存管理的分析和决策能力。
- 能够分析市场需求和客户需求的变化。
- 制订科学合理的销售计划和库存管理计划。
- 能够有效地降低物流和库存成本。
- 提高物流配送服务水平和客户满意度。

3. 素养目标
- 培养学生的创新意识和学习能力。
- 提高自身的综合素质和职业素养。
- 培养学生具备责任心和团队意识。
- 培养学生的团队合作精神和知识共享意识。
- 培养学生的爱国主义情怀和民族责任感。

建议学时：4学时。

二、任务概述

配送需求计划（Distribution Requirements Planning，DRP），是一种既能保证有效满足市场需要，又可使物流资源配置费用最低的计划方法，是 MRP（物料需求计划）原理与方法在物品配送中的运用。它是流通领域中的一种物流技术，是 MRP 在流通领域应用的衍生结果。它主要解决分销物资的供应计划和调度问题，达到既能有效地满足市场需要，又可使配置费用最低的目的。

该实训在配送需求计划概念的理解和原理的基础上分别虚拟了三个分销中心（杭州、上海和广州），并绘制三个分销中心的配送需求计划表，分析全国分销中心与三个地区分销中心的需求关系，最终绘制全国分销中心的配送需求计划表。接下来，撰写配送需求计划实践报告。

三、实训环境、实训设备

（一）实训场地

智能物流实训中心、实训室机房，能满足40名同学同时进行配送实训的需求。

（二）实训设备

计算机、白板、纸张等，可满足教师授课、演示，以及每名学生进行配送需求计划分析实训任务的需求。

四、职业能力要求

配送需求计划职业能力要求如表2-46所示。

表2-46 配送需求计划职业能力要求

职业岗位	工作内容	基本技术	相关知识	技能要求
仓配管理员	配送需求计划	熟悉配送需求计划的操作流程和方法	理解配送需求计划的原理，掌握配送需求计划绘制方法。掌握全国分销中心预计需求的分析方法	能够分析全国分销中心预计需求，能够独立绘制全国分销中心的配送需求计划表

五、考核标准

配送需求计划考核标准如表2-47所示。

表2-47 配送需求计划考核标准

实训内容	考核标准	满分	得分
配送需求计划	分销中心配送需求计划表编制	30分	
	全球分销中心的配送需求计划表	30分	
	按标准完成实训报告（完整性、科学性、美观性）	40分	
总分		100分	

六、知识链接——配送需求计划

配送需求计划是基于销售预测和库存管理的物流配送计划，其理论基础主要包括以下几个方面。

1. 物流管理理论

物流管理是企业在生产、销售、配送等环节中对物流活动进行计划、组织、指挥、协调和控制的过程。物流管理理论主要包括物流成本、物流服务水平、物流配送网络等方面的内容，从而为配送需求计划提供了理论支持。

2. 销售预测理论

销售预测是企业对销售需求进行预测的过程，可以通过历史销售数据、市场研究、客户反馈等方式进行。销售预测理论主要包括趋势法、季节性法、循环法、移动平均法等，为配送需求计划中的销售预测提供了理论基础。

3. 库存管理理论

库存管理是企业对库存进行计划、组织、指挥、协调和控制的过程，其目的是在满足市场需求的前提下最大限度地降低库存成本。库存管理理论主要包括库存成本、库存周转率、安全库存等方面的内容，为配送需求计划中的库存管理提供了理论支持。

4. 配送需求计划理论

配送需求计划，是一种基于销售预测和库存管理的物流配送计划。配送需求计划理论主要包括销售预测、库存管理、配送计划等方面的内容，也为配送需求计划提供了理论基础。

通过掌握以上理论基础知识，可以更好地理解配送需求计划的原理和方法，实现最有效的物流配送服务和库存管理。

七、技能训练内容

（一）实训资料包

1. 确定实训目标

虚拟三个分销中心，分别位于杭州、上海和广州。分别绘制各分销中心的配送需求计划表，最终绘制全国分销中心的配送需求计划表。

2. 制订行动步骤

步骤1：理解配送需求计划的原理，通过案例掌握配送需求计划绘制方法。

步骤2：虚拟三个分销中心，分别位于杭州、上海和广州。设置每个分销中心的当前库存量、前置期、安全库存量、订货批量和预计需求量；绘制三个分销中心的配送需求计划表；分析得出全国分销中心的预计需求，最终绘制全国分销中心的配送需求计划表。

（1）理解配送需求计划的原理，并掌握其流程。

配送需求计划的原理如图2-7所示，三个输入文件，两个输出计划。

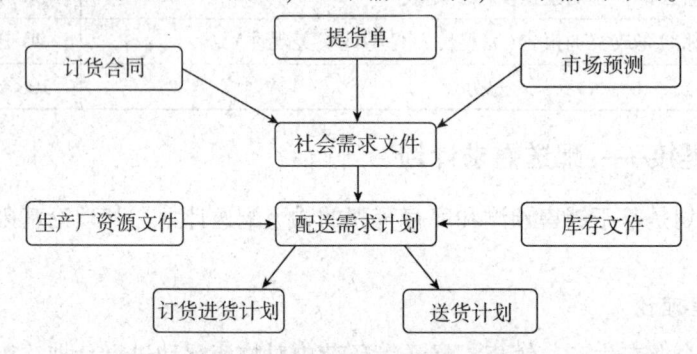

图2-7 配送需求计划流程示意

（2）输入文件。

1）社会需求文件：该文件包括所有客户的订货单、提货单和订货合同，以及下属子公司、企业的订货单，还要进行市场预测，确定一部分需求量。应将所有需求按品种和需求时间进行统计，整理成社会需求文件。

2）库存文件：该文件是对自有库存物资进行统计表，以便针对社会需求量确定必要的进货量。

3）生产厂资源文件：该文件包括可供应的货物品种和生产厂的地理位置等，地理位置与订货提前期相关。

（3）输出计划。

1）送货计划：即对客户的送货计划。为了保证将货物按时送达，需要考虑作业时间和路程远近，提前一定时间开始作业。对于大批量需求可实行直送，而对于数量众多的小批量需求则可以配送。

2) 订货进货计划：该计划是指从生产厂订货的计划。对于需求物资，如果仓库内无货或者库存不足，则需要向生产厂订货。当然，也要考虑一定的订货提前期。

以上两个文件是配送需求计划的输出结果，是组织物流的指导文件。

(4) 虚拟三个分销中心。

1) 杭州地区分销中心配送需求计划如表 2-48 所示，相关数据如下：当前库存量 $BOH = 300$；前置期 $LT = 2$；安全库存量 $SS = 150$；订货批量 $Q = 500$。

表 2-48 杭州地区分销中心配送需求计划

项目	当前库存(个)	周							
		1	2	3	4	5	6	7	8
预计需求(个)		50	50	150	70	65	30	120	40
计划收货(个)				500					
余额预期(个)	300	250	200	550	480	415	385	265	225
计划订单(个)		500							

2) 上海地区分销中心配送需求计划如表 2-49 所示，相关数据如下：当前库存量 $BOH = 600$；前置期 $LT = 2$；安全库存量 $SS = 200$；订货批量 $Q = 800$。

表 2-49 上海地区分销中心配送需求计划

项目	当前库存(个)	周							
		1	2	3	4	5	6	7	8
预计需求(个)		200	100	300	250	150	200	130	180
计划收货(个)				800				800	
余额预期(个)	600	400	300	800	550	400	200	870	690
计划订单(个)		800			800				

3) 广州地区分销中心的配送需求计划如表 2-50 所示，相关数据如下：当前库存量 $BOH = 1\,000$；前置期 $LT = 3$；安全库存量 $SS = 300$；订货批量 $Q = 2\,000$。

表 2-50 广州地区分销中心配送需求计划

项目	当前库存(个)	周							
		1	2	3	4	5	6	7	8
预计需求(个)		200	100	250	300	150	200	150	400
计划收货(个)					2 000				
余额预期(个)	1 000	800	700	450	2 150	2 000	1 800	1 650	1 250
计划订单(个)		2 000							

4) 全球分销中心配送需求计划如表 2-51 所示，相关数据如下：当前库存量 $BOH = 4\,000$；前置期 $LT = 3$；安全库存量 $SS = 250$；订货批量 $Q = 2\,000$。

表 2-51 全球分销中心　　　　　　　　　　　　　　　　　　　　　单位：个

项目	当前库存	周							
		1	2	3	4	5	6	7	8
预计需求		3 300	0	0	0	800	0	0	0
计划收货						2 000			
余额预期	4 000	700	700	700	700	1 900	1 900	1 900	1 900
计划订单			2 000						

(5)项目完成者总结、汇报。

(二)作业或方案设计要求

1. 作业要求

1)绘制三个分销中心的配送需求计划表。
2)分析得出全国分销中心的预计需求量,绘制全国分销中心的配送需求计划。
3)完成总结报告。

2. 实训组织形式

实训以个人形式或小组形式展开。

(三)所需账、表、单

根据配送需求计划原理,结合当前库存量 BOH、前置期 LT、安全库存量 SS、订货批量 Q 等信息,推算本地区预计需求数量、计划收货数量、余额预期数量以及计划订单数量,填制表 2-52~表 2-55。

杭州地区分销中心的配送需求计划如表 2-52 所示,相关数据如下:当前库存量 $BOH=300$;前置期 $LT=2$;安全库存量 $SS=150$;订货批量 $Q=500$。

表 2-52　杭州地区分销中心配送需求计划　　　　　　　　　　　单位：个

项目	当前库存	周							
		1	2	3	4	5	6	7	8
预计需求		50	50	150	70	65	30	120	40
计划收货									
余额预期									
计划订单									

上海地区分销中心的配送需求计划如表 2-53 所示,相关数据如下:当前库存量 $BOH=600$;前置期 $LT=2$;安全库存量 $SS=200$;订货批量 $Q=800$。

表 2-53　上海地区分销中心配送需求计划　　　　　　　　　　　单位：个

项目	当前库存	周							
		1	2	3	4	5	6	7	8
预计需求		200	100	300	250	150	200	130	180
计划收货									

续表

项目	当前库存	周							
		1	2	3	4	5	6	7	8
余额预期									
计划订单									

广州地区分销中心的配送需求计划如表2-54所示，相关数据如下：当前库存量 $BOH=1000$；前置期 $LT=3$；安全库存量 $SS=300$；订货批量 $Q=2\ 000$。

表2-54 广州地区分销中心配送需求计划　　　　　　　　　　单位：个

项目	当前库存	周							
		1	2	3	4	5	6	7	8
预计需求		200	100	250	300	150	200	150	400
计划收货									
余额预期									
计划订单									

全球分销中心的配送需求计划如表2-55所示，相关数据如下：当前库存量 $BOH=4\ 000$；前置期 $LT=3$；安全库存量 $SS=250$；订货批量 $Q=2\ 000$。

表2-55 全球分销中心的配送需求计划表　　　　　　　　　　单位：个

项目	当前库存	周							
		1	2	3	4	5	6	7	8
预计需求									
计划收货									
余额预期									
计划订单									

(四)实训报告

姓名		学号	
专业		班级	
实训日期		指导教师	
实训任务			
实训收获及反思			

项目三 流通加工岗位技能实训

任务一 手动打包机应用

一、实训目标

1. 知识目标
- 了解流通加工设备的相关知识，包装的分类及保护技术，常见的包装机械等。
- 熟悉手动打包机的构造及工作原理。
- 掌握手动打包机维护保养的内容和方法。
- 掌握手动打包机常见故障的诊断与排除。

2. 能力目标
- 能熟练操作手动打包机完成打包作业。

3. 素养目标
- 树立敬业精神、安全意识、节约意识和劳动意识。
- 提高学生的团队合作能力和沟通能力。
- 培养学生的精益求精的工匠精神。
- 培养学生的吃苦耐劳的优良品质。

建议学时：2~4学时。

二、任务概述

根据客户要求，将货物放入纸箱当中，防止货物在流通环节发生碰撞挤压，并且根据客户要求，在将纸箱在托盘上进行堆码前，需要将货物捆扎好，保证在运输途中不出现开箱、破损的情况。

三、实训环境、实训设备

(一)实训场地

物流实训室,实训场所至少能够满足 40 名学生同时进行打包作业。

(二)设备要求

手动打包机、铁扣、打包带、纸箱、箱内货物、空瓶子、填充物、虚拟饮料等。

四、职业能力要求

手动打包机职业能力要求如表 3-1 所示。

表 3-1 手动打包机职业能力要求

职业岗位	工作内容	基本技术	相关知识	技能要求
仓库管理员	手动打包操作	熟悉手动打包机基本结构	手动打包机工作原理	能操作手动打包机
		将带穿进小孔	扁头卡钳的组成	右手交换推进,将带穿过小孔
		调整拉紧器	拉紧器的组成	包装袋位于纸箱中间
		收紧包装袋	收紧机位置	用力均匀,调整松紧度
		铁扣套上包装袋接头	卡扣使用方法	铁扣注意正反(口朝下)
		卡钳钳紧铁扣	卡钳的运用原理	咬口器用力咬死
		取出拉紧器	拉紧器组成	拉紧器手柄处于最低位,设备复原

五、考核标准

手动打包机考核标准如表 3-2 所示。

表 3-2 手动打包机考核标准

实训内容	考核标准	满分	得分
情感态度	发挥团队精神,配合组员,认真思考,做好记录	5 分	
	积极参加实操任务,体现工匠精神,发扬吃苦耐劳的优良品质	5 分	
手动打包机构造、原理	手动打包机的结构及运行原理	10 分	
	手动打包机常见问题的处理办法	10 分	
手动打包机捆扎操作	打包步骤正确	15 分	
	打包速度较快	15 分	
	打包带的松紧度合适	20 分	
	打包扣开口向上,咬紧打包带接头处	20 分	
总分		100 分	

六、知识链接——手动打包机

手动打包机又称手提打包机，是一种常用的打包机械，广泛用于食品、医药、五金、化工、服装、邮政等行业，适用于纸箱打包、纸张打包、包裹或信函打包、药箱打包、轻工业打包、五金工具打包、陶瓷制品打包、汽车配件打包、日化用品打包、文体用品打包、器材打包等各种大小货物的打包捆扎。同样适用于需要打包机进行捆扎，但是打包量比较小的企业。

(一)工作原理

手动打包机的工作原理：将打包带缠绕打包物以后，手动操作打包机，收紧打包带，完成捆扎工作。目的是使产品携带方便。

(二)应用范围

手动打包机应用于需装载较重的货物或不易用粘胶带封口的各种纸箱和塑箱的封口。

(三)分类

手动打包机有很多种。可以按品牌分，如万达手动打包机；也可以按打包带区分，如手动PP带打包机、手动塑钢带打包机、手动钢带打包机；还可以按是否用打包扣区分，如免扣手动打包机和用扣手动打包机。

七、技能训练内容

(一)实训资料包

配送中心现有40瓶饮料，根据客户需求，以每4瓶饮料为一组，放入一个纸箱当中，共计10箱。将10箱货物进行捆扎，要求利用手动打包机进行操作。

(二)作业要求或方案设计要求

1. 作业要求

组织学生观看实训室的相关实物或视频，了解流通加工的相关设备的构造和种类；认识流通加工工具，重点了解打包工具，掌握其使用方法以及注意事项。

2. 手动打包作业的操作指导

1)首先将带对折，双手顺势夹紧滑后，保持回折的两条索带平行，再将带竖起，保持平行，左右手交换推进，即可将带穿过小孔。注意带要竖起，否则容易上下偏，推进带时注意左右手交换推进，保持两条索带平行，否则容易左右偏。

2)右手推紧黑色连杆，松动夹紧位，左手掌握紧索带，食指限定索带位置，模拟削鱼方法，由前至后拉入夹紧位。注意左手操作。

3)左手模拟第二步方法，将索带拉入刀缝，右手将"十"字位调整好，方便左手穿带。注意左手操作。

4)轻轻拉紧索带，调整好索带，左手将索带反向压在收紧缝中，右手收紧系带，保持双向索带平行。注意左手反向压住索带。收紧带子后，将带子压在收紧机后部。

5)将钢扣斜穿入双带中，注意从侧面入扣，将扣压紧。此时，如果发现上下带子未能完全重叠，则可用钢扣调整好。

6）张开钢钳，倾斜钢钳套入钢扣，保持钢扣处于钢钳中央。

7）收紧钢钳一半幅度后，可斜拉钢钳到身边，方便用力收紧。注意要在钢钳收到一半后才可以斜拉到身边，否则会打坏钢扣。打紧钢扣后，倾斜钢钳退出钢扣。

8）退出钢钳后，左手拉住索带，右手慢速向下压拉杆，尽量分两个步骤。下压拉杆时，注意用力适度，如果大力急速向下压拉杆，会造成索带裂开。

9）下压拉杆后，顺势向右边上方提出收紧机，一气呵成完成打包。

3. 注意事项

1）用手动打包机将打包带绕紧，不能太松。

2）纸箱打包一般都打两条打包带，打包带分别在纸箱两侧1/3处或者横竖各一条。

3）对设备要轻拿轻放，注意安全，防止伤手。

(三) 实训报告

姓名		学号	
专业		班级	
实训日期		指导教师	
实训任务			
实训收获及反思			

任务二　半自动打包机应用

一、实训目标

1. 知识目标

➢ 熟悉半自动打包机的构造和工作原理。

➢ 掌握半自动打包机维护保养的方法和内容。

➢ 掌握半自动打包机常见故障的诊断与排除。

2. 能力目标

➢ 能熟练操作半自动打包机完成打包作业。

3. 素养目标

➢ 树立敬业精神、安全意识、节约意识和劳动意识。
➢ 培养学生的团队合作能力与沟通能力。
➢ 培养学生精益求精的工匠精神。
➢ 培养学生吃苦耐劳的品质。

建议学时：2~4学时。

二、任务概述

根据客户要求将货物放入纸箱当中，防止产品在流通环节发生碰撞挤压，再根据客户要求，在纸箱在托盘上进行堆码前，需要将货物捆扎好。另外，还可以利用半自动打包机进行打包操作，保证在运输途中不出现开箱破损的情况。

三、实训环境、实训设备

(一)实训场地

物流实训室，实训场所至少能够满足40名学生同时进行打包作业。

(二)设备要求

半自动打包机、打包带、纸箱、箱内物品、空瓶子、填充物、虚拟饮料等。

四、职业能力要求

半自动打包机职业能力要求如表3-3所示。

表3-3 半自动打包机职业能力要求

职业岗位	工作内容	基本技术	相关知识	技能要求
仓库管理员	半自动打包操作	熟悉半自动打包机基本结构	半自动打包机应用范围，半自动打包机工作原理	—
		使用前的安全检查	检查的具体内容	检查电源开关是否有效；启动后，有无异常声响
		捆扎操作	捆扎操作正确步骤	正确装袋、穿带；调整出带长度；合理调整温度，不能太高或太低；调整捆扎力按钮，之后将紧定螺丝固定好

五、考核标准

半自动打包机考核标准如表3-4所示。

表3-4 半自动打包机考核标准

实训内容	考核标准	满分	得分
情感态度	发挥团队精神,配合组员,认真思考,做好记录	5分	
	积极参加实操任务,体现工匠精神,发扬吃苦耐劳的优良品质	5分	
半自动打包机构造、原理	半自动打包机的结构及运行原理	10分	
	半自动打包机常见问题处理办法	10分	
半自动打包机捆扎操作	启动机器,检查各部位工作情况,有无异常和声响	10分	
	捆扎带长度设置合理	10分	
	包装箱位置居中恰当	10分	
	捆扎过程中迅速放手,防止伤手	15分	
捆扎结束后整理	发生捆扎不牢等问题,正确处理	5分	
	装袋位置正确	5分	
	穿带位置正确	5分	
	捆扎力调整合适	5分	
	关闭机器,清理台面	5分	
总分		100分	

六、知识链接——半自动打包机

和手动打包机一样,半自动打包机也广泛用于食品、医药、五金、化工、服装、邮政等行业,适用于纸箱打包、纸张打包、包裹或信函打包、药箱打包、轻工业打包、五金工具打包、陶瓷制品打包、汽车配件打包、日化用品打包、文体用品打包、器材打包等各种大小货物的打包捆扎。

(一)性能特点

半自动打包机(高台标准型)可以实现自动打包,但台面无动力,需要人工推一下,包装物品才能通过打包机。该打包机的原理是使用捆扎带缠绕货物或包装件,然后收紧并将两端通过热效应熔融或使用包扣等材料连接的机器。捆扎机的功用是使塑料带能紧贴于被捆扎包件表面,保证包件在运输、储存中不因捆扎不牢而散落,同时还应捆扎整齐美观。捆扎机价格:全自动捆扎机价格或全自动捆扎机报价是半自动设备的两倍多。

标准型半自动打包机能够达到捆扎连续可靠、塑料带贴紧包件表面、接头牢固、机器电气安全、工作噪声烟雾等不影响操作人员健康的功能。

(二)使用时注意事项

1)请确认机器所使用的电器勿插错电源。本机采用三相四线制,以花线为零线接地,作漏电保护。

2)操作时请勿将头、手穿过带子的跑道。

3) 请勿用手直接触摸加热片。
4) 操作人员请勿赤脚工作，且勿用水冲洗机器。
5) 机器不使用时请将储带仓内的带子卷回带盘，以免下次使用时变形。
6) 输带滚轮表面请勿粘油。
7) 机器不用时切记拔掉电源。
8) 请勿随意更换机器上的零件。
9) 主要零部件要经常用润滑油。

七、技能训练内容

（一）实训资料包

配送中心现有40瓶饮料，根据客户需求，以每4瓶饮料为一组，放入一个纸箱当中，共计10箱。将10箱产品进行捆扎，要求利用半自动打包机进行操作。

（二）作业要求或方案设计要求

1. 作业要求

组织学生观看实训室的相关实物或视频，重点了解半自动打包工具，掌握其使用方法以及注意事项。半自动打包机的工作原理是使用捆扎带缠绕产品或包装件，然后收紧并将两端通过热效应熔融或使用包扣等材料连接的机器，使塑料袋能紧贴于包装件表面，防止包件在运输存储中不因捆扎不牢而散落。

2. 半自动打包作业的操作指导

1) 首先连接电源，打开电源总开关，面板红色发光管亮，电机开始转动，机内的单片也开始工作，检查电动机的转向是否正确。

2) 上述操作正确后关机，将打包带装上带盘，检查打包带段与带盘上标示的方向是否一致。

3) 再次开机，储带箱进带电动机将自动进行进带。半自动打包机可以根据打包件的外形尺寸，适当地调节送带的长度，用来保证打包带输出足够绕待打包件一圈所需的长度，顺时针旋转可以加长送带长度，反之亦然。

4) 按进带开关，直到打包带端通过弓架及带道达到工作台中间的黏合点。

5) 把要捆扎的物品放在台面上，等待半分钟，加热温度升高到一定的值，就可以开始打包工作。拿出已经输出的打包带末端环绕打包件一周，然后插入槽口触动机内的微动开关。

6) 把紧力调整到适当的位置，一般是4~5级。

7) 启动按钮开关，机器就进入了收带、捆紧、切带、焊扎全过程，并自动输出同样长度的打包带，供下次使用。

8) 当连续180 s都没有进行打包操作的时候，机器就会自动断电，以节约电能。

9) 当机器使用完毕后，请关闭总电源，并按照要求对机器进行维修保养。

3. 注意事项

1) 打包带要保持1 m的出带长度，不可一直按黄色倒带按钮，防止打包带退回捆扎机内部，影响使用。

2)半自动打包机在使用时，带头插入"带子入口"后，触动微触开关，带子开始收缩拉紧时，应迅速放手，以防止受伤。

3)换带操作时，应关闭开关，拔掉电源。

4)机器不使用时，请将储带仓内的带子卷回带盘，以免其在下次使用时变形。

(三)实训报告

姓名		学号	
专业		班级	
实训日期		指导教师	
实训任务			
实训收获及反思			

任务三 流通加工技术指派问题(匈牙利法)

一、实训目标

1. 知识目标

➢ 能够掌握常见的流通加工指派问题的处理方法——匈牙利法。

2. 能力目标

➢ 能够采用匈牙利法科学合理地对流通加工任务进行组织与安排，从而使流通加工任务的总工时最短。

3. 素养目标

➢ 培养学生养成正确的现代物流管理职业操守。

➢ 培养学生的工匠精神。

建议学时：4学时。

二、任务概述

在企业劳动组织过程中，为了提高人力资源配置的有效性，通常可以采用运筹学的数量分析方法。例如，在解决员工任务指派问题时，企业普遍采用的一种方法——匈牙利法，就是实现人员与工作任务配置合理化、科学化的典型方法。

物流领域在流通加工技术处理问题上应用匈牙利法更为常见，在应用匈牙利法解决员工任务合理指派问题时，应当具备两个约束条件：员工数目与任务数目相等；求解的是最小化问题，如工作时间最小化、费用最小化等。

三、实训环境、实训设备

（一）实训场地

现代物流实训中心、实训室机房，可满足40名学生同时进行流通加工技术实训。

（二）实训设备

多媒体教室、计算机、物流实训室、白板、纸张等，可满足教师授课、演示，以及每名学生进行流通加工技术的应用分析实训任务的需求。

四、职业能力要求

流通加工岗职业能力要求如表3-5所示。

表3-5 流通加工岗职业能力要求

职业岗位	工作内容	基本技术	相关知识	技能要求
流通加工操作员	流通加工作业	熟悉流通加工领域的操作流程及具体方法	熟知流通加工的概念、类型；熟知流通加工的合理化操作；熟悉流通加工的常用技术；熟悉流通加工任务的合理组织与安排方法——匈牙利法	能够采用匈牙利法科学合理地对流通加工任务进行组织与安排，使流通加工任务的总工时最短

五、考核标准

流通加工技术考核标准如表3-6所示。

表3-6 流通加工技术考核标准

实训内容	考核标准	满分	得分
流通加工技术指派问题——匈牙利法	对流通加工任务描述清晰	5分	
	估算加工不同任务的耗时定额准确	10分	
	采用匈牙利法对完成不同加工任务的总工时进行优化流程准确	40分	
	得到最优分配方案正确	15分	
	按标准完成实训报告（完整性、科学性、美观性）	30分	
	总分	100分	

六、知识链接——匈牙利法操作步骤

第一步：以各个员工完成各项任务的时间构造矩阵。

第二步：对矩阵进行行约减，即用每一行数据减去本行数据中的最小元素。

第三步：检查上述矩阵，若矩阵各行各列均有"0"，则跳过此步骤，否则进行列约减，

即每一列数据减去本列数据中的最小元素。

第四步：画"盖0"线，即画最少的直线将上述矩阵中的"0"全部覆盖住。操作技巧：从含"0"最多的行或者列开始画"盖0"线。

第五步：数据转换。若"盖0"线的数目等于矩阵的维数则直接跳到第七步，若"盖0"线的数据小于矩阵的维数则进行数据转换，操作步骤如下：

①找出未被"盖0"线覆盖的数中的最小值A；

②将未被"盖0"线覆盖住的数减去A；

③将"盖0"线交叉点的数加上A。

第六步：重复第四步和第五步，直到"盖0"线的数目等于矩阵的维数。

第七步：求得最优解。找出不同行、不同列的"0"，每个"0"的位置代表一对配置关系，具体步骤如下：

①先找只含有一个"0"的行(或列)，将该行(或列)中的"0"打"√"。

②将带"√"的"0"所在的列(或行)中的"0"打"×"。

③重复①步和②步至结束。所有行列均含有多个"0"，则从"0"的数据最少的行或列中任选一个"0"打"√"。

【拓展】第二种标记方法

1)针对只有一个"0"元素的行(或列)中加圈，即"◎"，表明此人只能做该任务(或该任务只能由该人来完成)。

2)针对每个◎，把位于同列(或同行)中的其他"0"元素划去，记作Φ，表示该任务已经不能再由其他人来做(或此人不能做其他任务)。

3)如此重复，直到系数矩阵的"0"元素都被圈去或者划去为止。

七、技能训练内容

(一)实训资料包

1. 情景描述

佳美配送中心接到林达、嘉禾、物美、齐云四家门店的加工请求，并要求在指定时间内完成。任务包括将酱菜的运输包装改为销售包装，对一批鲜鱼进行加工冷冻，洗菜除杂并包装，给服装贴价签等。各门店提出由于快到年终，时间比较紧迫，询问流通加工中心需要多长时间完成，能否在一天之内完成这些加工任务。接到加工任务通知后，新上任负责加工的主管P和各加工组长就A、B、C、D各小组对各项加工任务的效率情况进行商讨，经过粗略计算之后，认为一天之内难以完成加工任务，准备回绝各门店的加工请求。

假如你是流通加工主管，你认为能否在指定时间内完成这四项加工任务？应如何安排更加省时？(根据以往经验，各小组完成各项加工任务需用的时间定额如表3-7所示)

表 3-7　各小组完成不同加工任务的工时数　　　　　　　　　单位：小时

小组	酱菜改装	鲜鱼加工冷冻	蔬菜清洗与包装	贴服装价签
A	3	10	6	7
B	14	4	13	8
C	13	14	12	10
D	4	15	13	9

不同类产品的流通加工流程如下。

1) **酱菜**：称重，用灌装机先装袋，再用真空机包装、装箱等。

2) **鲜鱼**：剔除内脏、清洗、分类、称重、选择包装材料、装箱、捆扎等。

3) **蔬菜**：洗净、切割、过磅、选择包装材料，分份并包装，加工成净菜。

4) **服装**：制作价签、挂价签、安装防盗识别器、重新叠装、套装、上衣架、熨烫加工等。

2. 工作流程

确定是否能接受加工任务→估算各小组加工不同任务的耗时定额→选择确定流通加工任务总工时的方法→应用匈牙利法分析计算总工时→分配不同小组执行对应的加工任务→根据给定各类产品加工流程选择包装方式。

3. 操作步骤

1) 接受流通加工任务通知，并估算各小组加工不同任务的耗时定额。

2) 使用直观经验法进行初步判断任务的分配并计算总工时。

3) 采用匈牙利法对各小组完成不同加工任务进行优化，直至找到最省时的分配指派方案。

① 列出以下矩阵：

$$\begin{pmatrix} 3 & 10 & 6 & 7 \\ 14 & 4 & 13 & 8 \\ 13 & 14 & 12 & 10 \\ 4 & 15 & 13 & 9 \end{pmatrix}$$

② 逐渐缩减矩阵。在每行中选择一个最小元素，本例中各行最小元素分别是 3、4、10、4，然后将每一行中的各元素均减去这个最小元素，得到以下矩阵：

$$\begin{pmatrix} 0 & 7 & 3 & 4 \\ 10 & 0 & 9 & 4 \\ 3 & 4 & 2 & 0 \\ 0 & 11 & 9 & 5 \end{pmatrix}$$

③ 再逐列缩减矩阵。现在的矩阵每一行都有 0，但除第三列外每列全有 0。第三列中各元素均减去最小元素 2 并画"盖 0"线，得到如下矩阵：

$$\begin{pmatrix} 0 & 7 & 1 & 4 \\ 10 & 0 & 7 & 4 \\ 3 & 4 & 0 & 0 \\ 0 & 11 & 7 & 5 \end{pmatrix}$$

④检查是否可以分配。采用0元素最小覆盖线的检验法，当覆盖线的维数等于矩阵的阶数时，则最优方案已经找到。此时，由于只有三条覆盖线，尚未找到最优方案。

⑤为增加0元素进行变换。找出没有覆盖线的行与列中的最小元素。本例是1，将不在覆盖线上的元素都减去1，而在有两条覆盖线的交点上的每一个元素都加上1，其余元素不变，结果如下所示。

$$\begin{pmatrix} 0 & 7 & 1 & 3 \\ 10 & 0 & 6 & 3 \\ 4 & 5 & 0 & 0 \\ 0 & 11 & 6 & 4 \end{pmatrix}$$

⑥重新检查覆盖线。重复④的做法，(此优化过程书中省略，由学生继续完成)，经检查已经可以分配。

⑦确定最优方案。按0元素所占位置进行分配，可得到流通加工任务分配方案，即完成任务用的总工时最小的分配方案，如下所示。

```
A    0    7    0△
B    10   0△   6
C    4    5    0
D△   0    11   6
```

最优分配方案是：A(3)、B(2)、C(4)、D(1)。

此方案所需总工时为：6+4+10+4＝24(h)。

4)分配不同小组执行对应的加工任务。

5)选择包装材料，如表3-8所示。

表3-8　包装材料

小组	酱菜改装	鲜鱼加工冷冻	蔬菜清洗与包装	贴服装价签
A	3	10	⑥	7
B	14	④	13	8
C	13	14	12	⑩
D	④	15	13	9

本次流通加工任务最优指派分配方案可描述为：

A——蔬菜清洗与包装；

B——鲜鱼加工冷冻；

C——贴服装价签；

D——酱菜改装。

(二)作业要求或方案设计要求

1. 作业要求

请根据以上情境案例，结合所学知识点，运用匈牙利法求表3-9所示的效率矩阵的指派问题的最小解。

表3-9 效率矩阵

人员	任务				
	A	B	C	D	E
甲	12	7	9	7	9
乙	8	9	6	6	6
丙	7	17	12	14	9
丁	15	14	6	6	10
戊	4	10	7	10	9

2. 注意事项

1）解题第一步，对系数矩阵进行变换。
2）经一次运算即得每行每列都有0元素的系数矩阵，再按前面介绍的步骤进行运算。
3）作最少直线覆盖所有0元素，以确定该系数矩阵中能找到最多的独立元素数。
4）按前面给定的实训原理（即匈牙利法）的操作步骤进行即可。

（三）所需账、表、单

在框内完成效率矩阵的匈牙利法计算全过程。

（四）实训报告

姓名		学号	
专业		班级	
实训日期		指导教师	
实训任务				
实训收获及反思			

项目四　运输管理岗位技能实训

任务一　运输作业优化

一、学习目标

1. 知识目标
➢ 了解货物运输作业的基础知识。
➢ 掌握制订货物运输计划的基本理论和方法。
➢ 熟悉货物运输业务流程。

2. 能力目标
➢ 能完成车辆运用计划的编制。
➢ 能完成日货物分线运输安排。
➢ 能够按照货物运输任务要求，完成运输工具、运输路线的选择。
➢ 能够完成运费的计算。

3. 素养目标
➢ 树立敬业精神、安全意识、节约意识。
➢ 培养良好的团队合作能力与沟通能力。
➢ 具备良好的成本意识。
➢ 树立脚踏实地的劳动观念。

建议学时：2~4 学时。

二、任务概述

在物流系统中，运输实现了货物空间位置的转移，创造了空间效用，运输是最重要的物流活动之一。运输合理化既是人们广泛关注的问题，又是实现物流系统优化的关键。因此，在进行物流系统设计和管理时，实现运输作业优化是一项关键的任务。本任务实训，以历史运输数据为依据，制订货运量计划、货物运输计划、车辆运用计划，针对货运任务要求，选择适当的运输方式、运输工具、运输路线，完成运输调度作业与运费计算。

三、实训环境、实训设备

（一）场地要求

物流实训室，实训场所能够满足40名学生同时开展运输作业优化实训。

（二）实训设备

1) 计算机，完成货物运输计划编制。
2) Office 办公软件，主要用于进行货物运输计划编写、车辆调度方案和货物运费计算。
3) 运输管理系统，用于管理运输作业和相关业务。
4) 模拟厢式货车，用于货物的装卸作业。

四、职业能力要求

该任务面向物流作业中运输调度岗位，其具体职业能力要求如表4-1所示。

表 4-1　运输作业优化职业能力要求

职业岗位	工作内容	基本技术	相关知识	技能要求
运输调度	编制货运计划	货运数据分析、货物运输量、货运车辆等计划编制	货物运输计划、车辆基础知识	能够完成货运量计划编制、车辆运用计划编制，能够完成每天的货物分线运输安排
	分配货运任务	运输工具选择、运输车辆选择、车辆调度	配线、派车等基础知识	能够按照运输任务要求，选择适当的运输工具和线路
	运费结算	运费计算	运费构成、单据内容缮制	能够完成货运单据的缮制和运费的计算

五、考核标准

运输作业优化考核评分标准如表4-2所示。

表 4-2　运输作业优化考核评分标准

实训内容	考核标准	满分	得分
情感态度	发挥团队精神，配合组员，认真思考，做好记录	5分	
	积极参加实操任务，体现工匠精神，发扬吃苦耐劳的优良品质	5分	

续表

实训内容	考核标准	满分	得分
运输作业优化	正确编制货运量计划	10分	
	正确编制车辆运用计划	20分	
	合理编制日货物分线运量计划	15分	
	正确缮制托运单据	15分	
	正确缮制运费单据	10分	
	货物装车正确、迅速、无货损	20分	
总分		100分	

六、知识链接——运输合理化

运输是物流的主要功能之一。现在，国内外不同地域间的物资交换越来越频繁，促进了运输业的发展和运输能力的提高。现代运输方式包括铁路、水路、公路、航空、管道等不同类型，合理的运输方案应该在可用的运输方式中选择最适宜的一种或者进行恰当组合。

运输合理化就是在保证物资流向合理的前提下，在整个运输过程中，要确保运输质量，以适宜的运输工具、最少的运输环节、最佳的运输线路、最低的运输费用将物资运至目的地。

（一）运输合理化的意义

1）可以充分利用运输能力，提高运输效率。

2）可以使货物走最合理的路线，经最少的环节，以最快的时间，取最短的里程到达目的地。

3）可以消除运输中的种种浪费现象，提高货物运输质量，充分发挥运输工具的效能，节约运力和劳动力。

（二）影响合理运输的因素

物品从生产地到消费地的运输过程中，力求运输距离短、运输能力省、运输费用低、中间转运少、到达速度快、运输质量高，并充分有效地发挥各种运输工具的作用和运输能力，是运输活动所要实现的目标。运输合理化的影响因素很多，起决定性作用的有如下五方面的因素，称为合理运输的"五要素"。

1）运输距离。运输距离的长短是运输是否合理的一个最基本的因素，在组织货物运输时，首先要考虑运输距离，尽量实现路径优化。

2）运输环节。运输业务活动需要进行各种工作，多一道环节，就会增加运费或总运费。因此，要尽可能地减少运输环节，尤其是同类运输工具的运输环节。

3）运输时间。运输是物流过程中需要花费较多时间的环节，尤其是远程运输。

4）运输工具。根据不同货物的特点，选择最佳的运输线路，合理使用运力，以最大限度地发挥所用运输工具的作用。

5）运输费用。运费在全部物流费用中占很大比例，是衡量物流经济效益的重要指标，也是组织合理运输的主要目的之一。

（三）不合理运输的类型

不合理运输是指在现有条件下可以达到的运输水平而未达到，从而造成了运力浪费、运输时间增加、运费超支等问题的运输形式。不合理运输的类型主要有：返程或起程空驶，对流运输，迂回运输，重复运输，倒流运输，过远运输，运力选择不当，无效运输。

七、技能训练内容

（一）实训资料包

1. 任务资料

鸿途货运公司预计2023年完成货运总量125 000 t，货物周转10 000 000 t·km。其中，食品货运量55 000 t，日用品货运量40 000 t，服装货运量23 000 t，其他类货物货运量7 000 t。请在预计2024年度计划各项目均比2023年度实际提高12%的基础上预估2024年度及季度的计划值，完成年度货运计划。

鸿途货运公司第一季度平均营运车辆数为100辆。其中，额定载重量为10 t的车辆40辆，额定载重量为20 t的车辆60辆。经测算，全年平均车辆完好率93%，工作率90%，车辆技术速度为50 km/h，工作车时利用率60%，平均每天出车时间10 h，里程利用率70%，重车载重量利用率100%。运输计划中显示平均运距80 km，货物周转量12 000 000 t·km。

2. 计划2024年3月12日完成的货运任务

1）美的电器托运空调500台，共10 t，自北京海淀区配送中心发送至天津港保税仓库，运距173 km。

2）1号店托运黄桃罐头2 400箱，自中国农业科学院作物科学研究所至天津农学院。

3）天津生鲜供应公司托运苹果45 t（4 500箱，每箱10 kg），自天津蓟州区果蔬基地至北京农贸批发市场。

4）天津未来机械厂托运机床5台，每台6.5 t，自天津滨海保税仓库发送至天津武清开发区。

5）河北廊坊小商品公司托运日用品200箱，每箱30 kg，自廊坊市小商品城发送至北京通州未来仓库。

6）天津静海农产品公司托运黄瓜500箱，共50 t，自天津静海农产品仓库至北京农贸批发市场。

在2中，1号店托运黄桃罐头的具体托运信息如下。

①2024年3月12日，1号店采购的大宗货物由物流公司上门提货，采购订单如表4-3所示。

表 4-3　采购订单

采购单编号：R20200509　　　　　　　　　　　　　　　　计划到货时间：2024 年 3 月 12 日

序号	商品名称	包装规格/(mm×mm×mm) （长×宽×高）	单价 （元·箱$^{-1}$）	重量 （kg·箱$^{-1}$）	订购数量/ 箱
1	黄桃罐头	460×260×180	180	7.5	2 400

物品信息如表 4-4 所示。

表 4-4　物品信息

客户	单位：中国农业科学院作物科学研究所 地址：北京市海淀区农科大道 联系人：张先生 电话：135××××××××
收货人	单位：天津农学院 地址：天津市西青区 联系人：胡老师 电话：135××××××××
装货地点	北京市海淀区农科大道××号
卸货地点	天津市西青区××号
物品信息	黄桃罐头，2 400 箱，单价 180 元/箱
运杂费标准	普通货物从天津到北京的基础运价为 300 元/t，重货(每立方米重量大于等于 333 kg)按实际重量计费，轻货(每立方米重量不足 333 kg)按折算重量计费。装车费 15 元/t，卸车费 12 元/t，保价费为货物声明价值的 0.3%，托运人可自愿选择是否保价

②可调用车辆信息如图 4-1 和图 4-2 所示。

车型一，可调用车辆数40辆	
车厢内规格	7.2 m × 2.3 m × 2.7 m
最大载重量	10 t
高速公路油耗	空驶0.2 L/km，重驶增加4/km
其他路况油耗	空驶0.26 L/km，重驶增加6/km
司机平均日工资	350元
高速公路平均过路过桥费	1.0元/km

图 4-1　车型一

车型二，可调用车辆数60辆	
车厢内规格	9.6 m × 2.3 m × 2.7 m
最大载重量	20 t
高速公路油耗	空驶0.25 L/km，重驶增加8/km
其他路况油耗	空驶0.32 L/km，重驶增加12/km
司机平均日工资	600元
高速公路平均过路过桥费	1.6元/km

图 4-2 车型二

③天津到北京行驶路线。

路线1：高速 150 km，预计行驶 2 h 30 min，收取过路过桥费。

路线2：国道 140 km，预计行驶 4 h 15 min，无过路过桥费。

无论选择哪条路线，车辆均在 24 h 内返回。

④车辆行驶成本。车型一的行驶时间成本 100 元/h；车型二的行驶时间成本 150 元/h。

⑤燃油价格 6.8 元/L。

(二)作业要求或方案设计要求

1. 年度货运计划任务

根据上年度的货运量与货物周转量，在预计本年度计划比上年度实际提高比较结果的基础上，预估本年度及季度的计划值，完成年度货运计划。

2. 车辆运用计划编制

根据前面的资料和计算公式，确定各项车辆运用效率指标的计划值，并据此编制车辆运用计划。

此过程中会运用到的相关公式如下：

$$车辆完好率 = \frac{计算期营运车辆完好总天数}{同期营运车辆总天数} \times 100\%$$

$$车辆工作率 = \frac{计算期营运车辆工作总天数}{同期营运车辆总天数} \times 100\%$$

$$里程利用率 = \frac{载重行程}{车辆总行程} \times 100\%$$

$$吨位利用率 = \frac{计算期完成货物周转量}{同期载重行程载质量} \times 100\%$$

$$实载率 = \frac{计算期完成货物周转量}{同期总行程载质量} \times 100\%$$

$$拖运率 = \frac{计算期内挂车周转量}{同期总周转量} = \frac{计算期内挂车周转量}{同期主车周转量 - 挂车周车量}$$

$$单车期产量 = \frac{计算期全部营运车辆完成的周转量}{同期内平均营运车辆数}$$

$$转吨位期产量 = \frac{计算期全部营运车辆完成的周转量}{周期内平均总吨位}$$

$$平均车日行程 = \frac{计算期内总行程}{计算期工作车日}$$

3. 日货物分线运量表编制

根据任务要求核对并更正运输距离，编制日货物分线运量表分线运量的填制。

4. 填写货物托运单

根据托运任务填写货物运输托运单。

从成本节约的角度选取合适的车型车辆，根据运输线路派车，完成配线派车工作。根据托运单完成运费计算，填制运费结算单。

(三) 所需填制的卡、表、单

根据作业要求完成表4-5~表4-9的填制。

表4-5 货运量计划

年度

指标		单位	上年度预计完成	本年度计划					本年计划与上年预计比较
				全年	第一季度	第二季度	第三季度	第四季度	
货运量		t							
货物周转量		t·km							
货物分类运量	食品	t							
	日用品	t							
	服装	t							
	其他	t							

表4-6 车辆运用计划

序号	指标	单位	计算过程	计划值
1	营运车日	车日		
2	平均营运车数	辆		
3	平均总吨位	吨位		
4	平均吨位	吨位		
5	车辆完好率	%		
6	车辆工作率	%		
7	工作车日	车日		

续表

序号	指 标	单位	计算过程	计划值
8	工作车时利用率	%		
9	平均车日行程	km		
10	总行程	km		
11	里程利用率	%		
12	载重行程	km		
13	载重行程载质量	t·km		
14	吨位利用率	%		
15	可完成周转量	t·km		
16	平均运距	km		
17	可完成货运量	t		
18	车吨位季产量	t·km		
19	单车季产量	t·km		
20	车公里产量	t·km		

配线派车工作

表4-7　货物运量

| 线路(城市间) | 编号 | 托运单位 | 货名 | 运输线路 ||| 运量(吨) |
				起点	终点	里程	

表 4-8 货物运输托运单

编号　　　　　　　　　　　　　　　　　　　　　　　　　　　　　　　　　年　月　日

托运人：			电话：			装货地点：				
收货人：			电话：			卸货地点：				
货物名称	性质	包装或规格/(mm×mm×mm)（长×宽×高）	件数	实际重量/t	计费重量/t	货物声明价值/元	计费项目			货物核实记录
^	^	^	^	^	^	^	运费/元	装卸费/元	保价费/元	^
注意事项	1. 货物名称应填写具体品名，如货物品名过多，不能在托运单内逐一填写，必须另附货物清单 2. 保险或保价货物，在相应价格栏中填写货物声明价值									

表 4-9 运费结算单

编号　　　　　　　　　　　　　　　　　　　　　　　　　　　　　　　　　年　月　日

托运人：			电话：				装货地点：				
收货人：			电话：				卸货地点：				
车　型：			电话：				驾驶员：				
货物名称	性质	包装或规格/(mm×mm×mm)（长×宽×高）	件数	重量/t	体积/m³	运输路线	运距	计费项目			拼车情况
^	^	^	^	^	^	^	^	运费/元	装卸费/元	保价费/元	^
运费合计	大写：					¥：						

在框中画出货物转载示意图。

（四）实训报告

姓名		学号	
专业		班级	
实训日期		指导教师	
实训任务			
实训收获及反思			

任务二　产销平衡运输问题（表上作业法）

一、实训目标

1. 知识目标

➢ 掌握产销平衡的运输问题表上作业法的具体实施办法，包括求解基本初始可行解的三种方法，如西北角法、最小元素法、伏格尔法（Vogel 法）。

➢ 掌握两种求检验数并判断的方法，如闭回路法、位势法。

2. 能力目标

➢ 能够运用表上作业法解决产销平衡的运输问题并找到最优的运输调配方案，即费用最省的运输调配方案。

3. 素养目标

➢ 培养学生正确的现代物流管理的职业操守。

➢ 培养学生的工匠精神。

建议学时：4 学时。

二、任务概述

经济建设过程中经常存在大宗货物调运问题，如煤炭、钢铁、木材、粮食等物资。这些物资在全国有若干生产基地，根据已有的交通网络，应如何制订调运方案，将这些物资运到各消费地点，且使总运费最小。产销平衡运输问题的线路优化主要采用表上作业法，它属于线性规划的一种求解方法。当某些线性规划问题采用图上作业法难以进行直观求解时，就可以将各元素列成相关表，作为初始方案，然后采用检验数来验证这个方案，否则就要采用闭回路法、位势法对相关方案进行调整，直至得到最优的运输调配方案。而这种列表求解方法就是表上作业法。

三、实训环境、实训设备

（一）实训场地

现代物流实训中心、实训室机房，可满足 40 名学生同时进行产销平衡运输问题的表上作业法实训项目。

（二）实训设备

多媒体教室、计算机、物流实训室、白板、纸张等，可满足教师授课、演示，以及每名学生进行产销平衡运输问题的表上作业法实训。

四、职业能力要求

产销平衡运输问题的职业能力要求如表 4-10 所示。

表 4-10 产销平衡运输问题的职业能力要求

职业岗位	工作内容	基本技术	相关知识	技能要求
运输调度员	产销平衡的运输问题最优方案制订	熟悉产销平衡运输问题的表上作业法	熟悉表上作业法的操作要点；熟知运输合理化方案的制订；熟悉合理组织与安排产销平衡运输问题的最优调运方案的制订思路	能够采用西北角法、最小元素法、伏格尔法找到产销平衡运输问题的初始基本可行解；并能够运用闭回路法和位势法进行方案的验证和方案的不断优化

五、考核标准

产销平衡运输问题的考核标准如表 4-11 所示。

表 4-11 产销平衡运输问题的考核标准

实训内容	考核标准	满分	得分
产销平衡运输问题——表上作业法	对产销平衡运输问题任务描述清晰	5 分	
	运用西北角法求得初始基本可行解(初始可行方案)	10 分	
	运用最小元素法求得初始基本可行解(初始可行方案)	15 分	
	运用伏格尔法求得初始基本可行解(初始可行方案)	15 分	
	采用闭回路法进行检验数的计算并判断方案是否最优,如不是,则可以进行优化,直至得到最优的调运方案	15 分	
	采用位势法进行检验数的计算并判断方案是否最优,如不是,则可以进行优化,直至得到最优调运方案	20 分	
	按标准完成产销平衡运输问题最优方案制订的实训报告(完整性、科学性、美观性)	20 分	
总分		100 分	

六、知识链接——表上作业法步骤

1. 求初始基本可行解的方法及求解思路

(1)西北角法。

从单位运价表未被直线覆盖的西北角位置开始标识基变量,依次进行,直到找到 $m+n-1$ 个基变量。该方法存在的缺点是没有考虑运价。

(2)最小元素法。

这种方法的基本思想是就近供应,即从单位运价表中最小的运价开始确定供销关系,然后是次小,依次进行,一直到给出初始基本可行解为止。具体方法是从单位运价表未被直线覆盖的最小运价位置开始标识基变量,依次进行,直到找到 $m+n-1$ 个基变量为止。该方法存在的缺点是可能开始时会节省某一处的费用,但随后在其他处要多花几倍的运费。

(3)伏格尔法(Vogel 法)。

Vogel 法考虑到一产地的产品假如不能按最小运费就近供应,就要考虑次小运费,它们之间会有一个差额,差额越大,说明不能按最小运费调运时,运费增加越多。因此,在对差额最大处,就应当采用最小运费调运。

基于此,Vogel 法的步骤则为:寻找单位运价表最小运价与次小运价差额最大的行/列,从该行/列的最小运价位置开始标识基变量,依次进行,直到找到 $m+n-1$ 个基变量。

2. 求检验数并判断是否最优方案

(1)闭回路法。

在给出调运方案的计算表上,从每一空格出发找一条闭回路。它是以某空格处为起点。用水平或垂直线向前划,当碰到一数字格时可以转 90°后,继续前进,直至回到起始空格。运输方案表中,任何一个非基变量都能和若干个基变量构成一个唯一的闭回路。因此,从每一个空格出发一定存在并可以找到唯一的闭回路。然后根据闭回路调整运量,计算调整运量后增加的运价,即该空格处的检验数。当检验数还存在负数时,说明原方案不是最优解,要继续改进。该方法存在的缺点是当产销点很多时,这种计算很烦琐。

(2)位势法。

在位势法中,其基变量为:$U_i+V_j=C_{ij}$(U_i代表行位势,V_j代表列位势);非基变量为:$\lambda_{ij}=C_{ij}-U_i-V_j$($\lambda_{ij}$代表非基变量对应空格处的检验数,$C_{ij}$代表第$j$个产地向第$i$个销地调运的单位运价)。算法可以考虑给$U_1$赋值,令其$U_1=0$,依次推算即可。在使用位势法时,需要注意以下问题。

1)选择不满足条件的检验数最小的非基变量作为换入变量。

2)构建闭回路,选择闭回路上偶数顶点处运量最小的基变量作为换出变量。

3)基于换出变量的运量,对整个闭回路的运量进行调整,并保持产销平衡。

闭回路调整法——解的改进的具体步骤。

1)X_{ij}为换入变量,找出它在运输表中的闭回路。

2)以空格(A_i,B_j)为第一个奇数顶点,沿闭回路的顺(或逆)时针方向前进,对闭回路上的顶点依次编号。

3)在闭回路上的所有偶数顶点集合$L(e)$中,找出运输量最小的顶点(格子),以该格中的变量为换出变量。

4)以换出变量格子的运量为调整量,将该闭回路上所有奇数顶点处的运输量都增加这一数值,所有偶数顶点处的运量都减去这一数值,从而得出一新的运输方案。

5)接下来,对得到的新解进行最优性检验,若不是最优解,就重复以上步骤,继续进行调整,一直到得出最优解为止,即直到找到总运费最省的运输方案。

七、技能训练内容

(一)实训资料包

1. 任务资料

运输问题的产销平衡与运价如表4-12所示,求最优调运方案及最小运费。

表4-12 运输问题的产销平衡与运价

产地	销地				产量/t
	B1	B2	B3	B4	
A1	3	11	3	10	7
A2	1	9	2	8	4
A3	7	4	10	5	9
销量/t	3	6	5	6	

A1、A2、A3代表三个产地,产量分别为7 t、4 t、9 t;B1、B2、B3、B4代表四个销地,销量分别为3 t、6 t、5 t、6 t。中间区域的数值表示两地间的单位位价,也可以用表4-13表示从各个产地运往各个销地的单位产品的运价,用表4-14表示运输方案。

请问:应如何调运物资,在满足各个销地的需要量的前提下,使总运费最少?

2. 任务要求

请学生分别运用西北角法、最小元素法、伏格尔法找到该运输问题的初始基本可行方案,再分别运用闭回路法和位势法计算检验数并判断初始方案是否最优,若不是最优方案,请继续优化,直至找到最优调运方案,即总运费最少的调运方案。

表4-13 单位运价

产地	销地			
	B1	B2	B3	B4
A1	3	11	3	10
A2	1	9	2	8
A3	7	4	10	5

表4-14 运输方案

产地	销地				产量/t
	B1	B2	B3	B4	
A1					7
A2					4
A3					9
销量/t	3	6	5	6	20

步骤一:先通过西北角法、最小元素法、伏格尔法求解初始基本可行方案。

(1)西北角法。

先画出单位运价表和运输方案表,从单位运价表未被直线覆盖的西北角位置开始标识基变量,并且陆续将被满足的销地列用直线划去。同理,如产地已经安排完运量,也用直线划去该行,依次进行,直到找到 $m+n-1$ 个基变量为止。

通过依次标识调运量得到初始基本可行方案如表4-15和表4-16所示。

表4-15 单位运价

产地	销地			
	B1	B2	B3	B4
A1	3	11	3	10
A2	1	9	2	8
A3	7	4	10	5

表4-16 运输方案

产地	销地				产量/t
	B1	B2	B3	B4	
A1	3	4			7
A2		2	2		4
A3			3	6	9
销量/t	3	6	5	6	20

西北角法得到的初始方案总运价为:$3\times3+4\times11+2\times9+2\times3+6\times5=107$(元)。

（2）最小元素法。

先画出单位运价表4-17和运输方案表4-18，从单位运价表未被直线覆盖的最小运价位置开始标识基变量，依次进行，并且陆续将被满足的销地列用直线划去。同理，如产地已经安排完运量，也用直线划去该行，直到找到 $m+n-1$ 个基变量。

表4-17 单位运价

产地	销地			
	B1	B2	B3	B4
A1	3	11	3	10
A2	1	9	2	8
A3	7	4	10	5

表4-18 运输方案

产地	销地				产量/t
	B1	B2	B3	B4	
A1					7
A2					4
A3					9
销量/t	3	6	5	6	20

通过依次标识调运量得到初始基本可行方案如表4-19和表4-20所示。

表4-19 单位运价

产地	销地			
	B1	B2	B3	B4
A1	3	11	3	10
A2	1	9	2	8
A3	7	4	10	5

表4-20 运输方案

产地	销地				产量/t
	B1	B2	B3	B4	
A1			4	3	7
A2	3		1		4
A3		6		3	9
销量/t	3	6	5	6	20

最小元素法得到的初始方案总运价为：$3×1+6×4+4×3+1×2+3×10+3×5=86$（元）。

（3）伏格尔法。

先画出单位运价（表4-21）和运输方案（表4-22），寻找单位运价表最小运价与次小运价差额最大的行/列，从该行/列的最小运价位置开始标识基变量，依次进行，并且陆续将被满足的销地列用直线划去。同理，如产地已经安排完运量，也用直线划去该行，直到找

到 $m+n-1$ 个基变量为止。

表 4-21 单位运价

产地	销地			
	B1	B2	B3	B4
A1	3	11	3	10
A2	1	9	2	8
A3	7	4	10	5

表 4-22 运输方案

产地	销地				产量/t
	B1	B2	B3	B4	
A1					7
A2					4
A3					9
销量/t	3	6	5	6	20

通过依次标识调运量得到初始基本可行方案如表 4-23 和表 4-24 所示。

表 4-23 单位运价

产地	销地				行差额			
	B1	B2	B3	B4				
A1	3	11	3	10	0	0	0	7
A2	1	9	2	8	1	1	1	6
A3	7	4	10	5	1	2		
列差额	2	5	1	3				
	2		1	3				
	5		1	2				
			1	2				

表 4-24 运输方案

产地	销地				产量/t
	B1	B2	B3	B4	
A1			5	2	7
A2	3		1		4
A3		6		3	9
销量/t	3	6	5	6	20

伏格尔法得到的初始方案总运价为：$3\times1+6\times4+5\times3+2\times10+1\times8+3\times5=85$(元)。

步骤二：运用闭回路法、位势法两种方法。求检验数并判断初始方案是否最优。（说明：由于本例题中伏格尔法已经达到最优调运方案，因此，本步骤选取最小元素法的初始可行解进行判断和优化。)

(1)闭回路法。

选取最小元素法得出的初始基本可行解,分别为单位运价表 4-19 和初始运输方案表 4-20,最后画出检验数(表 4-27)。

在初始运输方案表 4-20 中,从任何一个空格出发都能和若干个数字格构成一个且唯一的闭回路,如表 4-25 和表 4-26 所示。

表 4-25 单位运价

产地	销地			
	B1	B2	B3	B4
A1	3	11	3	10
A2	1	9	2	8
A3	7	4	10	5

表 4-26 初始运输方案

产地	销地				产量/t
	B1	B2	B3	B4	
A1			4	3	7
A2	3		1		4
A3		6		3	9
销量/t	3	6	5	6	20

本例题只寻找 A1B1 交点空格处的唯一闭回路,其他闭回路由学生按照操作思路继续寻找完成。然后对应调整运量,再计算调整运量后增加的运价,即为该空格处的检验数,如表 4-27 所示。

以表 4-26 上闭回路为例,空格处 A1B1 增加 1 个单位的调运量,为保持平衡,A2B1 减少 1 个单位的调运量,以此类推 A2B3 增加 1 个单位的调运量,A1B3 减掉 1 个单位的调运量。

调整运量后增加的运价 $\lambda_{11} = 1\times3-1\times1-1\times3+1\times2=1$,也可简写为 $\lambda_{11}=3-1+2-3=1$。以此类推,其他空格对应的检验数分别为:

$\lambda_{12}=11-4-10+5=2$;

$\lambda_{22}=9-4+5-10+3-2=1$;

$\lambda_{24}=8-10+3-2=-1$;

$\lambda_{31}=-1+7-5+10-3+2=10$;

$\lambda_{33}=10-3+10-5=12$。

表 4-27 检验数

产地	销地			
	B1	B2	B3	B4
A1	1	2		
A2		1		−1
A3	10	12		

由于检验数存在负数，因此该方案不是最优解，即不是总运费最少的调运方案。

(2)位势法。

选取最小元素法得出的初始运输方案如表 4-28 所示。

表 4-28 初始运输方案

产地	销地				产量/t
	B1	B2	B3	B4	
A1			4	3	7
A2	3		1		4
A3		6		3	9
销量/t	3	6	5	6	20

数字格(基变量)对应的单位运价即为数字格的检验数，直接对应填进去即可，空格处的检验数运用位势法进行计算推出。

在表 4-28 上添加两行和两列，分别对应填入行位势 U_i 和列位势 V_j，并给 U_1 赋值，令 $U_1=0$，根据位势法原理 $U_i+V_j=C_{ij}$ 进行推算，具体可书写如下：

$U_1+V_3=3$，$U_1+V_4=10$，$U_2+V_1=1$，$U_2+V_3=2$，$U_3+V_2=4$，$U_3+V_4=5$，$U_1=0$，推出：$V_3=3$，$V_4=10$，$V_1=2$，$U_2=-1$，$U_3=-5$，$V_2=9$。

由以上求出的数据继续根据 $\lambda_{ij}=C_{ij}-U_i-V_j$ 推出空格处(非基变量)的检验数，计算过程可以书写如下：

$\lambda_{11}=C_{11}-U_1-V_1=3-0-2=1$；

$\lambda_{12}=C_{12}-U_1-V_2=11-0-9=2$；

$\lambda_{22}=C_{22}-U_2-V_2=9-(-1)-9=1$；

$\lambda_{24}=C_{24}-U_2-V_4=8-(-1)-10=-1$；

$\lambda_{31}=C_{31}-U_3-V_1=7-(-5)-2=10$；

$\lambda_{33}=C_{33}-U_3-V_3=10-(-5)-3=12$。

为了区分空格处检验数和数字格的检验数，可以将空格处求得的检验数用括号标明，如表 4-29 所示。

表 4-29 检验数

产地	销地				行位势 U_i	
	B1	B2	B3	B4		
A1	(1)	(2)	3	10	U_1	0
A2	1	(1)	2	(-1)	U_2	-1
A3	(10)	4	(12)	5	U_3	-5
列位势 V_j	V_1	V_2	V_3	V_4	—	—
	2	9	3	10	—	—

由于 $\lambda_{24}=-1<0$，该方案没有达到最优解，现在调整运量并进行优化，优化步骤如下：① 选择不满足条件的检验数最小的非基变量作为换入变量；② 构建闭回路，选择闭回路上运量最小的基变量作为换出变量；③ 基于换出变量的运量，对整个闭回路的运量进行调整，并保持产销平衡。优化后的初始运输方案如表 4-30 所示。

表 4-30　初始运输方案

产地	销地 B1	B2	B3	B4	产量/t
A1			4	3	7
A2	3		1		4
A3		6		3	9
销量/t	3	6	5	6	20

由闭回路可知调整运量应为 A2B3 减掉 1 个单位，A2B4 增加 1 个单位，A1B4 减掉 1 个单位，A1B3 增加 1 个单位。调整后的运输方案如表 4-31 所示。

表 4-31　调整后的运输方案

产地	销地 B1	B2	B3	B4	产量/t
A1			5	2	7
A2	3			1	4
A3		6		3	9
销量/t	3	6	5	6	20

按照前述方法调整检验数，得到如表 4-32 所示的调整后的检验数。

表 4-32　调整后的检验数

产地	销地 B1	B2	B3	B4	行位势 U_i	
A1	(0)	(2)	3	10	U_1	0
A2	1	(2)	(1)	8	U_2	-2
A3	(9)	4	(12)	5	U_3	-5
列位势 V_j	V_1 3	V_2 9	V_3 3	V_4 10		

通过调整后的检验数表发现 $\lambda_{ij} \geq 0$，因此方案达到最优解，即得到该运输问题的最优调运方案，总运费最省的方案已经找到，即：Min Z = 3×1+6×4+5×3+2×10+1×8+3×5 = 85（元）。

（二）作业要求或方案设计要求

1. 作业要求

运用西北角法、最小元素法和伏格尔法求出该运输问题的初始基本可行方案，再运用闭回路法和位势法进行检验数的计算并判断是否最优，并进行优化调配，直至找到总运费最少的运输调配方案。

【练习】运输问题的产销平衡与运价如表 4-33 所示，求最优调运方案及最小运费。

表 4-33 运输问题的产销平衡与运价

产地	销地				产量/t
	B1	B2	B3	B4	
A1	4	12	4	11	16
A2	2	10	3	9	10
A3	8	5	11	6	22
销量/t	8	14	12	14	

A1、A2、A3 代表三个产地，产量分别为 16 t、10 t、22 t；B1、B2、B3、B4 代表四个销地，销量分别为 8 t、14 t、12 t、14 t。同理，中间区域的数值表示从各个产地运往各个销地的单位货物的运价。

请问：应如何调运物资才能在满足各个销地需要量的前提下使总运费最少？

2. 实训组织形式

1) 建议独立完成该问题的实训流程，保留每一环节的推算步骤。
2) 通过视频教学或者教师讲授演示产销平衡运输问题的表上作业法。
3) 每位同学完成不同方法之间的搭配，该问题可以考虑最小元素法与位势法进行搭配。
4) 找到总运费最少的最优调运方案，形成完整的报告。

(三) 所需账、表、单

根据情境描述中的资料，结合表上作业法，可以在 Word/Excel 上或者纸张上(指定空白区域)进行单位运价表、运输方案表、检验数表的构建及优化分析计算，将结果填入框中。

（四）实训报告

姓名		学号	
专业		班级	
实训日期		指导教师	
实训任务			
实训收获及反思			

任务三　运输调度计划

一、实训目标

1. 知识目标

➢ 了解物流调度的基本概念和原理。
➢ 掌握物流调度的流程和方法。
➢ 了解运输调度计划的制订过程和需要使用的相关工具。
➢ 了解物流信息系统的应用和功能。

2. 能力目标

➢ 能够根据物流需求制订合理的运输调度计划。
➢ 能够运用物流信息系统进行物流调度和监控。
➢ 能够协调各个环节的物流资源，确保物流配送高效运转。
➢ 能够应对突发情况并进行及时处理。

3. 素养目标

➢ 具备良好的沟通协调能力和团队合作意识，能够与各个部门进行有效沟通。

➢ 具备责任心和敬业精神，能够承担起物流配送工作的责任。

建议学时：4学时。

二、任务概述

运输调度计划包括以下内容。

1）需求分析：对客户的物流需求进行分析和调查，了解不同客户的需求特点和配送要求，以便制订合理的运输调度计划。

2）运输资源规划：对企业的运输资源进行规划和管理，包括车辆、司机、装载设备等，以确保它们能够按时到达配送点，完成配送任务。

3）运输调度计划制订：根据需求分析和运输资源规划，制订合理的运输调度计划，确定各个配送点的配送时间、配送顺序和运输工具等。

4）物流信息系统建设：搭建物流信息系统，集成物流配送的数据和信息，包括订单信息、配送计划、运输资源等，以便实现物流调度和监控。

5）任务执行和监控：通过物流信息系统对运输调度计划进行执行和监控，随时调整配送计划和运输资源，确保物流配送的高效运转。

6）评估和改进：定期对运输调度计划进行评估和改进，分析配送效率和客户满意度，及时调整运输调度计划，提高物流配送的效率和精度。

通过以上任务的实施可以制订出合理的运输调度计划，充分利用企业的运输资源，实现物流配送的高效运转，提高客户满意度，还能降低物流成本，提高企业核心竞争力。

三、实训环境、实训设备

（一）实训场地

智能物流实训中心、实训室机房，能满足40名学生同时进行运输调度计划实训。

（二）实训设备

计算机、白板等，可满足教师授课、演示，以及每名学生进行运输调度计划应用分析任务。

四、职业能力要求

运输调度职业能力要求如表4-34所示。

表 4-34 运输调度职业能力要求

职业岗位	工作内容	基本技术	相关知识	技能要求
运输调度员	①制订运输调度计划，确定各个配送点的配送时间、配送顺序和运输工具等 ②监控运输进展情况，实时掌握运输资源的使用和运输过程的状态 ③协调各方面资源，如车辆、司机、装载设备等，确保它们能够按时到达配送点，完成配送任务 ④调整运输调度计划，根据客户需求和运输资源的变化，及时调整配送计划 ⑤分析、统计、汇总配送数据和信息，及时向上级领导提供配送情况和建议	①熟练掌握运输调度软件和物流信息系统，能够进行配送计划的编制和调整 ②具备运输管理和物流知识，了解各种运输工具的特点和运输成本，能够协调各种运输资源 ③具备良好的沟通能力和协调能力，能够有效地与上下游企业沟通和协作 ④具备分析和解决问题的能力，能够快速分析和处理运输调度过程中的问题	具备运输管理和物流知识，了解各种运输工具的特点和运输成本，能够协调各种运输资源	①具备较强的计划、组织和协调能力 ②能够熟练操作计算机和相关软件，如 Excel、WMS、TMS 等 ③具备快速反应和决策能力，能够迅速制订应对策略和调整配送计划 ④具备较强的团队合作和人际交往能力，能够与司机、客户等各方进行有效的沟通和协调

五、考核标准

运输调度计划考核标准如表 4-35 所示。

表 4-35 运输调度计划考核标准

实训内容	考核标准	满分	得分
运输调度计划	每种货物的托盘货物组托正确	30 分	
	每种货物的托盘装车组托正确	30 分	
	托盘组合合理、拼装合理	10 分	
	选车、选路线正确、合理	20 分	
	按标准完成实训报告（完整性、科学性、美观性）	10 分	
	总分	100 分	

六、知识链接——运输调度计划

运输调度计划理论知识包括以下几方面内容。

1）运输调度计划的目的：运输调度计划的主要目的是制订合理的运输方案，通过合理的运输配送，确保物流配送的高效运转，提高客户满意度，同时降低物流成本，提高企业核心竞争力。

2）运输调度计划的基本要素：运输调度计划的基本要素包括运输目标、运输方案、运输资源、运输时间、运输成本等。其中，运输资源是实现运输调度计划的关键要素。

3）运输调度计划的制订方法：运输调度计划的制订方法包括经验法、规则法和优化法。其中，经验法是通过运输调度员的经验和感性判断制订运输调度计划；规则法是通过制订一套逻辑规则，由计算机自动制订运输调度计划；优化法则是通过数学模型和优化算法，找到最优的运输调度方案。

4）运输调度计划的实施和监控：运输调度计划的实施和监控需要建立物流信息系统，及时收集和分析运输数据和信息，监控配送进程，调整配送计划和运输资源，确保物流配送的高效运转。

5）运输调度计划的评估和改进：定期对运输调度计划进行评估和改进，分析配送效率和客户满意度，及时调整运输调度计划，提高物流配送的效率和精度。

以上理论知识是运输调度计划制订和实施的基础，大家只有掌握了这些理论知识，才能有效地制订和实施运输调度计划，提高物流配送的效率和精度。

七、技能训练内容

（一）实训资料包

1. 运输调度资料

2023年3月27日，沈阳华美公司向大连嘉运公司采购货物，委托物流公司上门提货，以托盘为集装单元进行带板运输。

2. 货物及车辆信息

1）货物信息如表4-36所示。

表4-36 采购订单

采购单编号：R20231101　　　　　　　　　　　　　计划到货时间：2023年3月27日

序号	商品名称	包装规格/(mm×mm×mm) (长×宽×高)	单价/ (元·箱$^{-1}$)	毛重/ (千克·箱$^{-1}$)	包装箱承重/ kg	订购数量/ 箱
1	豆芽机	395×330×200	110	4	60	7 600
2	五金工具	300×200×150	300	12	150	3 600
3	音响	400×300×180	240	8	100	6 500

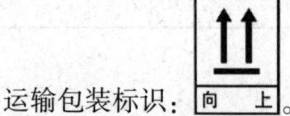

运输包装标识：↑↑ 向 上

2）车型信息，本配送中心目前可用车型相关信息如表4-37所示。

表 4-37 可用车辆信息

车型	项目内容		
	车厢内规格/(mm×mm×mm)(长×宽×高)	额定载重/t	数量/辆
车型一	9 600×2 300×2 450	16	充足
车型二	12 500×2 420×2 430	22	充足

为了提高装卸搬运效率，车辆在不允许超载、超限的最大化利用前提下，采用合理的码放方法，在托盘利用率最大化的情况下进行带板运输。

托盘信息：四向进叉托盘。

托盘规格：1 200 mm×1 000 mm×160 mm。

托盘承重：1 500 kg。

托盘自重：20 kg/个，托货集装单元高度不超过 1 600 mm。

3. 干线运输线路选择的相关资料

每种车型在不同路线上行驶时的油耗情况如表 4-38 所示。

表 4-38 油耗情况

车型	油耗			
	高速		国道	
	空驶	重驶	空驶	重驶
车型一	28 L/百 km	每百 t·km 增加 0.8 L	35 L/百 km	每百 t·km 增加 1.2 L
车型二	30 L/百 km	每百 t·km 增加 1.2 L	38 L/百 km	每百 t·km 增加 1.8 L

从沈阳到大连有高速公路和国道两条路线可选择，相关信息如下：①沈阳到大连高速公路全程 340 km，预计行驶 4 h 42 min，卸装时间 2 h，收取过路过桥费；②沈阳到大连国道 380 km，预计行驶 8 h 12 min，卸装时间 2 h，无过路过桥费。

在表 4-38 中，车型一的司机日平均工资为 200 元，车型二的司机日平均工资为 300 元(不考虑工作时长)。车型一的过路过桥费平均 1.5 元/km，车型二的过路过桥费平均 1.6 元/km，高速公路其他费用忽略不计。车辆走高速公路当日返回，走国道次日返回。

本实训中车辆折旧成本如表 4-39 所示。车辆年工作车日计 300 车日，残值率 5%，采用平均年限法。燃油价格 5.5 元/L。

表 4-39 车辆折旧成本

车型	购置成本/元	折旧年限/年
车型一	246 000	4
车型二	398 000	4

(二)作业要求或方案设计要求

1. 作业要求

每辆车优先安排同种货物集装单元装车，在车辆不能满载的情况下可以以集装单元混装。根据以上资料分析计算,运输该批货物所需要的托盘数、每辆车装载的箱数、需要的车辆数。并从成本节约角度选取合适的车型和运输线路进行运输调度(车辆往返选择同样的行驶路线)。要求有分析计算过程,且计算过程保留2位小数,四舍五入。

2. 实训组织形式

学生可以个人也可以小组为单位完成实训任务。

(三)所需账、表、单

综合考虑货物组托和装车托盘组托,进行汇总分析(表4-40),最终选择合适的车辆装载货物。

表4-40 汇总分析

序号	商品名称	组托/个	每层重量/kg	放几层(考虑包装箱、托盘承重)	需要托盘数量/个	托货体积/m³	托货重量/kg	总重量/kg	总体积/m³	选车结果
1	豆芽机	3×3=9	36	5	168+1(40个货)	1.2×1×(0.16+200×5)=1.2×1×1.16	9×5×4+20=200	200×168+4×40+20=33780	1.2×1×1.16×168+1.2×1×(0.16+5×0.2)≈235.25	3大车+1大车(拼车音响)
2	五金工具	4×5=20	240	6	30	1.2×1×1.06	20×12×6+20=1 460	1 460×30=43 800	1.2×1×(0.15×6+0.16)×30=38.16	2大车
3	音响	334型=10	80	5或6	118(58个5层的,60个6层的)	1.2×1×1.06 或 1.2×1×1.24	10×5×8+20=420 或 10×6×8+20=500	420×58+500×60=54 360	1.2×1×1.06×58+1.2×1×1.24×60≈163.06	2大车

从表4-40中可知,运输该批货物所需要的托盘数=169+30+118=317(个)。

每辆车装载的箱数如下。

车型二装豆芽机(表4-41):48×9×5=2 160(箱),3辆车共装6 480箱,余1 120箱,可拼车。

车型二装五金工具(表4-42):15×20×6=1 800(箱),共2车装3 600箱。

车型二装音响:24×10×5+24×10×6=2 640(箱),2大车共装5 280箱,余1 220箱,可拼车。

最后一辆大车混装豆芽机和音响(表4-43),情况如下。

装豆芽机:24×9×5+40=1 120(箱)。

装音响:12×10×6+10×10×5=1 220(箱)。

所以需要的车辆总数为8辆大车(车型二)。

表 4-41　车型二：大车(3 辆，装豆芽机)

项目	高速来回	国道来回
燃油费/元	(30×2+1.2×9.6)×3.4×5.5=1 337.424	(38×2+1.8×9.6)×3.8×5.5=1 949.552
司机工资/元	300	300×2=600
过路过桥费/元	1.6×340×2=1 088	0
折旧成本费/元	1×[398 000×(1-5%)/300/4]=315.08	2×[398 000×(1-5%)/300/4]=630.16
小计	3 030.50	3 179.71
所需车辆数	3	
总费用/元	9 121.51	9 539.14

从表 4-41 中可知，3 辆大车装豆芽机，每车 48 托，托货重量 200 kg(0.2 t)。
计费重量：48×0.2=9.6(t)。

表 4-42　车型二：大车(2 辆，装五金工具)

项目	高速来回	国道来回
燃油费/元	(30×2+1.2×21.9)×3.4×5.5=1 613.436	(38×2+1.8×21.9)×3.8×5.5=2 412.28
司机工资/元	300	300×2=600
过路过桥费/元	1.6×340×2=1 088	0
时间成本费/元	1×[398 000×(1-5%)/300/4]=315.08	2×[398 000×(1-5%)/300/4]=630.16
小计	3 316.52	3 642.44
所需车辆数	2	
总费用/元	6 633.03	7 284.88

从表 4-42 中得出，2 辆装五金工具的大车，每车 15 托，托货重量 1 460 千克(1.46 t)。
计费重量：1.46×15=21.9(t)。

表 4-43　车型二：大车(1 辆，混装)　　　　　　　　　　　　　单位：元

	高速来回	国道来回
燃油费/元	(30×2+1.2×15.18)×3.4×5.5=1 462.64	(38×2+1.8×15.18)×3.8×5.5=2 159.47
司机工资/元	300	300×2=600
过路过桥费/元	1.6×340×2=1 088	0
折旧成本费/元	1×[398 000×(1-5%)/300/4]=315.08	2×[398 000×(1-5%)/300/4]=630.16
小计	3 165.72	3 389.63
所需车辆数	1	
总费用/元	3 165.72	3 389.63

从表 4-43 可知，1 辆混装大车，装豆芽机 1 120 箱，装音响 1 220 箱。
计费重量：24×0.2+(0.02+40×0.004)+12×0.5+10×0.42=15.18(t)。
综上所述，总费用=9 121.512+6 633.032+3 165.72+(　)=18 920.26+(　)元。
对于剩余两车货，请各位同学参照前面的表格计算总运费，列出总成本，在括号里填

上正确的答案。

(四)实训报告

姓名		学号	
专业		班级	
实训日期		指导教师	
实训任务			
实训收获及反思			

项目五　物流采购管理岗位技能实训

任务一　物资采购方案编制

一、实训目标

1. 知识目标
➢ 掌握年度采购计划的分解。
➢ 掌握采购计划认证及订单计划编制的操作流程。
➢ 掌握采购预算表的分析和编制。

2. 能力目标
➢ 能够制订和编制完整的采购计划,并保证其科学性、合理性。

3. 素养目标
➢ 培养学生正确的采购管理岗位的职业操守。
➢ 培养当代大学生的工匠精神。

建议学时:4学时。

二、任务概述

每年年末是采购人员跟进公司制订的企业生产经营计划,以及向各部门收集并汇总采购需求和请购单的时间。采购人员根据公司库存情况和企业生产能力、市场销售环境等综合分析,解决下一年度采购什么、采购多少、何时采购、向谁采购等问题。

三、实训环境、实训设备

(一)实训场地

现代物流实训中心、实训室机房,可满足40名学生同时进行物资采购方案编制实训。

(二)实训设备

多媒体教室、计算机、物流实训室、白板、纸张等,可满足教师授课、演示,以及每名学生进行物资采购方案编制实训任务的需求。

四、职业能力要求

物资采购方案编制的职业能力要求如表5-1所示。

表5-1 物资采购方案编制的职业能力要求

职业岗位	工作内容	基本技术	相关知识	技能要求
采购专员	采购计划方案的制订	熟悉采购预算和采购计划的认证和订单计划的编制	掌握采购计划的作用;熟悉采购计划的编制流程;掌握订单计划的作用;熟悉订单计划的编制流程	能够编制年度采购计划;能够编制订单计划

五、考核标准

物资采购方案编制的考核标准如表5-2所示。

表5-2 物资采购方案编制的考核标准

实训内容	考核标准	满分	得分
编制某公司的采购计划	对明日制造公司采购问题任务描述清晰	5分	
	能够保证采购计划,能够满足需求计划,保证库存量的经济合理性	10分	
	能够分解年度采购计划,并能制订采购订单计划	10分	
	能够正确填制物资消耗定额明细表	20分	
	能够科学、合理地编制物资采购预算表	20分	
	科学、合理地编制采购计划表,制订出一套完整的采购方案	20分	
	按标准完成采购计划编制的实训报告(完整性、科学性、美观性)	15分	
总分		100分	

六、知识链接——采购计划

(一)采购计划的定义

1. 定义

采购计划是根据市场需求、企业的生产能力和采购环境容量等确定采购的时间、采购的数量,以及如何进行采购作业,即买什么、买多少、在什么时间买等问题。

2. 作用

采购计划是用料单位取得资源的手段;供应单位平衡分配的依据;能确立材料耗用标准,以便管制材料购用数量及成本;配合公司生产计划和资金调度。

3. 制订采购计划的目的

制订采购计划有助于确定合适的数量，避免物料过少或存储过多；还能确定合适的时间，供项目采购部门事先准备，选择有利时机购入物料。

(二)物资采购需求的类型

1. 物资采购类型

(1)生产性采购和非生产性采购。

一般而言，企业采购的物资大概分为三种：企业生产所必需的生产性直接原材料；维持企业生产活动持续进行的维护、修理、装配等间接物料；维持企业运作所需的行政性日常用品。通常把第一种物资称为直接生产物料，把后两种物品称为间接物料。于是物资采购实际上可以被分成两种类型：生产性采购和非生产性采购。

1)生产性采购，指企业最终产品的直接组成部分的物资采购，或直接介入生产过程的产品采购，如原材料、零部件和生产设备。

2)非生产性采购，指既不构成企业最终产品的直接组成部分，也不是生产过程中所使用的产品或服务的采购，主要包括非生产性机器设备、MRO（维护修理）、耗材（如备件、工具和燃料）和办公室用品。

(2)运营性需求和资本性需求。

从所采购物品的使用范围来看，无论是生产性还是非生产性采购，采购需求又可以划分成运营性需求和资本性需求。

1)运营性需求，即保持组织日常运转所需要的产品，如生产线上的零部件、维修性供给或办公用品，这些产品一般会在一年内被使用或消耗掉。

2)资本性需求，即组织日常运转中不被消耗掉的固定资产，其使用寿命大于一年，如影印机、运货车辆、机器设备和建筑物等。

综合起来考虑，就形成了四种需求类型：生产的运营性需求，生产的资本性需求，非生产的运营性需求，非生产的资本性需求。

2. 独立需求与相关需求

(1)独立需求。

独立需求即对某种产品或服务的需求和其他物品没有关联，是完全独立的，如资本品采购，具体如新建一座办公楼所需的采购，就是独立需求类型。

(2)相关需求。

相关需求即某种物品的需求与其他物品相关。例如，一个汽车制造厂对引擎的需求与该厂汽车的销售情况相关。此外，还受其他一些非关联因素的影响，如办公家具的需求并与公司员工的数量相关。

(三)采购计划与实施

1. 采购计划的内容

采购计划是关于采购全过程的活动计划，一般包括品种分析和品种订购量的确定。此外，从战略的角度考虑，一个完整的采购计划还应该涵盖采购品种、供应商、采购方式、谈判、进货五个方面的内容。

(1)品种分析。

品种分析包括三个方面：一是用户需求分析；二是市场供应分析；三是品种性质分析。

1)用户需求分析，就是对企业用户关于品种需求情况的分析，了解品种在生产中的重要程度，能否代用，需求的数量、质量要求等。

2)市场供应分析，主要了解品种在市场上的紧缺情况、市场前景情况等。

3)品种性质分析，主要弄清品种的物理/化学性质、用途、价值、装运特性等，为制订采购战略提供依据。

(2)品种订购量的确定。

主要是掌握一些基本的订购批量技术方法，如定量订购方法、定期订购方法。

2. 采购计划的实施

采购计划的实施主要考虑以下四个要素。

1)采购组织结构及其人员安排：需要确定出完成给定的采购任务工作需要多少人，都是一些什么岗位、什么职务，承担什么责任等结构任务。

2)采购目标的具体要求：既要有总体的管理目标和要求，又要有落实到每个岗位、每个人的管理目标和要求。

3)采购作业流程：不但规定了每个人所承担的工作应当做些什么、怎样做，要承担什么责任、应达到什么目标，还规定了各个人之间怎么衔接、怎么配合。

4)进度计划和保障措施：进度计划是规定各项工作时间进度的计划，保证措施是为实现各项工作所需要提供的各种条件。

(四)物资采购流程

1. 采购流程的定义

采购流程是指采购方从目标市场(供应商)选择和购买生产、服务经营的各种原材料、零部件、设备等物料的全过程的顺序，采购流程如图5-1所示。

拟订采购需求计划 → 认证供应商 → 签订采购订单合同 → 物料入库验收 → 评价采购工作

图5-1 采购流程

2. 采购流程的具体内容

采购流程的具体任务包括：接受采购任务，制订采购单；制订采购需求计划；根据既定的采购需求计划联系供应商；与供应商洽谈、成交，最后签订订货合同；运输进货及进货控制；对到货的数量和质量检验和入库；货物到达后按合同规定支付货款；善后处理。

3. 采购流程的关键点

(1)采购需求计划。

采购需求计划是进行采购的基本依据，是控制盲目采购的重要措施，还是做好现金流量预测的有力手段。

(2)供应商。

正确选择供应商,对于稳定物料来源和保证物料质量十分重要。

(3)采购订单。

采购订单是企业与供应商签订的采购合同的内容,供应商是否按合约"按时按质按价"供货对企业的生产有重大影响。

(4)进货确认和付款。

进货确认和付款是落实采购计划的基础性业务。当供应商的物料到达企业以后,要检查相应的采购计划、订单,确认是否为本企业采购的物料。

七、技能训练内容

(一)实训资料包

1. 任务资料

明日制造公司生产三种主要产品:异步电动机、电容器及电机车。异步电动机钢材消耗定额明细如表5-3所示。该业务公开招标,要求在2023年6月1日以前完成计划编制,2023年7月16日以前完成招标。不考虑生产过程中的物料消耗和库存量。

表5-3 异步电动机钢材消耗定额明细(8 000台)

品种	产品规格	消耗定额/($kg \cdot 台^{-1}$)	单元/($元 \cdot t^{-1}$)	产品需求量/t
大型型钢	120Q235 圆钢	26.40	2 800	
	40Q235 钢板	366.00	2 500	
合计				
小型型钢	16Q235 圆钢	6.86	2 800	
	6×20Q215 扁钢	3.20	3 000	
合计				
中型型钢	38Q235 圆钢	0.55	2 600	
	6×48Q215 扁钢	6.54	3 000	
合计				
中板	10Q235 钢板	203.60	2 700	
	16Q235 钢板	305.90	2 600	
合计				
薄板	1Q235 钢板	3.62	4 000	
	1Q235 冷轧钢板	50.40	4 500	
合计				
优质钢	12 35# 圆钢	0.58	3 500	
	36 35# 方钢	0.78	3 500	
合计				

续表

品种	产品规格	消耗定额/(kg·台$^{-1}$)	单元/(元·t^{-1})	产品需求量/t
金属制品	1.5T262(y)黄钢丝	0.05	3 500	
	1.6镀锌钢丝	3.86	3 500	
合计				
无缝管	25×2.5#10冷拔管	1.47	5 500	
	20光钢管	1.84	5 000	
合计				
硅钢片	50W540硅钢片	1 56	7 000	
合计				

2. 实训任务

(1)计算异步电动机所需圆钢的需求量。

1)确定圆钢的产品需求量。

2)确定圆钢的库存量。

3)确定圆钢的采购需求,圆钢的采购数量=需求量-库存量。

4)根据表5-3,确定采购预算,不同品名、规格的圆钢所需的资金预算如表5-4所示。

表5-4 异步电动机钢材采购预算(8 000台)

品种	产品规格	消耗定额/(kg·台$^{-1}$)	单元/(元·t^{-1})	产品需求量/t	总金额预算/元
合计	—			20 301.23	108 422 897.60
大型型钢	120Q235圆钢	26.40	2 800	211.20	591 360.00
	40Q235钢板	366.00	2 500	2 928.00	7 320 000.00
合计	—	392.40	5 300	3 139.20	7 911 360.00
小型型钢	16Q235圆钢	6.86	2 800	54.88	153 664.00
	6×20Q215扁钢	3.20	3 000	25.60	76 800.00
合计	—	10.06	5 800	80.48	230 464.00
中型型钢	38Q235圆钢	0.55	2 600	4.42	11 481.60
	6×48Q215扁钢	6.54	3 000	52.32	156 960.00
合计	—	7.09	5 600	56.74	168 441.60
中板	10Q235钢板	203.60	2 700	1 628.80	4 397 760.00
	16Q235钢板	305.90	2 600	2 447.20	6 362 720.00
合计	—	509.50	5 300	4 076.00	10 760 480.00

续表

品种	产品规格	消耗定额/（kg·台$^{-1}$）	单元/（元·t^{-1}）	产品需求量/t	总金额预算/元
薄板	1Q235 钢板	3.62	4 000	28.99	115 968.00
	1Q235 冷轧钢板	50.40	4 500	403.20	1 814 400.00
合计	—	54.02	8 500	432.19	1 930 368.00
优质钢	1235# 圆钢	0.58	3 500	4.64	16 240.00
	3635# 方钢	0.78	3 500	6.26	21 924.00
合计	—	1.36	7 000	10.90	38 164.00
金属制品	1.5T262(y) 黄钢丝	0.05	3 500	0.36	1 260.00
	1.6 镀锌钢丝	3.86	3 500	30.88	108 080.00
合计	—	3.91	7 000	31.24	109 340.00
无缝管	25×2.5#10 冷拔管	1.47	5 500	11.76	64 680.00
	20 光钢管	1.84	5 000	14.72	73 600.00
合计	—	3.31	10 500	26.48	138 280.00
硅钢片	50W540 硅钢片	1 556.00	7 000	12 448.00	87 136 000.00
合计	—	1 556.00	7 000	12 448.00	87 136 000.00

（2）编制电动机生产圆钢的采购计划。

电动机生产用圆钢的采购计划如表 5-5 所示。

表 5-5　电动机生产用圆钢的采购计划

序号	采购计划编号	单位名称	产品名称	计划物资数量/t	计划预计金额/元	币种	日期
1	MR-DY-2018-04c1	明日制造公司	120Q235 圆钢	211.20	591 360.00	人民币	2023 年 6 月 1 日
2	MR-DY-2018-04c2	明日制造公司	16Q235 圆钢	54.88	153 664.00	人民币	2023 年 6 月 1 日
3	MR-DY-2018-04c3	明日制造公司	38Q235 圆钢	4.42	11 481.60	人民币	2023 年 6 月 1 日
4	MR-DY-2018-04c4	明日制造公司	1235# 圆钢	4.64	16 240.00	人民币	2023 年 6 月 1 日
合计				275.14	772 745.60		

（3）制订圆钢的采购方案。

采购方案是采购人员根据项目特点和自身需求，依据有关规定编制的方案，确定采购组织形式、采购方式、拟选投标人、投标人考察及招标组织等内容，也可用 Excel/Word 的方式描述。采购方案是依据项目部门的要求，由采购部门根据采购需求制订的实施性方案，它是制订招标文件的依据。圆钢的采购方案如表 5-6 所示。

表 5-6　圆钢的采购方案

方案类型	钢材	采购方式	公开招标
填报单位	明日制造公司生产部	编制人	刘小七
方案编号	MR-DY-2018-04C1-4	方案名称	生产异步电动机生产用圆钢采购计划

续表

方案类型	钢材	采购方式	公开招标
采购承办人	王小五	项目资金来源	企业自筹
币种	人民币		
是否海外采购	否		
是否分包件	否	最小影响供应商数	3
是否收取资格预审文件费用	否	寻源方式	公开招标
标书是否收费	否	意向供应商	无
货款支付条件	货到付款	资金预算	
是否收取投标保证金	否	执行时间	20220716 之前
是否提交履约保证金	是	编制时间	20220601
预计总金额		方案状态	待执行
品种	产品规格	需求量(吨)	预算(元)
采购产品			
大型型钢	120Q235 圆钢	211.20	591 260.00
小计			
小型型钢	16Q235 圆钢	54.88	153 664.00
小计			
中型型钢	38Q235 圆钢	4.42	11 481.60
小计			
优质钢	1235# 圆钢	4.64	16 240.00
小计			
合计		275.14	772 745.60
开标评标地点	明日制造采购管理信息系统		
备注			

(二)作业要求或方案设计要求

1. 作业要求

运用所学理论知识和实践技能完成明日制造公司的采购预算表的编制;制订科学合理的采购计划;完成一套采购方案的制订,可以充分利用 Word 和 Excel 完成各个表单的编辑。

2. 实训组织形式

1)建议独立完成该问题的实训流程,保留每一环节的运算步骤。

2)教师利用 Excel/Word 讲解并演示采购计划涉及的各种表单的编制和填制方法。

3)每位同学完成明日制造公司的采购预算表、采购计划、采购方案的编制,并编辑顺序放置在 Word 中,附带相关说明,形成完整的采购计划编制实训报告。

(三)所需账、表、单

根据任务资料,本次实训涉及表5-7~表5-10,实训所需部分已经设置为空,要求学生完善并填制。

表5-7 异步电动机钢材消耗定额明细(8 000台)

品种	产品规格	消耗定额/ (kg·台$^{-1}$)	单元/ (元·t^{-1})	产品需求量/ t
大型型钢	120Q235 圆钢	26.40	2 800	
	40Q235 钢板	366.00	2 500	
合计				
小型型钢	16Q235 圆钢	6.86	2 800	
	6×20Q215 扁钢	3.20	3 000	
合计				
中型型钢	38Q235 圆钢	0.55	2 600	
	6×48Q215 扁钢	6.54	3 000	
合计				
中板	10Q235 钢板	203.60	2 700	
	16Q235 钢板	305.90	2 600	
合计				
薄板	1Q235 钢板	3.62	4 000	
	1Q235 冷轧钢板	50.40	4 500	
合计				
优质钢	1235# 圆钢	0.58	3 500	
	3635# 方钢	0.78	3 500	
合计				
金属制品	1.5T262(y)黄钢丝	0.04	3 500	
	1.6 镀锌钢丝	3.86	3 500	
合计				
无缝管	25×2.5#10 冷拔管	1.47	5 500	
	20 光钢管	1.84	5 000	
合计				
硅钢片	50W540 硅钢片	156	7 000	
合计				

表 5-8 异步电动机钢材采购预算(8 000 台)

品种	产品规格	消耗定额/(kg·台$^{-1}$)	单元/(元·t^{-1})	产品需求量/t	总金额预算/元
合计	—				
大型型钢	120Q235 圆钢	26.40	2 800		
	40Q235 钢板	366.00	2 500		
合计	—				
小型型钢	16Q235 圆钢	6.86	2 800		
	6×20Q215 扁钢	3.20	3 000		
合计	—				
中型型钢	38Q235 圆钢	0.55	2 600		
	6×48Q215 扁钢	6.54	3 000		
合计	—				
中板	10Q235 钢板	203.60	2 700		
	16Q235 钢板	305.90	2 600		
合计	—				
薄板	1Q235 钢板	3.62	4 000		
	1Q235 冷轧钢板	50.40	4 500		
合计	—				
优质钢	1235# 圆钢	0.58	3 500		
	3635# 方钢	0.78	3 500		
合计	—				
金属制品	1.5T262(y)黄钢丝	0.05	3 500		
	1.6 镀锌钢丝	3.86	3 500		
合计	—				
无缝管	25×2.5#10 冷拔管	1.47	5 500		
	20 光钢管	1.84	5 000		
合计	—				
硅钢片	50W540 硅钢片	1 556.00	7 000		
合计	—				

表 5-9 电动机生产用圆钢的采购计划

序号	采购计划编号	单位名称	品名	计划物资数量/吨	计划预计金额/元	币种	日期
1	MR-DY-2018-04c1	明日制造公司	120Q235 圆钢				
2	MR-DY-2018-04c2	明日制造公司	16Q235 圆钢				
3	MR-DY-2018-04c3	明日制造公司	38Q235 圆钢				

续表

序号	采购计划编号	单位名称	品名	计划物资数量/吨	计划预计金额/元	币种	日期
4	MR-DY-2018-04c4	明日制造公司	1235# 圆钢				
	合计						

表 5-10 圆钢的采购方案

方案类型	钢材	采购方式	公开招标
填报单位	明日制造公司生产部	编制人	
方案编号	MR-DY-2018-04C1-4	方案名称	生产异步电动机生产用圆钢采购计划
采购承办人		项目资金来源	企业自筹
币种		人民币	
是否海外采购	否		
是否分包件	否	最小影响供应商数	3
是否收取资格预审文件费用	否	寻源方式	公开招标
标书是否收费	否	意向供应商	无
货款支付条件	货到付款	资金预算	
是否收取投标保证金	否	执行时间	2023年7月16日之前
是否提交履约保证金	是	编制时间	2023年6月1日
预计总金额		方案状态	待执行
品种	产品规格	需求量(吨)	预算(元)
采购产品			
大型型钢			
小计			
小型型钢			
小计			
中型型钢			
小计			
优质钢			
小计			
合计			
开标评标地点	明日制造采购管理信息系统		
备注			

（四）实训报告

姓名		学号	
专业		班级	
实训日期		指导教师	
实训任务			
实训收获及反思			

任务二　采购作业计划

一、实训目标

1. 知识目标

➢ 理解采购作业计划的作用和重要性。
➢ 掌握采购作业计划制订的基本原则和方法。
➢ 掌握采购作业计划所需的各种信息，包括需求计划、采购计划等。
➢ 熟悉采购作业计划的制订流程和标准格式。
➢ 了解采购作业计划的各个环节和要求。

2. 能力目标

➢ 能够分析需求和采购计划，制订具体的采购作业计划。
➢ 能够定期调整采购计划，保证采购进程顺利进行。
➢ 能够准确把握采购成本，制订合理的采购预算。
➢ 合理控制采购成本，确保采购的经济效益。
➢ 培养学生较强的分析和解决问题的能力。
➢ 培养学生较强的计划和组织能力。

3. 素养目标

➢ 培养学生具备成本意识和创新意识。

➢ 培养学生具备较强的责任心和执行力，能够认真按时、按质执行采购计划。
➢ 培养当代大学生的工匠精神。
建议学时：4学时。

二、任务概述

任务目的：对采购作业计划项目或任务的目的进行阐述，明确项目或任务的意义和重要性。

任务范围：对采购作业计划项目或任务的范围进行概述，包括采购的物资种类、数量、质量要求、交付时间等。

任务计划：对采购作业计划项目或任务的计划进行概述，包括采购作业计划的制订和执行进度、采购流程、采购方式、供应商选择和评估等。

任务所需资源：对采购作业计划项目或任务所需的资源进行说明，包括人力、物力、财力和信息技术等方面的资源。

任务风险与控制措施：对采购作业计划项目或任务中可能面临的风险进行分析和评估，提出相应的控制措施和解决方案。

任务执行标准和要求：对采购作业计划项目或任务的执行标准和要求进行概述，包括采购文件的编制和采购的公开、公正、公平、竞争、节约与效益等方面的要求。

以上是采购作业计划项目的主要内容，要求学生能够通过描述这些内容的概要对采购作业计划项目或任务有更清晰的了解，有利于采购作业计划的制订和实施。

三、实训环境、实训设备

（一）实训场地

现代物流实训中心、实训室机房，能满足40名学生同时开展采购作业计划实训项目。

（二）实训设备

计算机、白板等，可满足教师授课、演示，以及每名学生进行采购作业计划应用分析项目的需求。

四、职业能力要求

采购作业计划的职业能力要求如表5-11所示。

表5-11 采购作业计划的职业能力要求

职业岗位	工作内容	基本技术	相关知识	技能要求
采购专员/采购助理	采购计划作业	熟悉采购业务领域的作业计划编制流程及具体方法	熟知主生产计划（MPS）的概念与内涵；掌握物料清单（BOM）的应用，熟知采购作业计划合理化编制；掌握定量订货法	能够独立完成编制采购作业计划

五、考核标准

采购作业计划考核标准如表 5-12 所示。

表 5-12 采购作业计划考核标准

实训内容	考核标准	满分	得分
采购作业计划	采购作业计划描述清晰	5 分	
	MPS 计算分析准确	40 分	
	订货点计算正确	10 分	
	定量订货法计算正确	15 分	
	按标准完成实训报告（完整性、科学性、美观性）	30 分	
	总分	100 分	

六、知识链接——采购作业

采购管理要科学化的前提应规范采购作业的行为模式。如果仅仅按照采购人员的个人习惯随意操作，采购质量则难以保证。因此，任何企业都需要规定采购的一般流程，以保证工作质量。采购工作流程是：提出采购需求计划→认证供应商→发出采购订单→跟踪订单→接收货物→购后评估。

采购需求计划只有严格按照销售部门和生产部门的需要和现有的库存量，在对品种、数量、安全库存量等因素做出科学分析后才能提出，经主管部门审核批准后方能生效。通过对采购需求计划的控制，可以防止随意和盲目采购。

七、技能训练内容

（一）实训资料包

1. 任务资料

已知 2019 年 12 月 30 日，智蓝制造有限公司（以下简称"智蓝公司"）收到互联时代集团发来的订单，具体信息如表 5-13 所示。

表 5-13 订单信息

产品名称	单价/（元·件$^{-1}$）	重量/（kg·件$^{-1}$）	订购数量/件	计划交货日期
A	210	15	6 000	2020 年 4 月 1 日

零部件需求关系如图 5-2 所示。

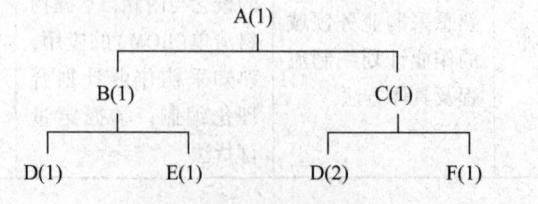

```
              A(1)
          ┌────┴────┐
        B(1)      C(1)
       ┌─┴─┐     ┌─┴─┐
     D(1) E(1) D(2) F(1)
```

图 5-2 零部件需求关系

生产1个产品A需要1个零件B和1个零件C，生产1个零件B需要1个原材料D和1个原材料E，生产1个零件C需要2个原材料D和1个原材料F。

原材料D的订货提前期为5天，原材料E的订货提前期为3天，原材料F的订货提前期为2天，产品A的在途运输时间为2天。

智蓝公司在收到订单时并无产品A及其所需零件的库存，次日利用原有库存原材料开始同步生产各种所需零件，为了应对春节假期，智蓝公司将在开始零件生产的次日起，合理进行产成品A的生产。在保证原材料供应充足的前提下，产品A的产能为每天200件，零件B的产能为每天120件，零件C的产能为每天100件。接下来，供应商由于突发原因导致产能下降、送货迟缓，原材料供应严重受阻，公司首先于2020年1月19日22点停止生产所有零件，然后在2020年1月20日22点暂停了产品A的生产。

截至2020年1月19日24点，公司还有200件原材料E的库存量，在途库存400件1月21日送达；原材料F现有库存量100件，在途库存500件1月22日送达；而原材料D已耗尽。通过测算得到原材料D、E、F的存货成本为每天每件0.05元，且原材料D、E、F的订货成本分别为每次30元、每次25元、每次20元。

智蓝公司收到供应商继续生产的通知，各原料可于2020年4月1日按照先零件后成品的流程恢复生产，但仍受供应商产能下降影响，各原材料的订货提前期均增加2天。此外，经智蓝公司与互联时代集团沟通后，重新确定交货时间为6月14日上午8点。

2. 实训要求

1) 假设不同生产阶段内的生产速度是均匀的。
2) 智蓝公司为轮班作息制，每天生产时间为：8：00—12：00，13：00—17：00，18：00—22：00。
3) 运输时间界定：当天8：00—22：00为一个运输日。
4) 设客户交货时间为当天8：00，供应商到货时间为当天22：00。

根据以上资料，还原供应商产能下降后恢复生产的物料需求计划，并填写表5-14。

表 5-14 物料需求运算

计划	材料					
	产品A	零件B	零件C	原材料D	原材料E	原材料F
订货量/需求量						
发出订单时间	—	—	—			
到货时间	—	—	—			
生产开始时间				—	—	—
生产结束时间				—	—	—

由于此次供应商产能下降使公司延期交货，从而导致其巨额损失。为提高公司抗风险能力，提升库存管理水平，公司决定采用"订货点"策略科学管理库存。通过库存分析，公司确定原材料D、E、F的安全库存分别为800件、500件和400件。请根据历史数据运用算数平均法求出2021年需求量，并运用定量订货法确定在不受供应商产能下降影响下的原材料D的采购策略。2011—2020年产品A的年需求量如表5-15所示。

表 5-15　2011—2020 年产品 A 的年需求量　　　　　　　　　　　　　单位：年

年度(年)	2011	2012	2013	2014	2015	2016	2017	2018	2019	2020
产品 A 需求量/件	28 000	30 000	32 000	25 000	33 000	35 000	30 000	39 000	33 000	15 000

(二)作业要求或方案设计要求

1. 作业要求

1)请为智蓝制造有限公司编制还原供应商产能下降后恢复生产的物料需求计划，并填表。

2)通过库存分析，请计算出 2021 年产品 A 的需求量，以及制订的原材料 D 的采购策略。

2. 实训组织形式

1)将每 5 名学生分成 1 组，协作分析题目任务资料，并编制物料需求计划表。

2)运用定量订货法计划最佳订货点和经济订货批量。

3)完成采购作业计划实训报告。

(三)所需账、表、单

根据以上资料，还原产能下降后恢复生产的物料需求计划，并填写表 5-16。

表 5-16　配送需求计划运算结果

计划	材料					
	产品 A	零件 B	零件 C	原材料 D	原材料 E	原材料 F
订货量/需求量	4 000 件	3 600 件	4 000 件	11 600 件	3 000 件	3 400 件
发出订单时间	—	—	—	4 月 6 日	4 月 18 日	4 月 9 日
到货时间	—	—	—	4 月 12 日	4 月 22 日	4 月 12 日
生产开始时间	5 月 23 日	4 月 23 日	4 月 13 日	—	—	—
生产结束时间	6 月 11 日	5 月 22 日	5 月 22 日	—	—	—

本实训中有关数据的计算过程如下：

2021 年产品 A 的需求量预测值 =(28 000+30 000+32 000+25 000+33 000+35 000+30 000+39 000+33 000+15 000)/10 = 30 000(件)；

原材料 D 的采购数量 = 3×30 000 = 90 000(件)；

产品 D 的订货点 = 90 000/365×5+700 ≈ 1 933(件)；

经济订购批量 $EOQ = \sqrt{\dfrac{2CD}{H}} = \sqrt{\dfrac{2\times 90\,000\times 30}{0.05\times 365}} \approx 544$(件)；

其中，C 表示订货成本，D 表示年需求量，H 表示单位库存年持有成本。

订货次数 = 90 000/544 ≈ 166(次)；

订货间隔：365/166 ≈ 2(天)。

综上所述，产能下降后的采购对象为原材 D、E、F，采购的数量分别为 11 600 件、3 000 件、3 400 件；当原材料 D 的库存低于 1 933 时，根据经济订购批量 544 件，采用定量订货法进行采购。

（四）实训报告

姓名		学号	
专业		班级	
实训日期		指导教师	
实训任务			
实训收获及反思			

任务三　料物需求计划法

一、实训目标

1. 知识目标

➢了解物料需求计划的概念。
➢理解并掌握物料需求计划的逻辑原理。
➢熟练掌握物料需求计划的计算过程。
➢熟练掌握物料需求计算的计算流程。

2. 能力目标

➢学会 MRP 的计算过程。
➢能够确认产品的层次结构，可以区分产成品、半成品和原材料。
➢能够根据产品的层次结构图，计算所需原材料数量。
➢能学会利用 MRP 为企业制订物料需求计划，解决库存问题。
➢能够根据市场需求预测和顾客订单制订产品的采购作业计划，计算所需物资的需求量级和需求时间。

3. 素养目标

➢培养学生学习的积极性、对新鲜事物的好奇心和探索欲，培养学生的动手能力。
➢培养学生独立思考的能力。
➢让学生敬业精神、安全意识、节约意识和劳动意识。
➢培养学生提升团队合作能力和沟通意识。

建议学时：4 学时。

二、任务概述

物料需求计划（Material Requirement Planning，MRP）是一种物料管理和生产方式，是企业资源计划系统的重要组件，建立在主生产计划基础上，根据产品的物料清单、工艺路线、批量政策和提前期等技术和管理特征，生成原材料、毛坯和外购件的采购作业计划和零部件生产加工、装配的生产作业计划，从而达到有效管理和控制企业物料流动的微观计划。

三、实训环境、实训设备

（一）场地要求

物流实训室，可满足每班 40 名同学同时开展实训项目。

（二）设备要求

多媒体教室、计算机、纸张等，可满足教师授课、演示，以及每名学生进行物料需求分析实训任务的需求。

四、职业能力要求

物资需求计划职业能力要求如表 5-17 所示。

表 5-17 物资需求计划职业能力要求

职业岗位	工作内容	基本技术	相关知识	技能要求
物料计划员	编制物料需求计划	计算产成品和原材料的数量关系	产品层次结构	①物料需求计划是根据产品的需求数量和需求日期，结合各种参数计算所需物料的采购时间和采购量 ②根据产成品确定零配件的种类和数量，确定产品结构，能够根据产品的层次结构图，确认产品的层次结构，可以区分产成品、半成品和原材料 ③根据产成品和原材料的数量关系计算出生产一个产成品所需原材料的数量
		根据库存量计算产品的需求采购量	加入库存量、安全库存量、预计入库量等信息的计算流程	①根据各种产品市场的需求量，初步计算出产品每个月需要的采购量，画出产品需求采购量表格 ②根据现有库存量、安全库存量、预计入库量等因素对产品需求采购量表格进行修改
		根据订货批量计算产品的需求采购量	加入订购批量的计算方法	根据产品的订货批量对产品需求采购量表格进行修改
		根据订货周期确定产品需求采购量	产品提前期，应考虑采购时间问题	根据产品的订购周期对产品需求采购量表格进行修改，得到最终的产品需求采购量表格

五、考核标准

物料需求计划考核标准如表 5-18 所示。

表 5-18 物料需求计划考核标准

实训内容	考核标准	满分	得分
物料需求计划	根据产品的层次结构图，区分产成品、半成品和原材料	10 分	
	计算产成品和原材料的数量关系	15 分	
	考虑现有库存量，计算产品需要的采购数量	15 分	
	考虑安全库存量，计算产品需要的采购数量	15 分	
	考虑预计入库量，计算产品需要的采购数量	15 分	
	考虑订货批量，计算产品的需求采购量	15 分	
	考虑订货周期，计算产品的需求采购量	15 分	
总分		100 分	

六、知识链接——物料需求计划

（一）物料需求计划的定义

物料需求计划是对主生产计划的各个项目所需的全部制造件和采购件的网络支持计划和时间进度计划，它根据主生产计划对最终产品（项目）的需求数量和交货期，推导出构成产品的零部件（即材料的需求数量和需求日期），再导出自制零部件的制造订单下达日期和采购件的采购订单发放日期，并进一步进行需求资源和可用能力之间的进一步平衡。

物料需求计划是一种模拟技术，根据主生产计划，物料清单和库存余额，对每种物料进行计算，指出何时将会发生物料短缺，并给出采购建议，避免物料短缺。它将已有的最终产品的生产计划作为主要的信息来源，而不是根据过去的统计平均值来制订生产和采购计划。

（二）物料需求计划生产的必要性

物料需求计划在针对独立需求库存理论上突破了解决相关问题上的局限性。20 世纪 60 年代，IBM 公司的约瑟夫博士提出了把对物料的需求分为独立需求与相关需求的概念。从此形成了"在需要的时候提供需要的数量"的思想。

1）独立需求：即某一物料的需求与其他物料的需求无关。它是根据预测得到其需求量，如对成品、服务件，可以用订货点方法来处理。

2）相关需求：即某物料的需求与另一物料或产品的需求直接有关，或者由其他物料推算而得到。

（三）物料需求计划的任务

物料需求计划的目标是在尽量控制库存的前提下，采购产品，保证企业生产的正常进行。它的基本任务包括以下几个方面。

1）从最终产品的生产计划（独立需求）导出相关物料（原材料、零部件等）的需求量和需求时间(相关需求)。

2)根据物料的需求时间和订货周期来确定其开始订货的时间。

3)物料需求计划的基本依据是主生产计划、物料清单、库存信息。

物料需求计划的逻辑流程如图 5-3 所示。

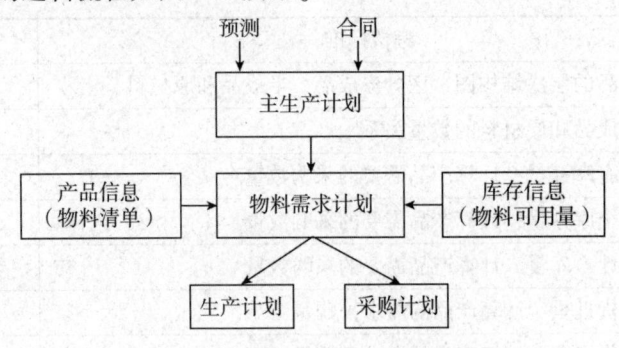

图 5-3　物料需求计划的逻辑流程

每项加工物料的建议计划：①开始生产和完工时间；②需求数量。

每项采购物料的建议计划：①订货日期和到货日期；②需求数量。

七、技能训练内容

(一)实训资料包

1. 任务资料

万金公司现在有 A、B、C、D、E、F 五种产品，表 5-19 为各产品市场年度需求量，请根据产品信息、库存信息等为万金公司的产品 E 和产品 F 编制采购物料计划。

表 5-19　各产品市场年度需求量　　　　　　　　　　　　　　单位：件

产品	时间											
	1月	2月	3月	4月	5月	6月	7月	8月	9月	10月	11月	12月
A	0	0	0	0	0	0	0	0	300	450	0	500
B	0	0	0	0	0	0	0	0	200	0	300	0
E	0	0	50	50	50	50	50	50	50	50	50	50
F	0	0	0	0	200	0	0	0	0	300	0	0

2. 实训要求

1)计算产成品和原材料的数量关系，初步计算产品需求采购量。

2)考虑各产品的现有库存量、安全库存量、预计入库量，计算需求采购量。

3)考虑各产品的订货批量，计算产品的需求采购量。

4)考虑各产品的订货周期，计算产品的需求采购量。

(二)作业要求或方案设计要求

1)计算产成品和原材料数量关系，初步计算产品 E 和产品 F 的采购需求量。

图 5-4 为产品层次结构图，请根据产品层次结构图推算哪些是产成品？哪些是原材

料？并计算产成品和原材料的数量关系，将计算过程填入框中。

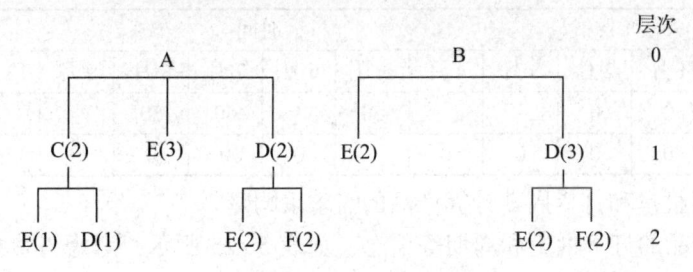

```
                    A                           B              层次
         ┌──────────┼──────────┐      ┌──────────┴──────────┐    0
       C(2)       E(3)       D(2)   E(2)                 D(3)    1
      ┌──┴──┐              ┌──┴──┐                      ┌──┴──┐
    E(1)  D(1)           E(2)  F(2)                   E(2)  F(2)  2
```

图 5-4　产品层次结构

根据表 5-19 中的数据计算产品 E 和产品 F 需要的采购量，即将表 5-20 补充完整。

表 5-20　E 和 F 需要采购数量　　　　　　　　　　　　　　　　单位：件

产品	时间											
	1月	2月	3月	4月	5月	6月	7月	8月	9月	10月	11月	12月
E	0	0	50		50		50	50				
F	0	0	0	0	200	0	0	0	3 600		1 800	

2）考虑库存量，计算产品 E 和产品 F 的需求采购量。

现已知各产品的现有库存量、安全库存量、预计入库量等信息，如表 5-21 所示。考虑现有库存量，计算产品 E 和产品 F 需要的采购数量，将表 5-22 补充完整。

表 5-21　各产品库存量　　　　　　　　　　　　　　　　单位：件

产品	E	F
现有库存量	30	50
安全库存量	10	20
预计入库量	0	200（2月入库）

表 5-22　产品 E 和 F 采购量　　　　　　　　　　　　　　　　单位：件

产品	时间											
	1月	2月	3月	4月	5月	6月	7月	8月	9月	10月	11月	12月
E	0	0			50		50	50				
F	0	0	0			0	0	0	3 600		1 800	

考虑安全库存量，计算产品 E 和产品 F 的需求采购量，将表 5-23 补充完整。

表 5-23　产品 E 和 F 采购量

产品	时间											
	1月	2月	3月	4月	5月	6月	7月	8月	9月	10月	11月	12月
E	0	0			50		50	50				
F	0	0	0			0	0	0	3 600		1 800	

考虑预计入库量，计算产品 E 和产品 F 的需求采购量，将表 5-24 补充完整。

表 5-24　产品 E 和 F 采购量

产品	时间											
	1月	2月	3月	4月	5月	6月	7月	8月	9月	10月	11月	12月
E	0	0			50		50	50				
F	0	0	0	0		0	0	0		3 900	1 800	

3）考虑订货批量和订货周期计算产品的需求采购量。

现已知各产品的订货批量和周期等信息，如表 5-25 所示，考虑订货批量，计算产品 E 和产品 F 需要的采购数量，将表 5-26 补充完整。

表 5-25　订购批量和周期

产品	E	F
订购批量	500	200
订购周期	2	3

表 5-26　产品 E 和 F 采购量　　　　　　　　　　　　　　　　　　单位：件

产品	时间											
	1月	2月	3月	4月	5月	6月	7月	8月	9月	10月	11月	12月
E	0	0	500		0		0		5 500		2 500	
F	0	0	0	0		0	0	0	3 600			4 000

现已知产品 E 的订购周期为 2 个月，需要提前 2 个月订货；产品 F 的订购周期为 3 个月，故需要提前 3 个月订货。考虑订购周期，计算产品 E 和产品 F 的需求采购量，将表 5-27 补充完整。

表 5-27　产品 E 和 F 采购量表

产品	时间											
	1月	2月	3月	4月	5月	6月	7月	8月	9月	10月	11月	12月
E	500	0			0		5 500		2 500		—	—
F	0	0	0	0		4 000		4 000		—	—	—

（三）所需填制的卡、表、单

1）将产成品和原材料的计算过程写至框中。

2)将表 5-20 中的完整计算过程写入框中。

3)考虑现有库存量的情况下,将产品 E 和 F 采购量的计算过程写入框中。

4)考虑安全库存量的情况下,将产品 E 和 F 采购量的计算过程写入框中。

在考虑预计入库量情况下，将产品 E 和 F 采购量的计算过程写入框中。

在考虑订购批量情况下，将产品 E 和 F 采购量的计算过程写入框中。

在考虑订购周期情况下，将产品 E 和 F 采购量的计算过程写入框中。

（四）实训报告

姓名		学号	
专业		班级	
实训日期		指导教师	
实训任务			
实训收获及反思			

任务四 定量订货法

一、实训目标

1. 知识目标

➢ 了解定量订货法的基本原理。
➢ 理解定量订货法基本参数的确定过程。
➢ 熟悉运用定量订货法。
➢ 掌握经济订购批量、定量订货法的概念及其模型计算。

2. 能力目标

➢ 能够利用定量订货模型为商品设计订货方案。
➢ 能够理解根据库存情况和商品信息使用理想情况下定量订货模型求解再订货点（用来明确启动补给订货策略时的商品单位数）和订货量。
➢ 能够在需求波动情况下，根据库存和商品信息，使用定量订货模型求解安全库存和再订货点。
➢ 结合批量折扣购货的订货批量，利用定量订货模型，求解最佳经济订货批量。
➢ 能考虑分批连续进货的进货批量，利用定量订货模型，求解商品分批连续进货条件下的经济批量、订货次数和订货周期等。
➢ 具有良好的逻辑分析能力与数据处理能力。

3. 素养目标

➢ 培养学生的科学探索精神，能够在实践中发现问题，提出合理的猜想与假设，提出设计探索方案，从而正确实施方案。

➢ 具有良好的沟通能力和团队合作精神。

建议学时：4学时。

二、任务概述

定量订货模型主要解决两类决策问题：一是何时订货；二是定多少的问题。当库存低于某个再订货点时启动订货程序，每次的订货量是固定的，随时监控库存，直至将货物送到，这就是定量订货模型。

三、实训环境、实训设备

(一) 场地要求

物流实训室，可满足每班40名学生同时开展定量订货实训任务。

(二) 设备要求

计算机、纸张等，可满足教师授课以及每名学生进行定量订货法应用分析实训任务的需求。

四、职业能力要求

订量订货法职业能力要求如表5-28所示。

表5-28　订量订货法职业能力要求

职业岗位	工作内容	基本技术	相关知识	技能要求
采购专员	确定再订货点和经济订货量	根据库存情况和商品信息确定再订货点和订货量	基本经济订货批量、定量订货模型	①根据库存情况和商品信息，在不考虑需求波动的情况下，利用定量订货模型，求解理想情况下的经济订货量和再订货点 ②考虑到需求的波动情况，根据库存情况和商品信息，利用定量订货模型，确定安全库存，求解再订货点和最优订货量等信息
		批量折扣购货的订货批量	经济批量模型和定量订货模型	在给出多重折扣的情况下，依据确定条件下的经济批量模型和定量订货模型，能够计算最佳订货批量，分析并找出多重折扣点条件下的经济批量
		分批连续进货的进货批量	存货总成本最低经济订购批量	根据商品订购量、商品分批次进货率等商品信息和库存信息，求解商品分批连续进货条件下的经济批量、库存总成本、订货次数和订货周期等信息

五、考核标准

定量订货法考核标准如表5-29所示。

表 5-29 定量订货法考核标准

实训内容	考核标准	满分	得分
定量订货法	利用定量订货模型求解理想情况下的经济订购批量，最低年总库存成本	15 分	
	利用定量订货模型求解理想情况下每年的订货次数以及平均订货周期。	15 分	
	考虑需求有波动的情况下，确定安全库存	15 分	
	利用定量订货模型求解再订购点	15 分	
	批量折扣条件下，仓库的最佳经济订货批量	10 分	
	分批连续进货条件下的经济批量和每年的库存总成本	15 分	
	分批连续进货条件下的每年订货次数和订货间隔周期	15 分	
总分		100 分	

六、知识链接——定量订货法

(一) 定量订货法

定量订货法是指当库存下降到预定的最低库存(订货点)时，按规定数量(基本经济批量 EOQ 为标准)进行订货补充的一种库存控制方法，如图 5-5 所示。

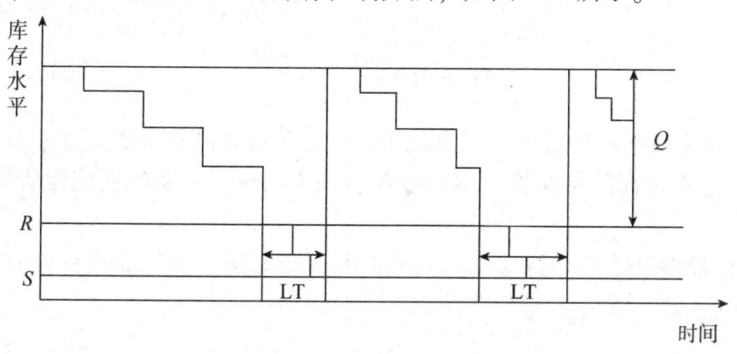

图 5-5 订货定量法原理示意

(二) 基本原理

当库存量下降到订货点 R 时，即按照预先确定的订购量 Q 发出订货单，经过交纳周期 LT(订货至到货间隔时间)，库存量继续下降，到达安全库存量 S 时，收到订货 Q，库存水平上升。

该方法主要靠控制订货点 R 和订货批量 Q 两个参数来控制订货，既能最好地满足库存需求，又能使总费用最低。在需要固定、均匀和订货交纳周期不变的条件下，订货点 R 由下式确定：

$$R = \text{LT} \times \frac{D}{365} + S \tag{5.1}$$

其中，R 表示订货点；LT 表示交纳期(提前期)；D 表示商品每年的需求量；S 表示安全库存。

订货量的确定依据不同的条件，可以有多种确定的方法。

(三) 定量订货法的计算

1. 基本经济订货批量

基本经济订货批量是简单、理想状态的一种。通常订货点的确定主要取决于需要量和订货交纳周期两个因素。在需要固定、均匀、订货交纳周期不变的情况下，不需要设置安全库存，这时的订货点为：

$$R = LT \times \frac{D}{365}$$

式中，R 是订货点的库存量；LT 是交纳期（提前期），即从发出订单至该批货物入库间隔的时间；D 是商品每年的需求量。

但在实际工作中，常常会遇见各种波动情况，如商品的需求发生变化，交纳周期（提前期）因某种原因而延长等，这时必须要设置安全库存 S，这时的订货点则应用式 5.1 确定。

订货批量 Q 依据经济批量的方法来确定，即总库存成本最小时的每次订货数量。通常，年总库存成本的计算公式为：

年总库存成本＝年购置成本＋年订货成本＋年保管成本＋年缺货成本

假设不允许缺货的条件下，年总库存成本＝年购置成本＋年订货成本＋年保管成本，即：

$$TC = DP + \frac{DC}{Q} + \frac{QH}{2}$$

式中，TC 表示年总成本；D 表示年需求总量；P 是单位商品的购置成本；C 是每次订货成本（元/次）；H 是单位商品年保管成本（元/年），（$H=PF$，F 为年仓储保管费用率）；Q 是批量或订货量。

经济订货批量就是使库存总成本达到最低的订货数量，它是通过平衡订货成本和保管成本两方面得到，其计算公式为：

$$EOQ = \sqrt{\frac{2CD}{H}} = \sqrt{\frac{2CD}{PF}}$$

此时的最低年总成本：

$$TC = DP + H \cdot EOQ$$

年订货次数：

$$N = \frac{D}{EOQ} = \sqrt{\frac{DH}{2C}}$$

平均订货间隔周期：

$$T = \frac{365}{N} = \frac{365 EOQ}{D}$$

2. 批量折扣购货的订货批量

供应商为了吸引客户一次购买更多的商品，往往会采用批量折扣订购的方法，即对于一次购买数量达到或超过某一数量标准时给予价格商的优惠。这个事先规定的数量标准，称为折扣点。在批量折扣的条件下，由于折扣之前购买的价格与折扣之后购买的价格不同，因此，需要对原经济批量模型做必要的修正。

在多重折扣点的情况下，先依据确定条件下的经济批量模型，计算最佳订货批量（Q^*），而后分析并找出多重折扣点条件下的经济批量，如表 5-30 所示。

表 5-30　多重折扣价格

折扣区间	0	1	…	t	…	n
折扣点	q_0	q_1	…	Q_t	…	Q_n
折扣价格	P_0	P_1	…	P_t	…	P_n

其计算步骤如下。

第一步，用确定型经济批量的方法，计算出最后折扣区间（第 n 个折扣点）的经济批量 Q_n^* 与第 n 个折扣点 Q_n 比较，如果 $Q_n^* \geq Q_n$，则取最佳订购量 Q_n^*；如果 $Q_n^* < Q_n$，就转入下一步骤。

第二步，计算第 t 个折扣区间的经济批量 Q_t^*。

当 $Q_t \leq Q_t^* < Q_{t+1}$ 时，则计算经济批量 Q_t^* 和折扣点 Q_{t+1} 对应的总库存成本 TC_t^* 和 TC_{t+1}，并比较它们的大小，若 $TC_t^* \geq TC_{t+1}$，则令 $TC_t^* = Q_{t+1}$，否则就令 $Q_t^* = Q_t$。

如果 $Q_t^* < Q_t$，则令 $t = t+1$，再重复第二步，直到 $t = 0$，令 $t_0 = 0$。

3. 分批连续进货的订货批量

在连续补充库存的过程中，有时不可能在瞬间就完成大量进货，而是分批、连续进货，甚至是边补充库存边供货，直到库存量最高。这时不再继续进货，而只是向需求者供货，直到库存量降至安全库存量，又开始新一轮的库存周期循环。分批连续进货的经济批量，仍然是使库存总成本最低的经济订购批量，如图 5-6 所示。

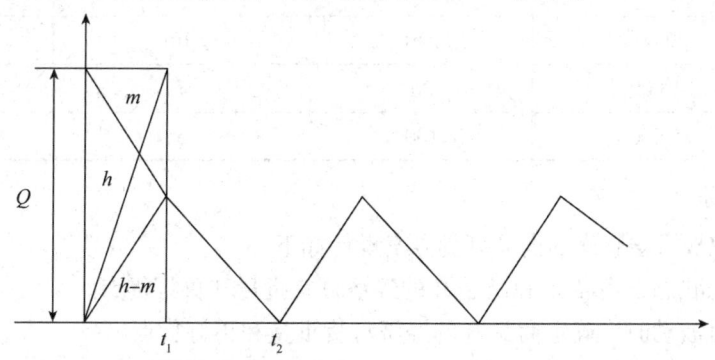

图 5-6　分批连续进货订货批量示意

设一次订购量为 Q，商品分批进货率为 h（kg/天），库存商品耗用率为 m（kg/天），并且 $h > m$。一次连续补充库存至最高库存量需要的时间为 t_1；该次停止进货并不断耗用至最低库存量的时间为 t_2。

由此可以计算出 t_1 指标为 Q/h；在 t_1 时间内的最高库存量为 $(h-m)t_1$；在一个库存周期（t_1+t_2）内的平均库存量为 $(h-m)t_1/2$；仓库的平均保管费用为 $[(h-m)/2][Q/H](PF)$。

经济批量的计算公式为：

$$Q^* = \sqrt{\frac{2CD}{PF\left(1-\dfrac{m}{h}\right)}}$$

在按经济批量 Q^* 进行订货的情况下，每年最小总库存成本 TC^* 的计算公式为：

$$TC^* = DP + \sqrt{2CDPF\left(1-\frac{m}{h}\right)}$$

每年订购次数 N 的计算公式为：

$$N = \frac{D}{Q^*}$$

订货周期 T 的计算公式为：

$$T = \frac{365}{N} = \frac{365Q^*}{D}$$

七、技能训练内容

(一)实训资料包

1. 任务资料

万鑫仓库先有 A、B、C 三种商品，其产品信息如表 5-31，根据商品信息和仓库库存情况，利用定量订货法模型求解经济订货量和再订货点，为万鑫仓库的三种商品设计订货方案。

表 5-31 产品信息

商品	年需求量	订货成本/元	平均年库存成本/(元·年$^{-1}$)	产品单价/元
A	30 000 个	240	10	20
B	1 000 个	20	7	35
C	5 000 kg	100	5	25

2. 实训任务

学生个人完成万鑫仓库的商品订货方案设计如下。

1)确定理想状态下商品 A 和商品 B 的经济订货批量和再订货点。
2)当需求有波动时，确定商品 B 的经济订货批量和再订货点。
3)批量折扣条件下，万鑫仓库商品 A 的最佳经济订货批量。
4)商品分批连续进货条件下，确定万鑫仓库商品 C 的经济批量。

(二)作业要求或方案设计要求

1. 基本经济订货批量

万鑫仓库 A 商品年需求量为 30 000 个，单位商品的购买价格为 20 元，每次订货成本为 240 元，单位商品的年库存成本为 10 元。根据已知信息，求解商品 A 的经济订购批量，最低年总库存成本,每年的订货次数以及平均订货周期,并将计算过程填入框中。

现在万鑫仓库对 B 商品的年需求量为 1 000 个,订货成本为 20 元,即每次订货需要花费 20 元,商品单价为 35 元,存储成本占商品单价的 20%,每单位的年库存成本为 35×20%,即平均年存货成本为 7 元,提前期为 4 天,请根据表 5-31 中的信息求商品 B 的最优订货量,计算再订货点。一年按 250 个工作日计算,将计算过程填入框中。

考虑需求有波动的情况下,商品 B 的年需求量是 1 000 个,经济订货批量 $Q=76$ 个,期望服务水平 $p=0.98$,提前期内需求量标准差 $\sigma_L=3$,提前期为 4 天,考虑安全库存,确定商品 B 安全库存和再订购点。(一年按 250 个工作日计算,通过查询正态分布表可得,当期望水平为 0.98 时,$z=2.05$。将计算过程填入框中。)

2. 批量折扣购货的订货批量

供应商为了吸引客户一次购买更多的商品,往往会提供批量折扣购货的方案,现在商品 A 供应商为了促销,采取以下折扣策略:一次购买 1 000 个以上打 9 折;一次购买 1 500 个以上打 8 折,如表 5-32 所示。若单位商品的仓储保管成本为单价的一半,求在这样的批量折扣条件下,万鑫仓库商品 A 的最佳经济订货批量应为多少?

表 5-32 多重折扣价格表

折扣区间	0	1	2
折扣点/个	0	1 000	1 500
折扣价格/(元·个$^{-1}$)	20	18	16

3. 分批连续进货的进货批量

万鑫仓库中商品 C 年需求量为 5 000 kg,一次订购成本为 100 元,C 商品的单位价格为 25 元,年单位商品的保管费率为单价的 20%,每天进货量 h 为 100 kg,每天耗用量 m 为 20 kg,要求在商品 C 分批连续进货条件下的经济批量、每年的库存总成本、每年订货次数和订货周期。

(三)所需填制的卡、表、单

将商品 A 的经济订购批量的求解过程写入框中。

将商品 B 的经济订购批量的求解过程写入框中。

在考虑安全库存情况下,将商品 B 的安全库存和再订购点的求解过程写入框中。

在批量折扣情况下,将商品 A 的最佳经济订货批量的求解过程写入框中。

将商品 C 的计算结果写入框中。

(四)实训报告

姓名		学号	
专业		班级	
实训日期		指导教师	
实训任务			
实训收获及反思			

任务五　采购谈判与采购合同

一、实训目标

1. 知识目标

➢ 掌握采购谈判的技巧和采购谈判的流程。
➢ 熟悉采购合同的基本结构。
➢ 熟悉采购合同的订立、终止、解除。

2. 能力目标
➢ 能够制订采购谈判方案。
➢ 能够进行采购合同的签订和管理。
3. 素养目标
➢ 培养学生养成正确的采购管理岗位的职业操守。
➢ 培养学生的工匠精神。
建议学时：4学时。

二、任务概述

采购谈判是采购部门经常发生的业务活动，企业采购部门首先应根据具体的业务要求，草拟一份采购谈判方案。本任务要求根据谈判流程并围绕以下问题进行：①技术质量能否达到要求；②交付能力怎么样，能否满足企业采购批量交付周期；③采购成本如何；④货款结算方式和结算周期是否满足企业的相关政策等。

采购部门在寻找到合适的供应商并通过谈判确认后，就要准备并签订采购合同。本项目任务要求在掌握采购合同基本格式和主要条款的基础上，能够起草、修改和签订采购合同。

三、实训环境、实训设备

（一）实训场地

现代物流实训中心、实训室机房，可满足40名学生同时进行采购谈判与采购合同管理实训任务。

（二）实训设备

多媒体教室、计算机、白板、纸张等，可满足教师授课、演示，以及每名学生进行采购谈判与采购合同实训任务的需求。

四、职业能力要求

采购谈判与采购合同职业能力要求如表5-33所示。

表5-33 采购谈判与采购合同职业能力要求

职业岗位	工作内容	基本技术	相关知识	技能要求
采购专员	采购谈判	熟悉采购谈判的流程；熟知采购谈判的技巧	掌握采购谈判的作用；熟悉采购谈判的业务流程；熟悉采购谈判的技巧等	能够编制科学、完整、合理的采购谈判方案
	合同管理	熟悉采购合同的基本结构；熟知采购合同的签订、履行、终止、解除等	掌握采购合同的签订流程；掌握采购合同的签订与管理等	能够草拟采购合同

五、考核标准

采购谈判与采购合同考核标准如表 5-34 所示。

表 5-34 采购谈判与采购合同考核标准

实训内容	考核标准	满分	得分
采购谈判方案书的编制；采购合同的起草和签订	根据人员情况进行团队合理分工	5 分	
	能够收集较为全面的供应商资料	15 分	
	能够根据谈判目标设计谈判策略并实施	10 分	
	能够起草科学、合理的采购谈判方案书	20 分	
	能够起草采购合同（草案）	20 分	
	能够模拟采购合同的签订和履行过程	10 分	
	完成采购谈判和采购合同实训报告（完整性、科学性、美观性）	20 分	
总分		100 分	

六、知识链接——采购谈判与采购合同

（一）采购谈判

1. 采购谈判的定义

采购谈判是指企业为采购商品，作为买方与卖方对购销业务的有关事项进行反复磋商，谋求达成协议，建立双方都满意的购销关系。采购谈判是一种既"合作"又"冲突"的行为和过程，为了在谈判中取得优势并拥有主动权，获得较高的经济利益，企业必须提高谈判能力。

采购谈判又是一种"双赢"和"互利"的行为和过程，谈判各方当事人之间的关系不是"敌人"，而是"合作的伙伴""共事的战友""荣辱与共的朋友"。但是，"双赢""互利"并不意味着双方利益上的平均，而是利益上的平衡。所以，这又使谈判各方必须努力为自己争取较多的利益。

2. 采购谈判的影响因素

既"合作"又"冲突"的特点构成了采购谈判的二重性。这种二重性决定了采购谈判成功的基础是谈判实力。所谓谈判实力，指的是影响谈判双方在谈判过程中的相互关系、地位和谈判最终结果的各种因素总和以及这些因素对各方的有利程度。一般来说，影响谈判实力强弱的因素有以下几个：

①交易内容对双方的重要性。
②各方对交易内容和交易条件的满足程度。
③竞争态势。
④对于商业行情的了解程度。
⑤企业的信誉和实力。
⑥对谈判时间因素的反应。
⑦谈判的艺术和技巧。

3. 采购谈判的原则

（1）合作原则。

合作原则就是要求谈判双方以最精练的语言表达最充分、真实、相关的信息。合作原则包括以下四个准则(Maxim)。

1）量的准则(Quantity Maxim)。量的准则要求所说的话包含交谈目的所需要的信息，所说的话不应包含超出需要的信息。

2）质的准则(Quality Maxim)。质的准则要求不要说自知是虚假的话，不要说缺乏足够证据的话。

3）关系的准则(Relavant Maxim)。关系的准则要求所说的话内容要有关联并切题，不要漫无边际地胡说。

4）方式的准则(Manner Maxim)。方式的准则要求要清楚、明白，避免晦涩、歧义，要简练、井井有条。

（2）准备充分原则。

具体而言，可以从以下几方面进行谈判前的准备工作：确定可能的货源，分析供应商的地位，考察物流设备，分析供应商的财务状况，分析供应商的供应计划、生产成本，组织谈判团队，对工作报告有一个清楚的了解，确定采购谈判的目标，准备备选的行动方案，了解谈判人员的权限，提供充分的会议设施。

4. 采购谈判的程序

采购谈判一般要经过询盘、发盘、还盘和接受四个程序。其中，询盘不是正式谈判的开始，而是联系谈判的开始。正式谈判是从发盘开始的，中间经历的还盘是双方讨价还价阶段，持续的时间较长。如果一项采购交易达成，而且接受，就意味着采购谈判结束。当然，达成交易的采购谈判也可以不经过还盘环节，只经过发盘和接受两个环节。

5. 采购谈判的内容

（1）产品条件谈判。

采购的主角是产品或原材料，因此，谈判的内容首先是关于产品的有关条件的谈判。产品条件谈判的复杂与否主要取决于采购方类型和购买的数量。对于采购方来说，如果购买的产品数量少，品种单一，产品条件谈判就比较简单；如果采购的产品数量多、品种型号也多，产品条件谈判就比较复杂。一般来说，产品条件谈判的内容包括产品品种、型号、规格、数量、商标、外形、款式、色彩、质量标准、包装等。

（2）价格条件谈判。

价格条件谈判包括数量折扣、退货损失、市场价格波动风险、商品保险费用、售后服务费用、技术培训费用、安装费用等。

（3）其他条件谈判。

除了产品条件和价格条件谈判之外，还有交货时间、付款方式、违约责任和仲裁等其他条件的谈判。

6. 谈判方案的制订

采购谈判方案是指在谈判开始前对谈判目标、议程、对策等所作的安排。

（1）洽谈目标的选择。

采购谈判目标有达到目标、中等目标和最高目标三个层次。对于采购企业来说，谈判

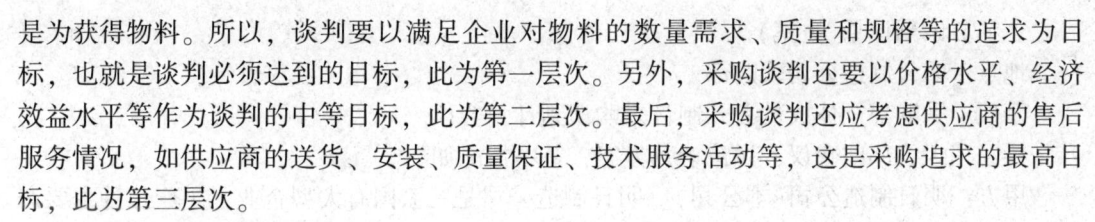

是为获得物料。所以，谈判要以满足企业对物料的数量需求、质量和规格等的追求为目标，也就是谈判必须达到的目标，此为第一层次。另外，采购谈判还要以价格水平、经济效益水平等作为谈判的中等目标，此为第二层次。最后，采购谈判还应考虑供应商的售后服务情况，如供应商的送货、安装、质量保证、技术服务活动等，这是采购追求的最高目标，此为第三层次。

(2)确定谈判主题。

洽谈中最重要的议题主要是采购品的品质、数量、价格和运输等问题，这些问题应重点加以讨论。

(3)谈判备选方案的确定。

在接到一个谈判任务后应对整个谈判过程作出正确判断，并制订出可行的备选方案。

(二)采购合同

1. 定义

采购合同是一种经济合同，是法人与法人之间为实现一定的经济目的，明确相互的权力义务关系而签订的书面契约。作为一种经济合同，采购合同一般包括合同的标的、标的的数量和质量、价款和酬金、合同履行的地点、期限和方式、履约责任、合同附则等。本节主要从合同的基本要求、合同跟踪等几个方面进行阐述。

2. 采购合同的内容

1)合同的标的，主要包括货物的名称、质量、规格、数量、包装，以及如何检验和认定的办法。

2)合同的价格，这是合同的实质性条款，被看作是买方的主要义务。价格可能是单价，也可能是合同总价款。

3)卖方的义务，包括产品的交付方式、交货期限、产品包装等。

4)买方的义务，包括办理结算的时间和手续、拒付货款条件、逾期付款的利息等。

5)买方对商品的验收，包括验收依据、验收内容、验收方式、对产品提出异议的时间和办法等。

6)违约责任，包括承担违约责任的形式、供方承担的责任、采购方的违约责任等。

3. 采购合同的跟踪管理

确保供应商如期交货，制订合理的购运时间、销售、生产及采购单位加强协作、订货跟踪，驻厂查验、准备替代来源、加重违约惩罚。

七、技能训练内容

(一)实训资料包

本实训任务包含两个子任务，一是采购谈判，二是采购合同管理。

1. 采购谈判

(1)情景描述。

时间：2021年10月20日10点。

人员：采购部员工。

主题：谈判计划(方案)。
地点：明日制造公司采购部。
事项：采购部全体成员召开制订采购谈判计划会议。
梁经理组织部门会议，讨论谈判方案，基本情况如下。
甲方：明日制造公司(本公司)。明日制造公司是一家国有大型企业，生产三种主要产品：异步电动机、电容器柜及电机车。
乙方：天地贸易公司(供应商)。天地贸易公司是华中地区著名的钢材经销商，有雄厚的供货能力和物流能力。
物品：50W540硅钢片。
数量：1.5 t。
价格：9 000元/t(参考)。
交付时间：2021年2月。
梁经理在会议上要求既要控制采购成本，又要保证质量。
采购部采购专员小张先汇报了他起草的谈判方案。汇报完后，梁经理组织大家对小张起草的谈判方案提出意见。
……
为了使学生更好地掌握如何制订采购谈判方案，现模拟明日制造公司为采购CM6132型号机床，给出一份供参考的格式范例。

关于采购CM6132型号机床的谈判方案

根据明日制造公司发展的需要，计划通过谈判再次引进天地贸易公司CM6132型号机床及有关部件。天地贸易公司代表于2023年8月3日将应邀来我司进行商务洽谈。

1. 谈判内容
1)技术要求(略)。
2)试用期考核指标(略)。
3)服务指标(略)。
4)价格。
小组成员在心理上做好充分准备，争取价格下限成交，不急于求成；与此同时，在非常困难的情况下，也要坚持不能超过价格上限达成协议。

2. 谈判程序
第一阶段，为满足有关技术要求，首先对电动机、主轴和支撑点轴承等的技术要求展开洽谈。
第二阶段，确定合同条文。
第三阶段，价格谈判。

3. 日程安排(进度)
8月5日9：00—12：00，15：00—18：00为第一阶段。
8月6日9：00—14：00为第二阶段。
8月6日19：00—21：00为第三阶段。

4. 谈判地点
第一、二阶段的谈判安排在公司9层会议室，第三阶段的谈判安排在××餐厅2层咖啡厅。

5. 谈判小组分工

主谈：刘××为谈判小组总代表，为主谈判。

副主谈：李××为主谈判提供建议，或见机而谈。

成员 A：负责谈判记录技术方面的条款。

成员 B：负责分清动向、意图，负责财务及法律方面的条款。

明日制造公司采购部
2022 年 4 月 2 日

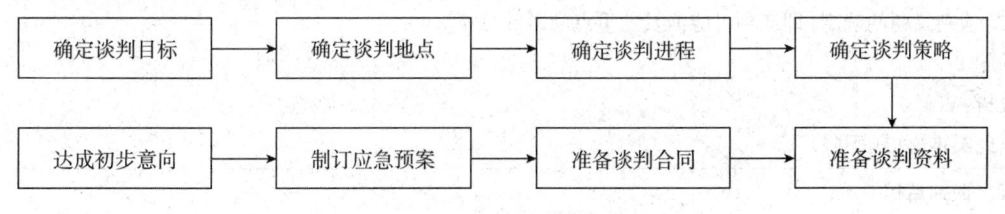

(2)采购谈判的工作流程。

采购谈判的工作流程如图 5-7 所示。

确定谈判目标 → 确定谈判地点 → 确定谈判进程 → 确定谈判策略

达成初步意向 ← 制订应急预案 ← 准备谈判合同 ← 准备谈判资料

图 5-7　采购谈判的工作流程

(3)操作步骤。

1)阅读给定的情景描述资料。

2)组成谈判小组，以 4~5 人为一组，确定主谈、陪谈以及相关角色。

3)进行人员分工。根据谈判小组成员的各自特长，进行合理分工，明确责任范围，重要的是解决在分工基础上小组成员的全部合作问题。

4)收集整理 50W540 硅钢片在华中地区的市场供需状况。

5)在小组充分讨论的基础上，完成《采购谈判方案书》。

6)假定以 9 000 元/t、交货期为 2024 年 2 月为谈判目标。

7)在不断改进的前提下完成模拟采购谈判任务。

8)填写模拟采购谈判方案书(表 5-35)。

表 5-35　模拟采购谈判方案书

一、谈判主题		
二、谈判团队组成	甲方：	乙方：
主谈：公司谈判全权代表		
决策人：负责重大问题的决策		
技术人员：负责技术问题		
法律顾问：负责法律问题		
三、谈判前期调查 本行业的背景：(产品市场的供求状况、价格变动状况、未来发展趋势等) 我方企业的背景：(企业规模、产品市场占有率、生产能力等) 对方企业的背景：(企业规模、产品市场占有率、生产能力等)		

续表

四、双方利益及优势
(1)双方希望通过谈判得到利益及优势和劣势分析
我方利益：
对方利益：
我方优势：
对方优势：
我方劣势：
对方劣势：
(2)谈判议题的确定(即谈判可能涉及的重点问题的分析)
问题1：
分析：
以此类推(问题不限)
五、谈判目标
(1)最理想目标：
(2)可接受目标：
(3)最低目标：
(4)目标可行性分析：
六、程序及谈判策略
(1)开局
开局方案一：(采用哪种开局策略及分析)
开局方案二：(采用哪种开局策略及分析)
(2)谈判中期策略及分析
(3)休局讨论方案：(即总结前期谈判,如有必要根据原方案进行改动)
(4)最后冲刺阶段：(策略和分析)
七、制订应急方案
(1)遇到谈判僵局该如何处理？
(2)对方故意拖延时间该如何处理？(自由发挥)
(3)除上述提到的内容外,其他均可自由发挥

(4)实训任务。

根据给定资料并结合"采购谈判方案样例",起草一份采购谈判方案,并模拟进行谈判。

2. 采购合同

(1)情境描述。

时间：2021年11月18日。

地点：采购部。

人员：采购部员工等。

主题：起草采购合同。

事项：明日制造公司拟与南方金属公司签订钢材采购合同。采购提前期为10天,梁经理把采购合同提交总经理审批,并交给行政管理部备案。

(2)工作流程。

制订采购合同流程如图 5-8 所示。

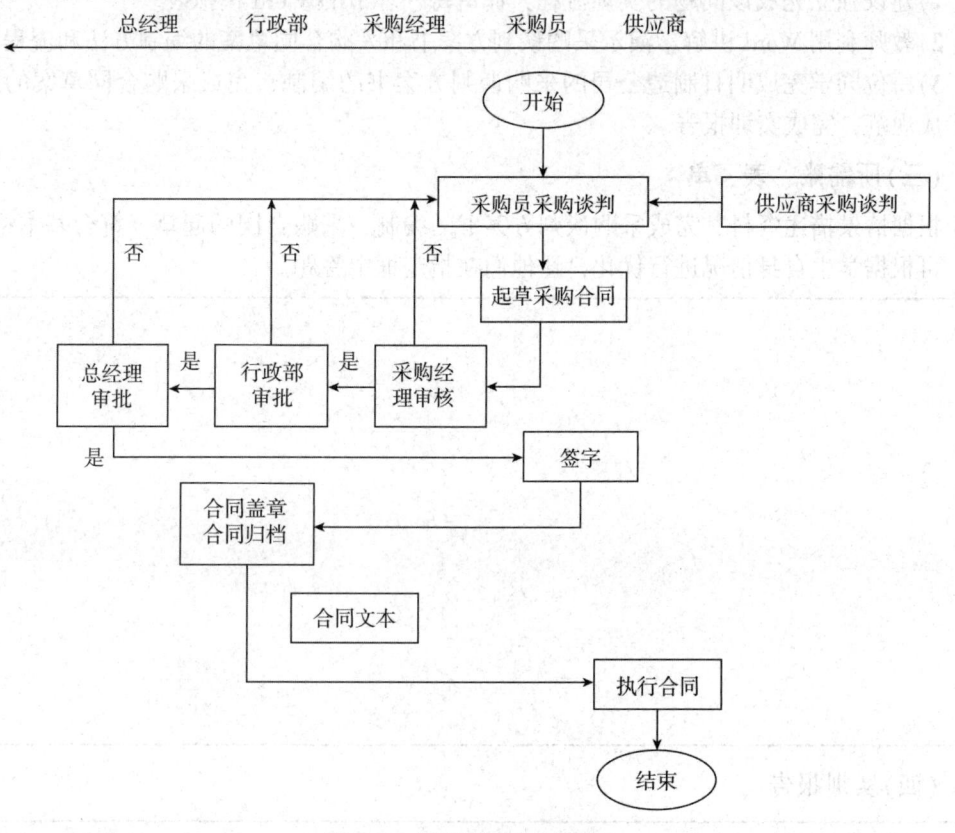

```
总经理    行政部    采购经理    采购员    供应商
```

```
                                    ┌──开始──┐
                                         ↓
         ┌──否──────否──────否──→ 采购员采购谈判 ←── 供应商采购谈判
         │           │          │         ↓
         │           │          │     起草采购合同
         │           │          │         ↓
    总经理审批 ← 是 ─ 行政部审批 ← 是 ─ 采购经理审核
         │
         是
         ↓
      签字
         ↓
    合同盖章
    合同归档
         ↓
     合同文本
         ↓
      执行合同
         ↓
       结束
```

图 5-8 制订采购合同流程

(3)操作步骤。

1)采购部根据已经确定的供应商名单,就具体采购合同事宜与供应商进行商业谈判。

2)采购部在初步谈判后,完成采购合同(草案)的编制。

3)模拟填写合同草案中有关的要素、服务条款、法律条款等。

4)对于情景资料中没有假定的内容,根据上网收集的信息,合理填写。

5)对所提交的采购合同样本(学生模拟完成)的格式和条款提出改进意见。

6)填写完毕后,经过教师评阅合格后,打印上交。

(4)实训任务。

根据给定资料并结合有关要求,起草一份采购合同(草案),并模拟进行采购合同的签订。

(二)作业要求或方案设计要求

1. 作业要求

任务一(采购谈判):根据人员情况进行团队合理分工;能够收集较为全面的供应商资料;能够根据谈判目标设计谈判策略并实施;能够起草科学合理的采购谈判方案书。

任务二(采购合同):要求在掌握采购合同基本格式和主要条款的基础上,能够起草、修改和签订采购合同。

2. 实训组织形式

1）建议独立完成该问题的实训流程，保留每一环节的 Word 模拟表。

2）教师利用 Word 讲解、演示采购谈判方案书和采购合同草案的编制方法和流程。

3）每位同学完成明日制造公司的采购谈判方案书的编制、完成采购合同草案的起草，并形成规范，完成实训报告。

（三）所需账、表、单

根据情景描述资料，完成采购谈判方案书的编制、采购合同的起草，符合基本格式即可，可根据学生自身情况进行优化，让他们在指定框中答题。

（四）实训报告

姓名		学号	
专业		班级	
实训日期		指导教师	
实训任务			
实训收获及反思			

任务六　采购与绩效评估

一、实训目标

1. 知识目标
- 了解采购绩效评估的目的。
- 掌握采购绩效评估指标体系。

2. 能力目标
- 能熟练实施采购绩效考核。
- 能制订切实可行的采购绩效考核改进措施。

3. 素质目标
- 树立敬业精神，培养安全意识、节约意识、劳动意识。
- 具备良好的沟通能力和团队合作能力。
- 具备采购人员职业操守，廉洁奉公。

建议学时：4学时。

二、任务概述

通过模拟组织公司采购绩效考核，掌握采购考核因子和考核方法，加强采购绩效评价，强化采购管理各环节人员履职尽责和责任追究，持续优化采购管理，实现公司降本增效的目标。

三、实训环境、实训设备

（一）场地要求

在具备计算机操作环境的物流实训室进行，实训场所至少能够满足40人同时开展实训教学。

（二）实训设备

1）计算机，用于完成采购绩效方案制订。
2）Office办公软件，用于进行相关数据分析，填制表格。
3）投影仪和幕布，用于教学演示和PPT展示。

四、职业能力要求

采购与绩效评估职业能力要求如表5-36所示。

表 5-36 采购与绩效评估职业能力要求

职业岗位	工作内容	基本技术	相关知识	技能要求
采购专员	制订绩效考核方案	确定采购绩效评估指标	采购绩效评估指标的构成；采购人员绩效考核的项目	合理根据采购绩效评估指标进行考核
	采购绩效考核的实施	按照评估步骤完成采购绩效考核	确定采购绩效评估人员，确定采购绩效评估的方式	进行采购绩效评估，填制绩效评估表
	采购绩效的改进	提出改进措施和改进计划	采购绩效改进措施	提出切实可行的改进措施

五、考核标准

采购与绩效评估考核评分表 5-37 所示。

表 5-37 采购与绩效评估考核评分

实训内容	考核标准	满分	得分
情感态度	发挥团队精神，配合组员，认真思考，做好记录	10 分	
	积极参加实操任务，体现工匠精神，发扬吃苦耐劳的优良品质	10 分	
采购绩效评估	采购绩效评估指标准确	20 分	
	采购绩效评估方案制订完整	20 分	
	采购绩效评估过程实施完整、准确	20 分	
	采购绩效评估改进方案合理，改进措施科学有效	20 分	
	合计	100 分	

六、知识链接——采购与绩效评估

(一)采购绩效评估的基本要求

美国采购专家威尔兹在对采购绩效进行评估时曾提出下列看法：采购主管必须具备对采购人员工作绩效进行评估的能力；采购绩效评估必须遵循三项基本原则，即持续性原则、整体性原则和开放性原则。

采购绩效评估往往以绩效为尺度，并与其他企业的采购绩效相比较。

(二)采购绩效评估的目的

1) 确保采购目标的实现。采购目标要按期、按质、按量的完成；采购工作除了维持正常的产销活动外，特别注重产销成本的降低。

2) 提供改进绩效的依据。

3) 作为个人或部门奖惩的参考。

4) 为甄选和培养优秀采购人员提供依据。

5) 促进部门之间合作，建立利益共同体。

6) 增加业务的透明度。

7) 鼓舞采购人员的士气。

(三)影响采购绩效评估的因素

采购部门所处的地位不同,用于评价采购绩效的方法也有很大的区别,如表 5-38 所示。

表 5-38 管理层对待采购的态度及采购绩效的评估因素

管理层观点	采购业务的等级地位	绩效评估依据
把采购看成是一项业务职能	在组织中的地位低	订单数量、订单累计额、供应到货时间管理、授权、程序等
把采购看成是一项商业活动	向管理人员报告	节约额、降价程度、通货膨胀报告、差异报告
把采购看成是综合物流的一部分	采购同其他与材料相关的业务构成统一整体	节约额、成本节约额、货物供应的可靠程度、废品率、供应到货时间的缩短量
把采购看成是一项战略性活动	采购者进入高级管理层	应有成本分析、在其介入的供应商数量,自制还是外购策略,供应基本额的减少量

总之,可以这样说,由于每个公司的采购绩效的评价方法的不同,以一种统一的方法和评估系统来测量采购绩效是不可能的。

(四)制订采购绩效评估的指标

常见的采购绩效评估指标有数量绩效指标、价格和成本指标、质量绩效指标、时间绩效指标、效率绩效指标。

1. 数量绩效指标

1)存储费用指标。

2)积压商品处理损失指标。

2. 价格和成本绩效指标

1)实际价格与标准成本的差额。

2)实际价格与过去移动平均价格的差额。

3)使用时价格与采购时价格的差额。

4)将当期采购价格与基期采购价格的比率同当期物价指数与基期物价指数的比率相互比较。

3. 质量绩效指标

1)质量体系,如通过 ISO 9000 认证的供应商比例、实行物料质量免检的物料比例、物料免检的供应商比例、物料免检的价值比例、实施 SPC 的供应商比例、SPC 控制的物料数比例、开展专项质量改进的供应商数目及比例、参与本公司质量改进小组的供应商人数及供应商比例等。

2)物料质量,通常包括批次质量合格率、商品抽检缺陷率、商品返工率、商品免检率、退货率、商品投诉率等。

4. 时间绩效指标

延迟交货可能会形成缺货，提前交货也可能导致买方负担不必要的存货成本或提前付款的利息。

1）紧急采购费用指标，该指标是指因紧急情况采用紧急运输方式的费用。紧急采购会使购入时的价格偏高，品质欠佳。紧急采购费用计算公式为：

$$紧急采购费用 = 紧急运输方式的费用 - 正常运输方式的费用$$

2）缺料停工损失指标。

5. 效率绩效指标

品质、数量、时间和价格绩效指标，主要是用来衡量采购人员的工作效果的。采购人员的工作效率是用采购效率指标来衡量的。企业常用的效率绩效指标有以下几种。

1）年采购金额。
2）采购金额占销售收入的百分比。
3）订单数量。
4）采购人员的数量。
5）采购部门的费用。
6）新供应商开发个数。
7）采购计划完成率，采购计划完成率的公式为：

$$采购计划完成率 = 本月累计完成件数 / 本月累计请购件数$$

8）错误采购次数。错误采购次数是指在一定期间企业采购部门因工作失职，譬如错误的请购单位、没有预算的资本支出请购项目、未经请购单位主管核准的项目、未经采购单位主管核准的订购单等原因造成的错误采购的数量，它反映了采购部门工作质量的好坏。应尽量将该指标降为零。

9）订单处理时间。订单处理时间是指企业在处理采购订单的过程中所需要的时间，它反映了企业采购部门的工作效率。

（五）确定采购绩效评估的标准

一般常见的标准有以下几种。

1. 历史绩效标准

历史绩效标准往往要经过适当调整后才可以更好地被应用。

2. 标准绩效标准

标准绩效的设定应遵循以下三个标准：固定标准，理想标准，可实现标准。

3. 同行业平均绩效标准

若企业其他同业公司在采购组织、职责及人员等方面相似，则可与其进行绩效比较，从而辨别彼此在采购工作成效上的优势。若个别公司的绩效资料不可得，则可以整个同业绩效的平均水准来比较。

4. 目标绩效标准

预算绩效是在当前情况下"应该"达成的工作绩效；而目标绩效则是在当前情况下，不经过特别的努力无法完成的较高目标。目标绩效代表企业或公司管理者对工作人员追求最佳绩效的"期望值"。一般说来，目标绩效的制订有助于鼓舞采购人员的士气，目标绩效的确定要有一定的挑战性，但千万不能高不可攀。

（六）实施采购绩效评估

1. 采购绩效评估人员

实施采购绩效评估的组织应该具有以下特点：具有专业领域知识，具有协调能力和公正性。在实施采购绩效评估时，常选择以下几类部门和人员参与：采购部门主管，财务会计部门，生产与工程部门，销售部门，供应商，外界专家或管理顾问。

2. 采购绩效评估的类型

1) 定性评估与定量评估。
2) 总体评估与具体评估。
3) 外部评估和内部评估。
4) 个人评估和职能部门评估。
5) 定期评估与不定期评估。

3. 采购绩效评估的方法

1) 排序法。排序法是管理者按照绩效评估结果的好坏来对采购人员进行排序的一种方法，这里的绩效既可以是整体的绩效，也可以是某种特定工作的绩效。

2) 比较法。比较法是指在某个绩效标准的基础上，把每个员工的绩效结果都与其他员工进行比较，判断出谁"更好"，记录每个员工"更好"的次数，按次数高低进行排序。

3) 等级分配法。等级分配法是由评估小组或企业主管先拟定有关的评估项目，按评估项目对采购人员的绩效进行粗略的排序。这种方法可以克服前两种方法的弊病。

4. 采购绩效评估的步骤

1) 确定需要评估的绩效类型。
2) 设定具体评估指标。
3) 建立绩效评估标准。
4) 选定评估人员。
5) 确定评估时间和评估频率。
6) 实施评估并将结果反馈。

实施评估是一个系统性的工作，需要很多部门的良好沟通与配合，实施的结果要及时反馈。这时候管理者要思考的问题是如何才能更好地利用反馈结果。评估的结果既表明了采购部门所取得的成绩，也揭示了采购中存在的诸多问题。在肯定成绩的同时也要着力解决发现的问题。只有这样，企业才能达到实施采购绩效评价的目的。采购绩效评估流程如图5-9所示。

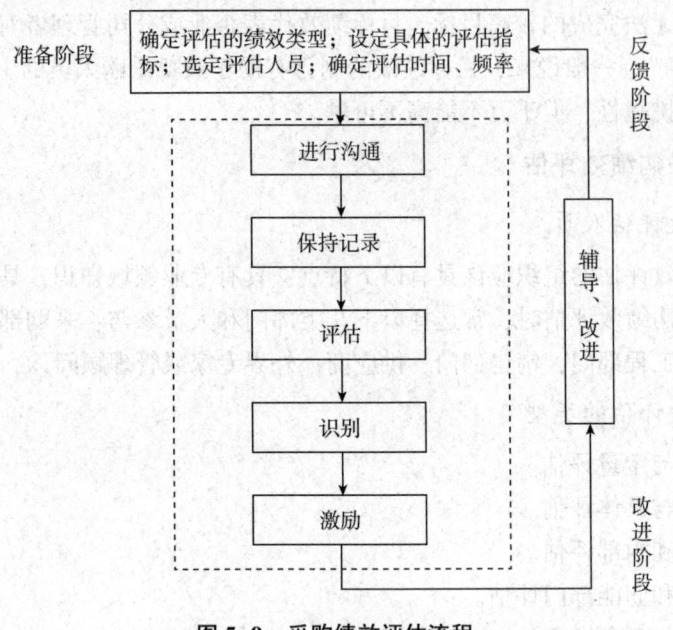

图 5-9 采购绩效评估流程

七、技能训练内容

(一)实训资料包

鸿途公司每年对采购绩效实施考核,2021 年考核方案的主要内容如下。

(1)定量指标。

定量指标(70)包括电子化采购(15)、采购集中度(10)、采购主体(10)、采购方式(10)、降本增效(20)、采购统一付款率(5),括号内的数字表示权重,下同。

定量指标计分采用公式:

$$Y = \frac{M}{N}X$$

式中,Y 为定量指标得分,最高为 120%,最低为 0;M 为实际完成值;N 为目标值。年初,公司与下属单位根据采购管理要求和各单位经营目标,参考上年度各项指标完成情况,结合业务板块特点、经营环境和物资市场形势等因素共同确定后下达。

(2)定性指标。

定性指标(30)包括组织机构及队伍建设(10)、信息报送(10)、廉洁自律(10),该指标实行负面清单管理,根据负面事项扣分,一事(一项)扣一分,扣完为止。2021 年,该公司各单位上报的考核材料如表 5-39 所示。请根据所给资料,完成公司的采购绩效考核。

表 5-39 考核报表　　　　　　　　　　　　　　　　　　　　　单位：分

指标类型	序号	指标内容		权重	考核目标值	实际完成值	考核得分
定量指标（70）	1	电子化采购	信息系统内采购物资的金额占物资采购总金额的比例	15	90	90	15
	2	采购集中度	公司供应商网络采购的金额占大宗物资采购总金额的比例	5	90	90	5
			公司区域年度供应商网络采购的金额占大宗物资采购总金额的比例	5	100	50	2.5
	3	采购主体	各子公司本部及所属三级公司采购的金额占大宗物资采购总金额的比例	10	80	80	10
	4	采购方式	招标采购的金额占大宗物资采购总金额的比例	10	80	80	10
	5	降本增效	降低采购成本的比例	20	100	90	18
	6	采购统一付款率	统一付款的金额占物资采购总金额的比例	5	80	80	5
定性指标（30）	1	组织机构及队伍建设	子公司采购管理专门机构建设情况	4	4	缺1	3
			子公司所属三级公司采购管理机构建设情况	2	2	无	0
			采购管理专职队伍建设情况	4	4	缺2	2
	2	信息报送	报送采购统计数据等各类材料情况	10	10	缺1	9
	3	廉洁自律	从业人员廉洁自律情况	10	10	缺1	9
合计				100	—	—	88.5

（二）作业要求或方案设计要求

1. 成立考核小组

考核小组由学生组成，分别为采购主管、财务部门人员、销售部门人员、生产主管、供应商、专家顾问等来组成。

2. 制订考核方案

考核方案主要内容包括考核原则、考核标准、考核程序、考核等级划分、考核结果运用等。

3. 组织考核

填写采购部门绩效评估表和采购人员绩效评估表。

4. 提出改进措施

提出改进计划和措施,填写改进计划表。

(三)所需填制的卡、表、单

根据表5-39中的考核报表完成采购部门绩效评估(表5-40)和采购人员绩效考核(表5-41)的填写。

表5-40 采购部门绩效评估

考核项目	考核指标	权重%	评估等级划分说明					评价等级
			A	B	C	D	E	
时间绩效	是否导致停工,影响经营	10	从不	当期没有	无记录	三次以下	三次以上	
品质绩效	进料品质合格率	15	100%	90%~100%	80%~90%	65%~80%	65%以下	
	物资使用不良率	10	0	5%以下	5%~10%	10%~15%	15%以上	
数量绩效	呆料物资金额	10	__万以下	__万~__万	__万~__万	__万~__万	__万以上	
	库存周转率	10	__%以上	__%~__%	__%~__%	__%~__%	__%以下	
价格绩效	采购成本降低率	10	__%以上	__%~__%	__%~__%	__%~__%	__%以下	
	采购价格降低额	10	__万以上	__万~__万	__万~__万	__万~__万	__万以下	
效率绩效	采购完成率	15	__%以上	__%~__%	__%~__%	__%~__%	__%以下	
	订单处理时间	10	__天以内	__天~__天	__天~__天	__天~__天	__天以上	
备注	A——杰出;B——优秀;C——中等;D——有待提高;E——急需提高							

表5-41 采购人员绩效考核

被评估者姓名		所在岗位		所属部门	
考核阶段		填表日期			
考核内容	考核项目	权重	考核要点		评估得分
工作态度	考勤状况	5	全勤得5分,迟到三次及以下扣0.5分,迟到三次以上,此项0分		
	工作主动性	5	积极主动地完成工作		

续表

工作业绩	采购计划完成率	15	目标值为__%，每低__%，扣__分，低于__%，此项为0	
	采购物资合格率	10	目标值为__%，每低__%，扣__分，低于__%，此项为0	
	采购物资及时率	10	在规定时间内完成	
	采购成本控制	10	目标值为__%，每低__%，扣__分，低于__%，此项为0	
	存货周转率	10	目标值为__%，每低__%，扣__分，低于__%，此项为0	
	错误采购次数	5	目标值为__次以内，每多__次，扣__分，高于__次，此项为0	
	新增供应商数量	5	目标值为__个以上，每低__个，扣__分，低于__个，此项为0	
工作能力	专业知识水平	5	全面掌握本岗位所需的专业知识	
	语言表达能力	5	词能达意，有条理	
	综合分析能力	5	对工作中的问题能作出准确地分析和判断	
	谈判能力	10	有一定的谈判技巧	
	总分			

（四）实训报告

姓名		学号	
专业		班级	
实训日期		指导教师	
实训任务			
实训收获及反思			

项目六 供应管理岗位技能实训

任务一 商业企业供应商管理

一、实训目标

1. 知识目标
➢ 理解供应商管理的基本概念和意义。
➢ 掌握供应商管理的相关规定。
➢ 掌握供应商的评价等级。
➢ 了解供应商的处罚。

2. 能力目标
➢ 熟悉供应商管理的流程和方法。
➢ 能够在实际工作中运用供应商管理知识提高企业管理水平。
➢ 能够对供应商进行评价。
➢ 能够对供应商进行筛选和跟踪。
➢ 培养学生分析问题、解决问题的能力。

3. 素养目标
➢ 培养学生的团队合作能力、沟通意识。
建议学时：4学时。

二、任务概述

为规范供应商管理，提高经营合理化水准，评定选择合格的供应商，通过评审以证实供应商具有提供和满足商业公司规定要求的产品和服务能力，特制订本方案。本方案适用于所有向商业公司提供产品或服务的供应商。

三、实训环境、实训设备

(一) 场地要求

现代物流实训中心、实训室机房,能满足 40 名学生开展商业企业供应商管理任务实训。

(二) 设备要求

计算机、纸张、白板等,可满足教师授课、演示,以及每名学生进行商业企业供应商管理的应用分析实训任务的开展。

四、职业能力要求

商业企业供应商管理职业能力要求如表 6-1 所示。

表 6-1 商业企业供应商管理职业能力要求

职业岗位	工作内容	基本技术	相关知识	技能要求
供应商管理专员	供应商管理	供应商选择	供应商信息收集、基本资料表填写、接洽、供应商调查	参与新供应商的开发与审核
		质量检验	问卷调查、样品鉴定	制订进货检验规范及检验计划,参与供应商初始样品的评估放行工作
		供应商评审	供应商评鉴及考评等级划分	保障供应商所供原材料的质量,沟通解决供应商供货物料质量缺陷引发的问题,定期对现有供应商的质量状况进行统计评分,对评分较低的供应商提出限期改善的要求
		供应商改善	评价报告的撰写及改善报告的检验	追踪确认供应商的改善报告及实施效果

五、考核标准

商业企业供应商管理考核标准如表 6-2 所示。

表 6-2 商业企业供应商管理考核标准

实训内容	考核标准	满分	得分
供应商管理	设计供应商调查表	20 分	
	完整填写供应商调查表的内容	40 分	
	供应商调查表的内容填写丰富	20 分	
	填写供应商评价表	20 分	
	总分	100 分	

六、知识链接——供应商

(一)供应商类型

1) 供应商：为公司提供产品或服务的组织、厂商。
2) 物流供应商：直接为公司提供物流服务的厂商。
3) 外部协作加工商：按照特定的要求为公司制作加工部件和器材的厂商，又称"外协厂"。

原始设备制造商(OEM)：按照规定要求提供完全属于公司品牌的成品制造厂商。

(二)供应商管理规定

1) 供应商的开发：涉及供应商资讯收集、基本资料表填写、接洽、问卷调查、样品鉴定、供应商调查(对供应商的质量、交货、价格、品质、技术、生产管理、后期服务做出评价，可通过现场考察、验证、样品检验和试验，合格后列入合格供应商名列)。
2) 订购/采购程序：请购→询价→比价→议价→定价→订购→交货→验收。
3) 供应商评鉴：每月对供应商就品质、交期、价格、服务等项目作评价。每季度进行一次总评，列出各供应商的评价等级。
4) 供应商的考评等级，分为 A、B、C、D 四个等级：
A 级供应商——考评得分为 90~100 分；
B 级供应商——考评得分为 75~89 分；
C 级供应商——考评得分为 60~74 分；
D 级供应商——考评得分为 59 分以下；
E 级供应商——已停止交易。

(三)供应商处罚

凡因供应商品质不良或交期延误而造成的损失，由供应商负责赔偿。对交货经常出质量问题的供应商，予以淘汰。考评两次被评为 C 级供应商的，应接受订单减量、各项稽查及改善辅导措施。考评三次被评定为 C 级供应商的，或两次被评定为 D 级供应商的，公司要求限期整改，并提供整改报告。采购部根据其提供的整改报告组织评审，后仍达不到公司要求的，停止采购或撤消其供应商资格。

对供应商的考评进行供应商淘汰机制，对出现重大质量问题、经常交货不准时、季度评审不合格而影响到生产的供应商，审批淘汰。

七、技能训练内容

(一)实训资料包

1. 任务资料

广东格兰仕集团有限公司是一家全球化家电专业生产、销售企业，是中国家电业最优秀的企业集团之一。为降低物流成本，提高物流质量，该集团决定于 2022 年 12 月对 2023 年度公路干线运输、零担运输、配送等进行公开、全面招标。现就招标有关事宜予以公告，竭诚欢迎国内外符合要求的各类物流供应商参加投标。

招标项目：从顺德及中山发往全国各地的公路干线运输；从宁波发往全国各地的公路

干线运输。主要承运产品有微波炉、空调、洗衣机、电饭煲、电磁炉、电水壶、电烤箱等小家电产品及相关赠品、宣传物料、售后配件等。该项目投标资格要求如下。

1）物流项目的投标人注册资本不得少于 50 万元。
2）本次招标不接受两家及以上供应商联合投标。
3）运输供应商须是专业的物流企业，具有两年以上物流营运经验，并具有铁路或公路运输经营的相关资质证明。
4）自有车辆不低于 10 辆（需提供车辆行驶证复印件）。
5）提供装卸服务。
6）提供全天候服务，具有流畅的信息沟通渠道。
7）具备抗运输风险能力和运输质量保障能力，承担在运输中造成的损失。

2. 任务实施

1）请为广东格兰仕集团有限公司设计一份物流供应商调查表，要求明确物流企业的名称、地址、注册资本、开展物流业务的时间、曾经服务过的主要客户、自有车辆数量、信息化水平、装卸能力、物流质量保障能力等。
2）需调查一家符合要求的物流企业。
3）对选中的供应商企业进行评价，并说明理由。

（二）所需填制的卡、表、单

1）自制一份物流供应商调查表。
2）填写供应商评价信息（表 6-3）。

表 6-3　供应商评价信息

供应商名称			
供应材料			
评价记录			
评价内容	评价记录	评价结果	
①样品检验合格否？		□合格	□不合格
②质量体系保证能力满足否？		□合格	□不合格
③供方生产规模满足否？	月产量	□合格	□不合格
④供方材料价格满足否？		□合格	□不合格
⑤供方交货期满足否？	交期：___天	□合格	□不合格
⑥供方服务能满足否？		□合格	□不合格
结论： □合格　　　　□要求供方改善　　　　□不合格			
批准		评价人	

(三)实训报告

姓名		学号	
专业		班级	
实训日期		指导教师	
实训任务			
实训收获及反思			

任务二　制造企业供应商管理

一、实训目标

1. 知识目标

➢ 掌握供应商管理的基本职责。
➢ 理解供应商的评价指标体系。
➢ 掌握供应商的评价考核标准。

2. 能力目标

➢ 熟悉供应商管理的流程和方法。
➢ 能够在实际工作中运用供应商管理知识提高企业管理水平。
➢ 能够对供应商进行评价。
➢ 能够对供应商进行筛选和跟踪。
➢ 培养学生分析问题、解决问题的能力。

3. 素养目标

➢ 培养学生的团队合作能力、沟通意识。
➢ 培养学生的社会责任感。
➢ 培养学生爱岗敬业的职业精神。

建议学时：4学时。

二、任务概述

为规范供应商管理，提高经营合理化水准，评定选择合格供应商，通过评审以证实供应商具有提供和满足制造公司规定要求的产品和服务能力，特制订本方案。本方案适用于向制造企业提供原辅材料、办公用品、生产工具、水洗加工厂、印绣花加工、行绣等与提供配套服务的厂商。

三、实训环境、实训设备

（一）场地要求

机房，可满足每班40名同学同时开展制造企业供应商管理实训任务。

（二）设备要求

多媒体教室、计算机、纸张等，可满足教师授课、演示，以及每名学生进行制造企业供应商管理的应用分析实训任务的需求。

四、职业能力要求

制造企业供应商管理职业能力要求同商业企业供应商管理职业能力要求。

五、考核标准

制造企业供应商管理考核标准如表6-4所示。

表6-4 制造企业供应商管理考核标准

实训内容	考核标准	满分	得分
供应商管理	设计供应商调查表	20分	
	完整填写供应商调查表的内容	30分	
	供应商调查表的内容填写丰富	20分	
	填写供应商评价表	20分	
	填写合格供应商目录表	10分	
总分		100分	

六、知识链接——供应商管理

（一）管理职责

对供应商能力进行调查，对每一品种原材料的采购，根据原供货渠道分别提出三家以上候选供应商，通知供应商如实填写供应商能力调查表（表6-5），经审核确认拟选择供应商具备基本条件后，建立供应商基本情况信息库。

根据物资对工厂生产产品质量的影响程度，以及所购物资价格等因素，采取下面两种不同方式对供应商进行评价。

1）对产品质量影响不大的物资供应商或一般供应商可采用信函调查加样品评价的方式对供应商做出评定结论。信函调查即向供应商发出供应商能力调查表进行调查；样品评价即对供应商提供的样品进行检测、试验并做出结论。

2)对产品质量影响较大的物资供应商或重点供应商采取现场评价加样品评价的方式做出评定结论,现场评价即到供应商现场进行调查。

对供应商评价完成后,填写供应商评价表。根据供应商评价表,对各供应商进行综合分析、比较,选择出合格供应商,并填写合格供应商目录,同一种物资可选择多个合格供应商,并排列出名次,实施采购订货合同时,应按排名顺序进行比例分配,须提出至少两家以上的合格供应商,杜绝垄断经营。"合格供应商目录"经老师审核通过后,被确定为合格供应商的厂家,方能进行采购。未核准为合格供应商的厂家,保留其未来候选资格。

(二)确认合格供应商的评价指标体系

1)质量指标包括:来料批次合格率,来料入库合格率,来料抽检缺陷率。
2)供应指标包括:批次准交率,订单准交率,交货周期,订单满足率。
3)经济指标包括:价格水平,报价是否及时、报价单是否客观、具体、透明,降低成本的态度与行动,分享降价成本,付款条件。
4)支持、配合与服务指标包括:反应表现,沟通手段,合作态度,共同改进,售后服务,参与开发其他支持。

(三)供应商考核评定标准

供应商的考评等级分为 A、B、C、D 四个等级,等级划分标准如下:
A 级供应商——考评得分为 90~100 分;
B 级供应商——考评得分为 75~89 分;
C 级供应商——考评得分为 60~74 分;
D 级供应商——考评得分为 59 分以下;
E 级供应商——已停止交易。

七、技能训练内容

(一)实训资料包

1. 任务资料

位于俄亥俄州的本田美国公司强调与供应商之间的长期战略合作伙伴关系。本田公司约总成本的 80% 都是用在向供应商采购上的,这在全球范围是最高的。因为它选择离制造厂近的供应源,所以与供应商能建立更加紧密的合作关系,能更好地保证 JIT 供货。制造厂库存的平均周转周期不到 3 小时。

1982 年,27 个美国供应商为本田美国公司提供价值 1 400 万美元的零部件,而到了 1990 年,有 175 个美国的供应商为它提供超过 22 亿美元的零部件。大多数供应商与它的总装厂距离不超过 75 km。在俄亥俄州生产的汽车的零部件本地率达到 90%(1997 年),只有少数的零部件来自日本。强有力的本地化供应商的支持是本田公司成功的原因之一。

在本田公司与供应商之间是一种长期相互信赖的合作关系。如果供应商达到本田公司的业绩标准就可以成为它的终身供应商。本田公司也在以下几个方面提供支持帮助,使供应商成为世界一流的供应商。

1)2 名员工协助供应商改善员工管理。
2)40 名工程师在采购部门协助供应商提高生产率和质量。
3)质量控制部门配备 120 名工程师解决进厂产品和供应商的质量问题。

4）在塑造技术、焊接、模铸等领域为供应商提供技术支持。
5）成立特殊小组帮助供应商解决特定的难题。
6）直接与供应商上层沟通，确保供应商的高质量。
7）定期检查供应商的运作情况，包括财务和商业计划等。
8）外派高层领导人到供应商所在地工作，以加深本田公司与供应商相互之间的了解及沟通。

本田与多纳勒（Donnelly）公司的合作关系就是一个很好的例子。本田美国公司从1986年开始选择多纳勒为它生产全部的内玻璃，当时多纳勒的核心能力就是生产车内玻璃，随着合作的加深，相互的关系越来越密切（部分原因是相同的企业文化和价值观），本田公司开始建议多纳勒生产外玻璃（这不是多纳勒的强项）。在本田公司的帮助下，多纳勒建立了一个新厂生产本田的外玻璃。第一年，他们之间的交易额为500万美元，到1997年就达到6 000万美元。

在俄亥俄州生产的汽车是本田公司在美国销量最好、品牌忠诚度最高的汽车。事实上，它在美国生产的汽车已经部分返销日本。本田公司与供应商之间的合作关系无疑是它成功的关键因素之一。

2. 任务实施

1）请为本田美国公司寻找三家合适的供应商，并填写一份供应商调查表，要求明确物流企业的名称、地址、注册资本、开展物流业务的时间、曾经服务过的主要客户、自有车辆数量、信息化水平、装卸能力、物流质量保障能力等。
2）对选中的供应商企业进行评价，并说明理由。
3）将评价合格的供应商填写到合格供应商目录表中。

（二）所需填制的卡、表、单

1）填写一份供应商能力调查表6-5。

表6-5 供应商能力调查

序号	项目
1	企业名称：
2	负责人或联系人：
3	地址：
4	企业成立时间：
5	主要产品：
6	职工总数：　　　　　其中技术人员＿＿＿人；工人＿＿＿人
7	企业总投资与固定资产规模（万元）：
8	年产量/年销售收入（万元）：
9	生产能力：
10	样机/样品、样件生产周期：
11	生产特点：□成批生产　　　□流水线大量生产　　　□单台生产

续表

序号	项目
12	主要生产设备：□齐全、良好　　　□基本齐全、尚可　　　□不齐全
13	使用或依据的产品、质量标准 a. 国际标准名称/编号： b. 国家/行业标准名称/编号： c. 供应商企业标准名称/编号：
14	工艺文件：　□齐备　　　　□有一部分　　　　□没有
15	检验机构与检测设备：□有检验机构与检测人员，检测设备良好 □只有兼职检验人员，检测设备一般
16	测试设备校准状况：□有计量室　　　□全部委托给外部计量机构
17	供应商主要客户(公司/行业)：
18	新产品开发能力：□能自行设计开发新产品　□只能开发简单产品　□没有自行开发能力
19	国际合作经验：□是外资企业　　　　□是合资企业 　　　　　　　□给外企提供产品　　□无对外合作经验
20	职工培训情况：□经常、正规地进行　　□不经常开展培训
21	是否通过产品或体系认证：□是(指出具体内容)　　　　□否
企业负责人签名盖章：	日期：　　年　　月　　日

2) 填写供应商评价表 6-6。

表 6-6　供应商评价表

供应商名称	
供应材料	

评价记录

评价内容	评价记录	评价结果
1. 样品检验合格否？		□合格　□不合格
2. 质量体系保证能力满足否？		□合格　□不合格
3. 供方生产规模满足否？	月产量	□合格　□不合格
4. 供方材料价格满足否？		□合格　□不合格
5. 供方交货期满足否？	交期：　　天	□合格　□不合格
6. 供方服务满足否？		□合格　□不合格
结论： □合格　　　□要求供方改善　　　□不合格			
批准	年　月　日	评价人	年　月　日

3)合格供应商目录如表6-7所示。

表6-7 合格供应商目录

类别：原辅材料□　加工□　设备□　其他_____

编号	建档时间	供应商名称	提供服务内容	负责人	公司地址	联系方式	备注

（三）实训报告

姓名		学号	
专业		班级	
实训日期		指导教师	
实训任务			
实训收获及反思			

任务三　供应商选择与考核

一、实训目标

1. 知识目标
- 掌握供应商选择的方法以及考核指标。
- 掌握供应商评级和分级管理的方法。

2. 能力目标
- 能够科学、合理地进行供应商选择。
- 能够对供应商进行考核并评级。

3. 素养目标
- 培养学生具备正确的采购管理岗位的职业操守。
- 培养学生的工匠精神。

建议学时：4学时。

二、任务概述

通常来讲，企业采购部门为完成采购计划，一般会根据原有合格供应商目录来选择；如果原有合格供应商不能满足企业需要，企业则会根据采购的物资类别、数量、品质要求和交货期等要素，重新选择或调整供应商。

本次实训任务是基于原有合格供应商不能满足需要的情况下，应该通过哪些途径和方法才能快捷、有效地寻找并选择合格供应商。

选择合格的供应商后如何来进行考核是采购部门相关工作人员需要考虑的问题。供应商考核是企业在供应商被确定为合格供应商并开始供货之后进行的一项工作，是对现有的供应商供货的实际表现进行定期监测、考核的动态管理活动，是对供应商供货能力与积极性的综合评估的过程。考核结果是对现有供应商采取奖励或者惩罚的依据。

人们在实际工作中经常会用到定性考核方法和定量考核方法，本任务重点介绍定量考核法。

三、实训环境、实训设备

(一) 实训场地

现代物流实训中心、实训室机房，可满足40名学生同时开展供应商选择和考核实训任务。

(二) 实训设备

计算机、白板、纸张等，可满足教师授课、演示，以及每名学生进行供应商选择和考核实训任务的开展。

四、职业能力要求

供应商选择与考核职业能力要求如表 6-8 所示。

表 6-8 供应商选择与考核职业能力要求

职业岗位	工作内容	基本技术	相关知识	技能要求
采购专员	供应商选择与考核	熟悉供应商选择的方法以及考核指标；掌握供应商评级和分级管理的方法	掌握供应商选择的重要性；熟悉供应商选择的具体方法；掌握供应商的考核指标；掌握供应商评级管理及方法；掌握供应商定性和定量考核方法	能够制订供应商选择方案与考核方案

五、考核标准

供应商选择与考核标准如表 6-9 所示。

表 6-9 供应商选择与考核标准

实训内容	考核标准	满分	得分
编制供应商选择与考核方案	对明日制造公司供应商选择与考核任务描述清晰	5 分	
	能够合理填制供应商供货情况记录表和汇总表	15 分	
	能够正确计算产品合格率和交货准时率	15 分	
	能够根据量化指标赋分表进行正确赋分	15 分	
	能够科学合理编制供应商年度综合考核表	15 分	
	科学合理编制供应商年度考核方案	15 分	
	按标准完成供应商选择与考核方案的实训报告（完整性、科学性、美观性）	20 分	
	总分	100 分	

六、技能训练内容

(一)实训资料包

1. 任务资料

以明日制造公司对其供应商——华厦物资公司的考核为例，介绍供应商考核的具体过程，详情见系列表格呈现的信息。

2. 实训任务

为明日制造公司的供应商——华厦物资公司进行量化考核。本实训任务主要进行定量考核供应的实施过程，其步骤如下。

(1)构建考核指标体系。

供应商考核的关键是建立一套科学、合理、完善的评价指标体系。一般来说，多数企业是从以下四个方面定量考核供应商的。

1）供货质量。供货质量考核标准是通过产品合格率来反映的，见式6.1。

$$产品合格率=合格产品件数/全部产品件数×100\% \quad (6.1)$$

2）准时交货率。准时交货率的计算公式见式6.2。

$$准时交货率=按时（准时）按量交货的实际批次/订单确认的交货总批次×100\% \quad (6.2)$$

3）价格。考核供应商的价格水平，可以和市场同档次产品的平均价和最低价进行比较，分别用市场评价价格比率和市场最低价格比率来表示，分别见式6.3和式6.4。

$$市场平均价格比率=（供应商的供货价格-市场平均价）/市场平均价 \quad (6.3)$$

$$市场最低价格比率=（供应商的供货价格-市场最低价）/市场最低价 \quad (6.4)$$

4）服务与支持。服务与支持指标体系包括：①对订单、交货、质量投诉等的反应；②沟通手段，即是否有合适的人员与本公司沟通，沟通手段是否符合要求；③合作态度，即是否将本公司看成重要客户；④共同改进，即是否积极参与本公司相关的质量、供应、成本等改进项目或活动；⑤售后服务；⑥参与开发；⑦其他支持。

（2）设定与指标相对应的量化标准。

1）质量量化标准。与供货质量指标相对应的是质量量化标准，质量量化标准是通过产品合格率反映的，如某企业对供应商的供货品质（产品合格率）的量化标准如表6-10所示。

表6-10 质量量化标准

产品合格率	得分
1	100
≥99.90%	90
≥99.80%	80
≥99.70%	40
≥99.60%	15
<99.60%	0

2）交货准时率量化标准。交货准时率是衡量供应商是否及时供货的重要标准，如表6-11所示。

表6-11 交货准时率量化标准

交货准时率	得分
99%~100%	100
95%~99%	80
90%~95%	60
80%~90%	40
70%~80%	20
<70%	0

3)价格量化标准。价格量化标准一般通过供应商的价格是否具有竞争力、报价是否合理、具体、透明,是否不断降低成本,是否让顾客分享降低成本的利益,收款发票是否合格、及时等几个方面反映,如表 6-12 所示。

表 6-12　价格量化标准

考核内容	分值
报价合理、具体、透明	10
价格具有竞争力	60
不断降低成本	10
让顾客分享降低成本的利益	10
收款发票合格、及时	10

4)服务与支持量化标准。服务与支持量化标准如表 6-13 所示。

表 6-13　服务与支持量化标准

考核内容	分值
反应及时、到位	25
合作态度良好	15
沟通手段齐备	15
共同改进积极	25
其他	20

注意:不同企业对供应商考核指标体系及考核指标略有不同,但考核标准一定要与考核指标体系标准相对应。

(3)确定指标权重。

权重是针对某一指标而言的。某一指标的权重是指该指标在整体评价中的相对重要程度。权重的取值越大说明越重要,而权重小的则说明不那么重要,具体分配方式根据具体情况而定。

(4)供应商定量考核实施过程。

1)做好供应商月度供货情况监控。月度供货记录表是年终考核供应商供货效果好坏最原始的记录,是供应商年度考核的依据。供应商月供货情况记录如表 6-14 所示。

表 6-14　供应商月供货情况记录

编号:　　　　　　　　　　　　　　　　　　　　　　　　　　　　　　　年　　月

序号	供货日期	供应商	物料名称	规格	交货数量	合格数量	是否准时 (是√,否×)	主要 不良现象
1								
2								
3								
总计								

制表:　　　　　　制表日期:　　　　　　　　审核:　　　　　　　审核日期:

2) 汇总供应商月供货情况记录表并计算。在年末考核供应商时，首先要收集"供应商月供货情况记录表"，并根据式 6.1 和式 6.2 计算。

分别计算出各月的产品合格率和准时交货率，先后形成"供应商月供货情况记录表""供应商月供货记录汇总表"。

下面以明日制造公司对其供应商——华厦物资公司的考核为例，介绍供应商考核的具体过程。

首先汇总供应商各月份的供货记录表，形成《供应商月供货记录汇总表》，如表 6-15 所示。

表 6-15　供应商月供货记录汇总

厂商：华厦物资公司					联系人：夏经理					
地址：武昌红钢城					电话/传真：027—88753456					

统计日期	品质(100 分)				准时交货率(100 分)				价格(100 分)	服务(100 分)
	交货数量/t	不合格/t	合格率	得分	交货批次	延时交货批次	准时交货率	得分	得分	得分
1.25	1 000	4			25	3			85	70
2.25	2 000	4			50	1			90	70
3.25	1 200	4			30	2			95	80
4.25	1 800	6			45	1			85	80
5.25	1 500	6			38	3			85	70
6.25	2 000	4			50	4			90	50
7.25	1 600	2			40	5			85	50
8.25	1 600	4			40	16			95	50
9.25	1 700	4			43	6			95	50
10.25	1 500	4			38	9			95	50
11.25	1 800	10			45	10			90	50
12.25	1 600	12			40	12			90	50

注：
①交货数量为上次统计到本次统计的间隔时间里供应商的供货量。
②以上各项指标总分为 100 分，采购经理负责为供应商的供货价格与服务酌情打分，而质量由质检部门打分，交期由采购专员打分。
③每次交货为 40 t

制表：　　　　　　　总经理：　　　　　　　　　　　　年　月　日

其次，根据表 6-15 的数据计算，得到如表 6-16 所示的结果。

表 6-16 供应商月供货记录汇总结果

厂商：华厦物资公司							联系人：夏经理			
地址：武昌红钢城							电话/传真：027—88753456			

统计日期	品质(100分)				准时交货率(100分)				价格(100分)	服务(100分)
	交货数量/t	不合格/t	合格率	得分	交货批次	延时交货批次	准时交货率	得分	得分	得分
1.25	1 000	4	99.60%	15	25	3	88.00%	40	85	70
2.25	2 000	4	99.80%	80	50	1	98.00%	80	90	70
3.25	1 200	4	99.67%	15	30	2	93.33%	60	95	80
4.25	1 800	6	99.67%	15	45	1	97.78%	80	85	80
5.25	1 500	6	99.60%	15	38	3	92.11%	60	85	70
6.25	2 000	4	99.80%	80	50	4	92.00%	60	90	50
7.25	1 600	2	99.88%	80	40	5	87.50%	40	85	50
8.25	1 600	4	99.75%	60	40	16	60.00%	0	95	50
9.25	1 700	4	99.76%	60	43	6	86.05%	40	95	50
10.3	1 500	4	99.73%	60	38	9	76.32%	20	95	50
11.3	1 800	10	99.44%	0	45	10	77.78%	20	90	50
12.3	1 600	12	99.25%	0	40	12	70.00%	20	90	50

注：
①交货数量为上次统计到本次统计的间隔时间里供应商的供货量。
②以上各项指标总分为100分，采购经理负责为供应商的供货价格与服务酌情打分，而质量由质检部门打分，交期由采购专员打分。
③每次交货为40 t

制表：	总经理：	年　月　日

计算过程说明：根据监控记录，华厦物资公司在 2021 年 1 月 1—25 日，分 25 次，每次 40 t 向明日制造公司供货 1 000 t，其中 4 t 不合格，品质合格率为 99.60%，依据质量量化标准（表 6-9），质量得分为 15 分。其中，延时交货 3 次，依据表 6-10，交货率 88%，准时交货率量化得分为 40 分。其他各月计算方法相同，以此类推。分别求出品质 40.00、准时交货率 43.33、价格 90.00、服务 60.00 的平均分。

根据全面各项指标的平均分，综合权重，完成供应商年度综合考核，如表 6-17 所示。

表 6-17　供应商年度综合考核

考核指标	权重	单项满分	单项年度平均实际分	单项加权得分
品质	0.35	100	40.00	14.00
准时交货率	0.25	100	43.33	10.83
价格	0.20	100	90.00	18.00
服务	0.20	100	60.00	12.00
全年得分				54.83

供应商定量考核得分 = $\sum$（单项年度平均实际分 × 指标权重）

华厦物资公司年度考核分 =（0.35×40）+（0.25×43.33）+（0.20×90）+（0.20×60）= 54.83（分）

(5) 供应商分级管理。

供应商分级管理是根据供应商的业绩记录定期对所有供应商进行动态考核、划分等级，并采取区别对待的管理过程。通过考核，一般可将所有供应商划分为 A、B、C、D 四类，A 类为优秀供应商，B 类为良好供应商，C 类为合格供应商，D 类为不合格供应商。如表 6-18 所示。

表 6-18　明日制造公司供应商考核分级管理标准

序号	分数	级别	管理办法
1	85~100	A 级	优秀供应商，可加大采购量
2	70~84	B 级	合格供应商，可正常采购
3	60~69	C 级	辅助供应商，需进一步通过培训与辅导进行辅助，减少采购或暂停采购
4	60 以下	D 级	不合格供应商，予以淘汰

（二）作业要求或方案设计要求

1. 作业要求

运用所学供应商选择和考核的相关理论知识和实践技能完成明日制造公司的供应商选择和考核相关表单的填制以及相关数据的分析；制订科学、合理的供应商考核方案，可以充分利用 Word/Excel 完成各种表单的编辑。

2. 实训组织形式

1) 建议独立完成该问题的实训流程，保留每一环节的 Excel 运算步骤。

2) 教师利用 Excel/Word 讲解、演示供应商选择与考核所涉及的各种表单的填制和数据分析。

3) 每位同学完成明日制造公司的供货情况记录表、供货情况汇总表、对照量化指标赋分表填制每一项得分、供应商年度综合考核表等，并编辑顺序放置在 Word 当中，附带相关说明，形成完整的供应商选择与考核方案实训报告。

（三）所需账、表、单

根据情景描述资料，本次实训涉及表 6-19 和表 6-20，实训所需部分已经设置为空，要求学生完善并填制。

表 6-19 供应商月供货记录汇总

厂商：华厦物资公司							联系人：夏经理			
地址：武昌红钢城							电话/传真：027—88753456			

统计日期	品质(100 分)				准时交货率(100 分)				价格(100 分)	服务(100 分)
	交货数量/t	不合格/t	合格率	得分	交货批次	延时交货批次	准时交货率	得分	得分	得分
1.25	1 000	4			25	3			85	70
2.25	2 000	4			50	1			90	70
3.25	1 200	4			30	2			95	80
4.25	1 800	6			45	1			85	80
5.25	1 500	6			38	3			85	70
6.25	2 000	4			50	4			90	50
7.25	1 600	2			40	5			85	50
8.25	1 600	4			40	16			95	50
9.25	1 700	4			43	6			95	50
10.25	1 500	4			38	9			95	50
11.25	1 800	10			45	10			90	50
12.25	1 600	12			40	12			90	50

注：
①交货数量为上次统计到本次统计的间隔时间里供应商的供货量。
②以上各项指标的总分为 100 分。采购经理负责为供应商的供货价格与服务酌情打分，而质量由质检部门打分，交期由采购专员打分。
③每次交货 40 t

制表：　　　　　　　　　　总经理：　　　　　　　　　　　年　月　日

表 6-20 供应商年度综合考核

考核指标	权重	单项满分	单项年度平均实际分	单项加权得分
品质	0.35	100		
准时交货率	0.25	100		
价格	0.20	100		
服务	0.20	100		
全年得分				

将供应商分类管理办法或者说明编辑在框内。

(四) 实训报告

姓名		学号	
专业		班级	
实训日期		指导教师	
实训任务			
实训收获及反思			

任务四　供应商关系管理

一、实训目标

1. 知识目标

➢ 了解供应商之间的关系。
➢ 理解供应商关系的类型。

➢ 掌握供应商的供应形式。

2. 能力目标

➢ 能够处理供应商的基本关系问题。
➢ 能够分析供应商之间的关系，解决对应的问题。
➢ 能够对各供应商进行分类区分。

3. 素养目标

➢ 培养学生有效地计划并实施各种活动的职业素养。
➢ 培养学生的创新精神。
➢ 培养学生的团队精神。

建议学时：4 学时。

二、任务概述

著名经济学家克里斯多夫曾经说过："市场上只有供应链而没有企业，真正的竞争不是企业与企业之间的竞争，而是供应链与供应链之间的竞争。"因此，如何合理选择供应商，并进行有效的管理，以保证产品质量、降低成本费用、增加利润，提升企业的市场应变能力，是企业运营中一个至关重要的问题。

三、实训环境、实训设备

(一)场地要求

现代物流实训中心、实训室机房，能满足 40 学生同时开展供应商关系管理实训任务。

(二)设备要求

计算机、纸张等，可满足教师授课、演示，以及每名学生进行供应商关系管理的应用分析实训任务的。

四、职业能力要求

供应商关系管理职业能力要求如表 6-21 所示。

表 6-21 供应商关系管理职业能力要求

职业岗位	工作内容	基本技术	相关知识	技能要求
供应商管理专员	供应商管理	供应商选择、评价	供应商资讯收集、基本资料表填写、接洽、供应商调查	能参与供应商开发、选择，进行供应商评鉴
		供应商改善	评价报告的撰写及改善报告的检验	进行供应商考评等级划分

五、考核标准

供应商关系管理考核标准如表 6-22 所示。

表 6-22　供应商关系管理考核标准

实训内容	考核标准	满分	得分
供应商关系管理	寻找合适的案例	20 分	
	进行合理的案例分析	40 分	
	提出合理的意见或建议	40 分	
	总分	100 分	

六、知识链接——供应商关系

(一)供应商关系

供应商关系的基础是供应商分类,在供应商管理中,必须将供应商关系分为不同类型,根据各供应商对本公司企业经营影响的大小设定优先次序,区别对待,以利于集中精力重点改进、发展最重要的供应商。可根据不同的基准对供应商进行分类,最简单的方法是将他们分为普通供应商和重点供应商。

(二)供应商关系的类型

1)依据厂商和供应商之间的关系,可分为公开竞价型、供应商网络型、供应链管理型。

2)依据供应商对本单位的重要性和本单位对供应商的重要性进行分析,可分为重点供应商和普通供应商。

3)按企业与供应商之间的关系大致可以分为五类：短期目标型、长期目标型、渗透型、联盟型、纵向集成型。

4)依据供应商对本企业的重要性和本企业对供应商的重要性进行分析,供应商可以分成四类：商业型、重点商业型、优先型、伙伴型。

(三)供应形式

1. 单源供应

(1)适用条件。

1)按客户要求专门制造的高科技、小批量产品,由于产品的技术含量高,又是专门小批量配套,往往不可能要求两家以上的供应商同时供应。

2)某些企业的产品及其零部件对工艺技术要求高,且由于保密的原因,不愿意让更多的供应商知道。

3)工艺性如电镀、表面处理等,因企业周围工业基础等条件所限,可能只固定选一家供应商。

4)产品的开发周期很短,需要伙伴型供应商的全力、密切配合。

(2)优点。

1)节省时间和精力,有助于企业与供应商之间加强交流、发展伙伴关系。

2)更容易实施双方在产品开发、质量控制、计划交货、降低成本等方面的改进并取得积极成效。

(3)单源供应的风险。

1)供应商有了可靠客户,会失去其竞争的源动力及应变、革新的主动力。

2）供应商可能会疏远市场，以致不能完全掌握市场的真正需求。
3）企业本身不容易更换供应商。

2. 多渠道供货制

生产所需要的同一种零部件，由两家供应商同时供应。两家供应商都是公司按照严格的供应商选择程序，秉着"质量第一、价格合理、供货及时、服务周到"的原则进行选择的。

在保证生产的前提下，每年供应商的供货份额是根据其上年度的评级情况进行调整的。供应商评级的内容是质量、价格、供货和服务。供应商十分关注自己的评级结果，因此会对自己的缺陷进行积极的改进。

多渠道供货制的效果主要表现在以下几个方面。

1）采购成本明显下降：引入竞争机制的企业，当年采购成本会下降10%左右。
2）零部件质量稳步上升：供应商内部管理加强，质量保障体系不断完善，使供货合格率从96.3%提升到98.6%。
3）供货风险下降：多渠道的开辟，弥补了单一供应商的能力缺陷。
4）服务更为周到：大幅改善了信息交换、到货及时率、售后服务等问题。

七、技能训练内容

（一）实训资料包

1. 任务资料

全球著名的家具产品供应商宜家公司是马士基公司极其看重的一个全球供应协议伙伴。马士基公司承揽宜家公司在全球29个国家、2 000多家供应商、164家专卖店、10 000多种家具材料的物流任务。

两家公司长期的合作以及彼此在生意模式、价值观、商业目的等方面有许多相似之处，使其关系越来越紧密，并且相互感染。双方可以开放地谈判，一起协调成本，制订战略，谁都不愿意把这种亲密的关系带到另外的战场上。

1995年，宜家公司在中国设立办事机构，那时只从中国采购少量的原料，并不在中国生产和销售。即使是非常少量的物流业务也让宜家非常头痛。因为宜家公司对物流服务商的要求一直非常苛刻：对方必须在透明度、成本、物流能力、效率、质量控制等方面满足其条件，甚至还必须具有环保意识。

1998年，宜家公司感觉中国市场大有可为，将其亚太战略重心向中国转移，同年，在上海开了中国第一家家居商场，1999年在北京开了第二家。随后，宜家家居开始风行。两年内，宜家公司在中国的销售额增长了43%，全球采购量中的10%转移到了中国。

随着宜家公司的发展，马士基公司的办事处显然不能满足宜家的物流需求。经过努力，马士基将"有利集运"注册成了独资子公司，该独资子公司又在上海等设立分公司和办事处，迅速扩张网络。有文章评论：马士基公司的物流业务几乎随着宜家公司的扩张而扩张。只要宜家公司在新的地区找到了市场，马士基就立即扩张到那里。当然，马士基物流的跨国发展链条上，不只连接宜家公司一个，因为物流是靠规模来经营的。马士基的全球合作伙伴，还有耐克、米其林轮胎、阿迪达斯等公司。马士基公司就是靠不断满足其合作伙伴的市场扩张需求来获得自身发展的。

2. 任务实施

阅读上述任务资料,基于此收集反映企业如何与供应商建立合作伙伴关系的案例并进行分析,然后提出意见和建议等。

(二)所需填制的卡、表、单

此任务无相关的卡、表、单。

(三)实训报告

姓名		学号	
专业		班级	
实训日期		指导教师	
实训任务			
实训收获及反思			

项目七 综合实训——现代物流作业方案设计与实施

一、实训目标

1. 知识目标

➢ 熟悉第三方物流企业的运转流程。
➢ 熟悉使用 Word、Excel 的常见功能。
➢ 掌握物动量 ABC 的计算及其在实际情况中的应用。
➢ 掌握货物堆码方式。
➢ 掌握订单有效性的判断以及客户优先等级划分的依据。
➢ 掌握摘果式及插种式电子标签分拣方式。
➢ 掌握货物装车配载原则。
➢ 掌握运输线路规划的方法。

2. 能力目标

➢ 能根据第三方物流企业的运转流程，完成货物的入库作业、出库作业和配送作业。
➢ 能熟练使用物流仓储设施与设备。
➢ 能理论结合实际，及时处理实际操作中遇到的突发问题。
➢ 能独立制作物流企业运转过程中所涉及的物流单证。
➢ 能有战略分析规划能力与决策能力。
➢ 能有数据统计分析能力与成本控制能力。
➢ 能有发现问题、分析问题和解决问题的能力。
➢ 能全方位思考，具有团队协作意识。

3. 素养目标

➢ 培养学生正确的物流管理相关岗位的职业操守。
➢ 培养学生的工匠精神。

建议学时：8 学时。

二、任务概述

现代物流作业方案设计与实施由物流作业方案设计与物流作业方案实施两部分组成，这两部分的内容存在逻辑关系，设计的数据与实施的设施设备、工具、操作系统相互嵌套。学生可通过方案实施环节对设计方案进行自我验证和自我调整。

三、实训场地与设备

（一）实训场地

现代物流实训中心、实训室机房，能满足 40 名学生开展物流综合实训任务。

（二）实训设备

机房、重型货架、手动液压托盘车、半电动堆高机、手推车、折板箱、托盘、大车、小车、托盘条码、信息系统、手持终端、白纸、白板，可满足教师授课、演示，以及学生进行综合实训任务的需求。

四、职业能力要求

综合实训职业能力要求如表 7-1 所示。

表 7-1　综合实训职业能力要求

职业岗位	工作阶段	工作内容	基本技术	相关知识	技能要求
仓储管理员	入库作业	收货检验	能运用合理、简单、迅速的方法进行货物检验	有货物学的基本知识	对验收中发现的问题，应根据不同情况，采取不同的方法进行处理
		货物组托	选取组托方式，绘制组托示意图	了解商务部对托盘的推荐规格，熟悉货架功能；掌握物品堆码的原则	能根据货物特点，确定组托方式，绘制组托图，能遵循合理、牢固、定量、整齐、节约、方便等基本要求，实施组托作业
		入库码放	针对不同货物的特性，正确制订 ABC 分类标准，进行 ABC 分类	熟悉数据收集、整理，掌握库存控制基本知识	能对数据进行准确的分析，能根据不同物品的特性，正确制订 ABC 分类标准，能针对物品的动态变化，不断调整物品分类，提高物动量
	出库作业	拣选	制作拣选单，选择拣选方式	掌握优化拣选路线的基本知识，了解线路种类，熟悉摘果法和播种法的内涵	能够合并出库订单，设计合理的拣选单，提高拣选作业的效率

续表

职业岗位	工作阶段	工作内容	基本技术	相关知识	技能要求
配送	配送作业	配送方式的分析	能够制订最合理的且客户满意的配送方式，将物品配送到客户手中	掌握配送的基本知识，熟悉配送线路优化的方法，了解客户对配送的诉求	能用客户满意的方式、速度和态度将货物安全送到客户手中
运输	运输作业	运输作业优化	货运数据分析，运输工具选择，车辆调度，运费计算，计划编制	货物运输计划编制的基础知识，配线、派车和调度相关知识，运费的构成与计算等方面的知识	能够完成车辆运用计划编制；能够按照货物运输任务要求，选择适当的运输工具、运输路线；能够完成货物托运单、调拨单和车辆调度派车单等单据的缮制和运费的计算

五、考核评价标准

综合实训考核评价标准如表7-2所示。

表7-2 综合实训考核评价标准

序号	评价指标	满分	得分
1	工作准备	4分	
2	运输作业计划	8分	
3	入库作业计划	30分	
4	出库作业计划	30分	
5	配送作业计划	10分	
6	作业进度计划	10分	
7	应急预案	8分	
	总分	100分	

六、技能训练内容

（一）实训资料包

在制订现代物流作业方案时，学生从物流作业设计资料数据包中获取物流作业场地、货物、货架、托盘、各种包装箱、叉车、手推车、月台、客户基本信息、客户需求、配送点及路径信息、运输调度信息、过路过桥费、工时资料、各种租赁、货位占用费、安全要求等相关信息，并进行分析处理，如进行货位优化及制订货物入库方案；进行订单处理及生成拣选单，优化路线方案；编制可实施的储配作业计划，预测出实施方案可能出现的问题和应对方案。

依据现代物流作业方案设计与实施三级指标及其内容（表7-3）的要求，在安全的基础上设计编制最优的物流作业方案，主要包括以下工作计划编制：运输作业计划编制，出入库作业计划编制，配送作业计划编制，作业进度计划编制，资金预算表的编制。

现代物流作业方案设计与实施三级指标及其内容如表7-3所示。

表7-3 现代物流作业方案设计与实施三级指标及其内容

一级指标	二级指标	三级指标	三级指标说明
物流作业方案设计	工作准备	1. 封面	题目：现代物流作业方案设计与实施
		2. 队员分工	物流作业方案执行时的分工
	运输作业计划	*3. 运输车辆调度	根据采购计划，填写运单，选取合适的车型、吨位、线路并派车
	入库作业计划	4. 物动量ABC分类表	能够体现出分类过程和分类结果
		5. 收货检验	编制收货检验单
		6. 编制托盘条码	编制托盘条码并打印。码制：CODE39，8位，无校验码
		7. 制订货物组托示意图	包括奇数层俯视图、偶数层俯视图
		8. 上架存储货位图绘制	以托盘式货架的排为单位，将货位存储情况反映在存储示意图上，在相应货位上标注货物名称
		*9. 就地堆码存储区规划	按照收到的入库通知单上的货物信息完成存储所需货位数量或堆存所需占地面积及规划的货垛长、宽、高(箱数)
	出库作业计划	10. 订单有效性分析	参赛队收到客户订单后，应对订单的有效性进行判断，对确定的无效订单予以锁定，陈述理由，主管签字并标注日期
		11. 客户优先权分析	当多个客户针对某一货物的要货量大于该货物库存量时，应对客户进行优先等级划分以确定各自的分配量，并阐明理由
		12. 库存分配计划表	依据客户订单和划分后的客户优先等级顺序制订库存分配计划表，将相关库存依次在不同的客户间进行分配并显示库存余额，对于缺货订单进行妥善处理
		13. 补货作业计划	依据客户订单和散货库存情况制订补货作业计划
		14. 拣选作业计划	根据客户订单，设计拣选单，必有项目齐全，拣选作业流畅，应能减少拣选次数、优化拣选路径、缩短拣选时间，注重效率
		15. 月台分配示意图	将月台在客户间进行分配，便于月台集货，并编制月台点检单

续表

一级指标	二级指标	三级指标	三级指标说明
物流作业方案设计	配送作业计划	16. 配送车辆调度与路线优化	根据所给数据利用节约法，完成车辆调度方案和路线优化设计
		17. 配装配载方案	根据配送线路优化结果，绘制配送车辆积载图，以体现配送的先后顺序（按客户绘制，不显示货物品种）
	编制计划	18. 作业进度计划	按照时间先后顺序将每位参赛队员在方案执行过程中的工作内容编制成作业进度计划（甘特图），包括设备租赁情况及可能出现问题的预案
物流作业方案实施	执行入库作业计划	1. 入库准备工作	粘贴托盘条码，整理作业现场
		2. 验货、组托	验收无误后，按照堆码要求，将散置堆放的货物科学、合理地码放在托盘上
		3. 启动 WMS	完成货物信息录入
		4. 入库作业	完成货物入库操作并指挥叉车工上架作业
	执行出库作业计划	5. 拣选作业	按照设计的拣选单进行拣选作业及拆零货的再包装
		6. 出库作业	完成各客户所要货物的出库复核、月台点检、理货
		7. 货物配装	选择合适的车型（微缩模拟）完成货物的配装（车型不同成本不同）
		8. 货物送达	只针对配送排序第一位的客户（按调整后的路线顺序）进行货物卸货交接
说明		1. 表中带*的三级指标项在实施过程中不执行 2. 可参考物流管理专业资源库中的相关资料	

（二）方案设计资料信息

1. 作业场地布局

作业地点设在 LGD 物流公司，运营数据见给定资料。作业场地布局示意如图 7-1 所示（规格以实训现场为准）。

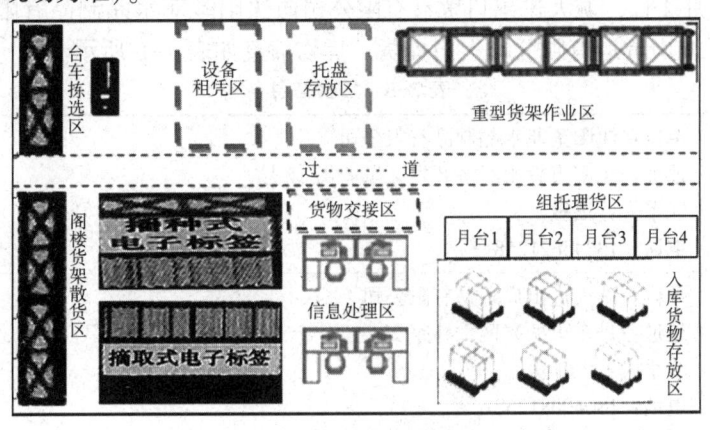

图 7-1 作业场地布局示意

2. 作业场地主要设备

该物流公司目前有员工 4 名,并且配备有下列设备,用于货物的装卸搬运,设备种类及规格见表 7-4 所示。

表 7-4 设备情况

名称	规格	数量	备注
重型货架(托盘货架)	第一层(长×宽×高):1 250 mm×1 000 mm×1 010 mm 第二层(长×宽×高):1 250 mm×1 000 mm×1 040 mm 第三层(长×宽×高):1 250 mm×1 000 mm×960 mm 单货位承重均 500 kg	9 个	
手动液压托盘车(地牛)	3 000 kg	2 台	
半电动堆高车	载重 1t,高度 2.5 m	1 台	
手推车	载重 300 kg	1 台	
折板箱	长×宽×高:610 mm×400 mm×170 mm,自重 1 kg/个	10 个	
托盘	长×宽×高:1 200 mm×1 000 mm×160 mm 承重≥500 kg,自重 20 kg/个	10 个	
大车	长×宽×高:1 550 mm×950 mm×830 mm,额定载重 4 t	2 辆	
小车	长×宽×高:1 340 mm×890 mm×880 mm,额定载重 3 t	2 辆	
托盘条码	长×宽:100 mm×50 mm	—	
月台	长×宽:1 200 mm×1 000 mm	4 个	
信息系统	—	1 套	
电脑	—	1 台	
手持终端	—	2 台	

3. 方案设计资料信息

(1)运输作业计划。

2018 年 12 月 2 日,诚大进出口贸易有限公司向沈阳圣菲水晶制品有限公司采购一批水晶花瓶,委托东山货运有限公司上门提货。货物信息如表 7-5 所示。

表 7-5 货物信息

客户	单位:沈阳圣菲水晶制品有限公司 地址:沈阳市辉山经济开发区敬业街 12 号 联系人:王敏 电话:13345621258
收货人	单位:诚大进出口贸易有限公司 地址:丹东市振兴区六纬路 27 号 联系人:王小美 电话:18040081258

续表

装货地点	沈阳市辉山经济开发区敬业街 12 号
卸货地点	丹东市振兴区六纬路 27 号
货品信息	水晶花瓶，纸箱包装 规格（长×宽×高）：400 mm×300 mm×160 mm 重量：8 kg/箱 数量：1 500 箱 单价：3 396 元/箱
运杂费标准	普通货物从沈阳至丹东基础运价为 200 元/t，重货（每立方米重量大于等于 333 kg）按实际重量计费，轻货（每立方米重量不足 333 kg）按折算重量计费。易碎品须加收 20%运费。装车费 20 元/t，卸车费 15 元/t。贵重物品必须保价（≥10 000 元为贵重物品），保价费为货物声明价值的 0.3%，价费为货物声明价值的 0.3%，托运人可自愿选择是否保价

运单信息如下：2018 年 12 月 2 日，东山货运有限公司承接了该项运输任务，将水晶花瓶从沈阳通过公路运输运至丹东，让物流公司上门提货。采购订单信息如表 7-6 所示。

表 7-6 采购订单

采购单编号：R20181202　　　　　　　　　　　　　　计划到货时间：2018 年 12 月 4 日

序号	商品名称	包装规格/(mm×mm×mm) （长×宽×高）	单价/ (元·箱$^{-1}$)	重量/ (kg·箱$^{-1}$)	订购数量/ 箱
1	水晶花瓶	400×300×160	3 396	8	1 500

可调用车型车辆信息如下。

车型一：7.2 m 厢车，可调用车辆数 4 辆。车厢内规格 7.2 m×2.3 m×2.7 m，最大载重量 10 t，车辆在高速公路上空驶平均油耗 20 L/百 km，重驶平均油耗增加 0.4 L/百 t·km。车辆在其他道路上空驶平均油耗 26 L/百 km，重驶平均油耗增加 0.6 L/百 t·km。司机平均日工资 300 元(不考虑工作时长)，高速公路过路过桥费平均 1.2 元/km，其他费用忽略不计。

车型二：9.6 m 厢车，可调用车辆数 4 辆。车厢内规格 9.6 m×2.3 m×2.7 m，最大载重量 20 t，车辆在高速公路上空驶平均油耗 26 L/百 km，重驶平均油耗增加 0.6 L/百 t·km。车辆在其他道路上空驶平均油耗 30 L/百 km，重驶平均油耗增加 0.8 L/百 t·km。司机平均日工资 500 元(不考虑工作时长)，高速公路过路过桥费平均 1.8 元/km，其他费用忽略不计。

沈阳到丹东行驶线路：

①沈阳到丹东高速公路全程 263 km，预计行驶 3 h 15 min，收取过路过桥费；

②沈阳到丹东国道 330 km，预计行驶 6 h 30 min，无过路过桥费。

无论选择哪条线路，车辆均在 24 h 内返回。

车辆行驶时间成本：车型一的行驶时间成本 100 元/h，车型二的行驶时间成本 150 元/h。燃油价格 6.8 元/L。

（2）入库作业计划。

任务一物动量 ABC 分类：LGD 物流公司对本月的各种货物出库量进行汇总，按该种货物的每周出库量进行统计，具体数据如表 7-7～表 7-12 所示。

表 7-7　第一周出库作业周报（物动量统计）

制表人：　　　　　　　　　　　　　　　　　制表时间：　　年　　月　　日

货物编码/条码	货物名称	出库量/箱
6909201821033	统一方便粉丝	31
6939580605166	百事可乐	133
6933650901530	彩色蜡笔	17
6947503700249	晨光水性笔	5
6921734968814	脆香饼干	514
6932010061884	得力黑色记号笔	25
6921734968258	得力红色记号笔	7
6921734944665	得力中性笔	7
6935205324559	得力自动铅笔	8
6956317433014	黑色白板笔	18
6909201811224	康师傅方便粉丝	15
6930126752511	红色圆珠笔	60
6909201810023	老龙口酒	15
6922507005019	康师傅冰红茶	30
6922507089460	康师傅冰糖雪梨	41
6909201823472	小浣熊方便面	42
6921317905168	康师傅绿茶	38
6909201823469	统一方便面	122
6954767412573	可口可乐	184
6909201823468	小浣熊方便粉丝	21
6933631533460	蓝色圆珠笔	25
6921168509256	农夫山泉	134
6913221010106	顺心奶嘴	233
6909201823480	康师傅方便面	100
6909201800123	福临门大豆油	310
6926396162402	休闲黑瓜子	20
6958786200067	婴儿湿巾	44
6909201812336	金龙鱼大豆油	234
6932425987656	婴儿纸尿裤	45
6936504860892	荧光笔	5

表7-8 第二周出库作业周报(物动量统计)

制表人：　　　　　　　　　　　　　　　　　　制表时间：　　年　月　日

货物编码/条码	货物名称	出库量/箱
6909201800123	福临门大豆油	645
6909201823472	小浣熊方便面	52
6909201823468	小浣熊方便粉丝	17
6954767412573	可口可乐	217
6932425987656	婴儿纸尿裤	109
6909201821033	统一方便粉丝	30
6909201810023	老龙口酒	17
6909201812336	金龙鱼大豆油	289
6921317905168	康师傅绿茶	57
6930126752511	红色圆珠笔	10
6909201823480	康师傅方便面	100
6939580605166	百事可乐	103
6913221010106	顺心奶嘴	279
6921168509256	农夫山泉	210
6958786200067	婴儿湿巾	87
6922507089460	康师傅冰糖雪梨	53
6956317433014	黑色白板笔	7
6922507005019	康师傅冰红茶	28
6932010061884	得力黑色记号笔	38
6933631533460	蓝色圆珠笔	24
6926396162402	休闲黑瓜子	20
6947503700249	晨光水性笔	3
6936504860892	荧光笔	6
6933650901530	彩色蜡笔	11
6921734944665	得力中性笔	15
6909201811224	康师傅方便粉丝	17
6921734968814	脆香饼干	481
6935205324559	得力自动铅笔	9
6921734968258	得力红色记号笔	9
6909201823469	统一方便面	139

表 7-9 第三周出库作业周报(物动量统计)

制表人：   制表时间：   年   月   日

货物编码/条码	货物名称	出库量/箱
6909201800123	福临门大豆油	620
6909201823469	统一方便面	54
6909201823468	小浣熊方便粉丝	21
6932425987656	婴儿纸尿裤	33
6909201821033	统一方便粉丝	99
6909201810023	老龙口酒	16
6909201823472	小浣熊方便面	44
6958786200067	婴儿湿巾	37
6930126752511	红色圆珠笔	22
6909201812336	金龙鱼大豆油	533
6939580605166	百事可乐	59
6913221010106	顺心奶嘴	252
6954767412573	可口可乐	133
6921168509256	农夫山泉	122
6909201823480	康师傅方便面	102
6922507089460	康师傅冰糖雪梨	51
6921317905168	康师傅绿茶	25
6922507005019	康师傅冰红茶	27
6932010061884	得力黑色记号笔	24
6933631533460	蓝色圆珠笔	18
6956317433014	黑色白板笔	10
6947503700249	晨光水性笔	7
6936504860892	荧光笔	5
6933650901530	彩色蜡笔	14
6926396162402	休闲黑瓜子	18
6909201811224	康师傅方便粉丝	22
6921734944665	得力中性笔	20
6935205324559	得力自动铅笔	14
6921734968814	脆香饼干	343
6921734968258	得力红色记号笔	16

表 7-10 第四周出库作业周报(物动量统计)

制表人：　　　　　　　　　　　　　　　　　　　　制表时间：　　年　　月　　日

货物编码/条码	货物名称	出库量/箱
6930126752511	红色圆珠笔	21
6909201812336	金龙鱼大豆油	584
6939580605166	百事可乐	54
6913221010106	顺心奶嘴	210
6954767412573	可口可乐	164
6921168509256	农夫山泉	184
6909201823480	康师傅方便面	115
6922507089460	康师傅冰糖雪梨	45
6921317905168	康师傅绿茶	31
6922507005019	康师傅冰红茶	26
6909201800123	福临门大豆油	960
6909201823469	统一方便面	81
6909201823468	小浣熊方便粉丝	8
6926396162402	休闲黑瓜子	17
6909201811224	康师傅方便粉丝	15
6921734944665	得力中性笔	17
6935205324559	得力自动铅笔	7
6921734968814	脆香饼干	331
6921734968258	得力红色记号笔	22
6932425987656	婴儿纸尿裤	61
6909201821033	统一方便粉丝	173
6909201810023	老龙口酒	10
6909201823472	小浣熊方便面	55
6958786200067	婴儿湿巾	84
6932010061884	得力黑色记号笔	20
6933631533460	蓝色圆珠笔	16
6956317433014	黑色白板笔	9
6947503700249	晨光水性笔	4
6936504860892	荧光笔	2
6933650901530	彩色蜡笔	18

表 7-11　第五周出库作业周报（物动量统计）

制表人：　　　　　　　　　　　　　　　　制表时间：　　年　　月　　日

货物编码/条码	货物名称	出库量/箱
6909201821033	统一方便粉丝	155
6909201810023	老龙口酒	19
6909201823472	小浣熊方便面	37
6958786200067	婴儿湿巾	58
6930126752511	红色圆珠笔	15
6909201812336	金龙鱼大豆油	551
6909201800123	福临门大豆油	1 255
6909201823469	统一方便面	73
6909201823468	小浣熊方便粉丝	8
6932425987656	婴儿纸尿裤	70
6939580605166	百事可乐	67
6913221010106	顺心奶嘴	272
6954767412573	可口可乐	125
6921168509256	农夫山泉	167
6909201823480	康师傅方便面	112
6922507089460	康师傅冰糖雪梨	33
6921317905168	康师傅绿茶	47
6922507005019	康师傅冰红茶	35
6933650901530	彩色蜡笔	9
6926396162402	休闲黑瓜子	19
6909201811224	康师傅方便粉丝	7
6921734944665	得力中性笔	9
6932010061884	得力黑色记号笔	11
6933631533460	蓝色圆珠笔	58
6956317433014	黑色白板笔	11
6947503700249	晨光水性笔	15
6936504860892	荧光笔	21
6921734968814	脆香饼干	357
6921734968258	得力红色记号笔	20
6935205324559	得力自动铅笔	30

表 7-12　第六周出库作业周报(物动量统计)

制表人：　　　　　　　　　　　　　　　　　　　　制表时间：　　年　　月　　日

货物编码/条码	货物名称	出库量/箱
6909201800123	福临门大豆油	1 134
6909201823469	统一方便面	66
6909201823468	小浣熊方便粉丝	17
6932425987656	婴儿纸尿裤	54
6909201821033	统一方便粉丝	124
6909201810023	老龙口酒	30
6909201823472	小浣熊方便面	40
6909201812336	金龙鱼大豆油	55
6930126752511	红色圆珠笔	27
6958786200067	婴儿湿巾	400
6939580605166	百事可乐	66
6913221010106	顺心奶嘴	224
6954767412573	可口可乐	177
6921168509256	农夫山泉	152
6909201823480	康师傅方便面	117
6922507089460	康师傅冰糖雪梨	37
6921317905168	康师傅绿茶	42
6922507005019	康师傅冰红茶	54
6932010061884	得力黑色记号笔	52
6933631533460	蓝色圆珠笔	20
6956317433014	黑色白板笔	15
6947503700249	晨光水性笔	11
6936504860892	荧光笔	1
6933650901530	彩色蜡笔	31
6926396162402	休闲黑瓜子	9
6909201811224	康师傅方便粉丝	14
6921734944665	得力中性笔	22
6935205324559	得力自动铅笔	21
6921734968814	脆香饼干	362
6921734968258	得力红色记号笔	25

物动量 ABC 分类计算过程保留 2 位小数(四舍五入)，其 ABC 分类标准如表 7-13 所示。

表 7-13 物动量 ABC 分类标准

累计品种所占比例%	0<A≤8	8<B≤24	24<C≤100
累计周转量所占比例%	0<A≤65	65<B≤90	90<C≤100

任务二入库任务单：LGD 物流公司向供应商——沈阳家乐福商贸公司采购了一批商品，由供应商送货上门，具体入库任务单如表 7-14 所示。

表 7-14 入库商品信息

入库任务单编号：R20181201　　　　　　　　　　　　　　　计划入库时间：到货当日

序号	商品名称	包装规格/(mm×mm×mm) (长×宽×高)	单价/ (元·箱$^{-1}$)	重量/ (kg·箱$^{-1}$)	入库/ 箱
1	福临门大豆油	按现场实际入库货物包装规格组托	100	7.5	63
2	金龙鱼大豆油	395×295×180	100	15	40
3	老龙口酒	按现场实际入库货物包装规格组托	100	15	10
4	统一方便粉丝	按现场实际入库货物包装规格组托	100	15	40
5	康师傅方便粉丝	按现场实际入库货物包装规格组托	100	12	21

供应商：沈阳家乐福商贸公司

任务三货物全部入重型(托盘)货架区。

1)包装箱资料如图 7-2~图 7-6 所示。

图 7-2　金龙鱼大豆油

图 7-3　康师傅方便面

图 7-4　统一方便面

图 7-5　小浣熊方便粉丝

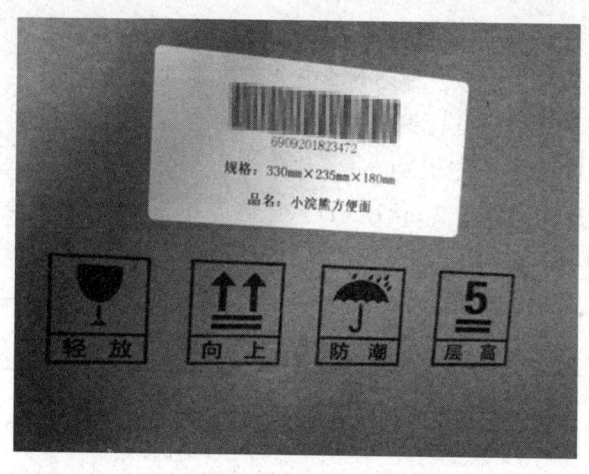

图 7-6 小浣熊方便面

2)托盘信息。参考规格(长×宽×高)：1 200 mm×1 000 mm×150 mm；托盘 20 元/个；托盘重量 20 kg/个；单个托盘限重≤500 kg。

3)货架信息。重型货架(托盘货架)1 排 6 列 3 层，双货位，单货位承重≤500 kg。货位参考规格：

第一层(长×宽×高)：1 125 mm×1 000 mm×1 050 mm

第二层(长×宽×高)：1 125 mm×1 000 mm×1 020 mm

第三层(长×宽×高)：1 125 mm×1 000 mm×960 mm

任务四条码信息。码制：CODE39，6 位，无校验位。参考规格：100 mm×50 mm。前 2 位设为学号倒数第 2~3 位，其余 6 位自设。

任务五重型货架(托盘货架)，其库存信息如图 7-7 所示。

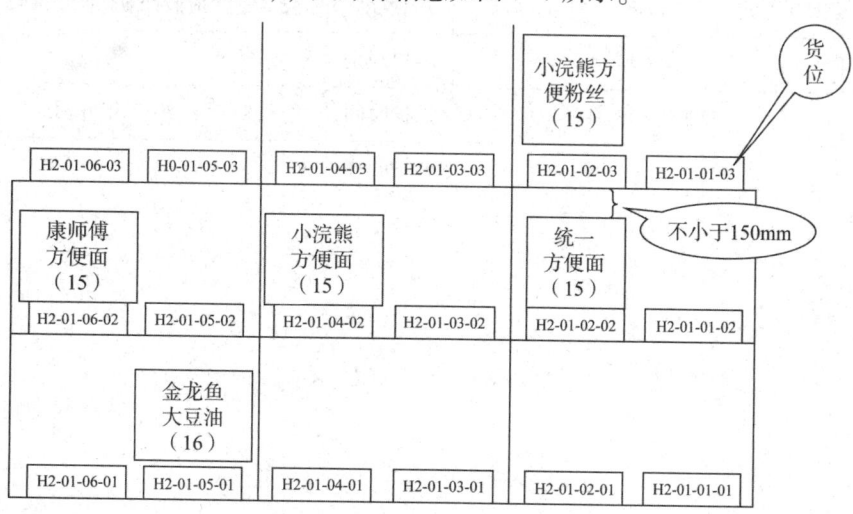

图 7-7 库存信息

任务六入库通知，请根据相关要求完成设计内容(本项内容只设计不执行，只在方案设计中考核，不在方案实施中考核)。

入库通知

今收到供货商发来入库信息,计划到货日期为 7 月 1 日 14 点,内容如下。

入库一台自重为 30 t 的设备,该设备底架为两条 2 m×0.2 m 的钢架。

如果目标存储区域地坪荷载为 3 t/m²,你作为仓库管理员请计算出入库该设备需不需要垫垛?如果需要,应如何采用 2 m×1.5 m、自重为 0.5 t 的钢板垫垛?

(3)出库作业计划。

任务一客户信息,LGD 物流公司的客户档案信息如表 7-15~表 7-23 所示。

表 7-15 美德公司档案信息

客户编号	2004030123				
公司名称	美德公司		助记码	MD	
法人代表	王永红	家庭地址	天津市北开区佳和家园 x-x-xxx	联系方式	022-×××××××
证件类型	营业执照	证件编号	××××××××××××××	营销区域	天津市区
公司地址	天津市西城区星河路×××号		邮编	××××××	联系人	任××
办公电话	022-×××××××	家庭电话	022-×××××××	传真号码	022-×××××××
电子邮箱	meide@126.com	QQ 账号	××××××××××	—	—
开户银行	××商业银行		银行账号	×××××××××××××××	
公司性质	民营	所属行业	零售业	注册资金	1 200 万元	经营范围	食品、办公用品
信用额度	150 万元	忠诚度	高	满意度	较高	应收账款	142 万元
客户类型	重点型		客户级别	A	
建档时间	2006 年 5 月		维护时间	2017 年 6 月	
Web 主页	www.meide.com				
备注:					

项目七 综合实训——现代物流作业方案设计与实施

表 7-16 美福公司档案信息

客户编号		2003020106				
公司名称		美福公司		助记码		MF
法人代表	赵光明	家庭地址	天津市海河区滨海街渔光家园××-×××		联系方式	022-××××××××
证件类型	营业执照	证件编号	××××××××××××		营销区域	京津塘
公司地址		天津市海河区裕美大厦××-×-×	邮编	××××××	联系人	王×
办公电话	022-××××××××		家庭电话	022-××××××××	传真号码	022-××××××××
电子邮箱	meifu@126.com		QQ 账号	××××××××××	—	—
开户银行		××银行海河支行	银行账号		××××××××××××××××	
公司性质	民营	所属行业	零售	注册资金	300 万元	经营范围	日用品、食品
信用额度	9 万元	忠诚度	一般	满意度	高	应收账款	8.95 万元
客户类型		普通		客户级别		B
建档时间		2003 年 2 月		维护时间		2015 年 6 月
Web 主页			www.meifu.com			
备注:						

表 7-17 美华公司档案信息

客户编号		2008160902				
公司名称		美华公司		助记码		MH
法人代表	薛瑾	家庭地址	天津市南口区林南苑××-×-××		联系方式	022-××××××××
证件类型	营业执照	证件编号	××××××××××××		营销区域	塘汉大
公司地址		天津市西城区晚霞路××号	邮编	××××××	联系人	范×
办公电话	022-××××××××		家庭电话	022-××××××××	传真号码	022-××××××××
电子邮箱	meihua@eyou.com		QQ 账号	××××××××××	—	—
开户银行		××银行	银行账号		××××××××××××××××	
公司性质	中外合资	所属行业	零售业	注册资金	3 600 万元	经营范围	食品、日用品
信用额度	190 万元	忠诚度	高	满意度	高	应收账款	178 万元
客户类型		伙伴型		客户级别		A
建档时间		2008 年 8 月		维护时间		2018 年 4 月
Web 主页			www.meihua.com			
备注:						

表 7-18 美来公司档案信息

客户编号		2012400309			
公司名称		美来公司	助记码		MCH
法人代表	王强	家庭地址	天津市万柳塘路××号	联系方式	022-××××××××
证件类型	营业执照	证件编号	××××××××××××	营销区域	京津地区
公司地址		天津市沈河区万柳塘路×号	联系人	王×	邮编	××××××
办公电话	022-××××××××	家庭电话	022-××××××××	传真号码	022-××××××××
电子邮箱	meilai@yahoo.com	QQ 账号	××××××××××	—	—
开户银行		××银行	银行账号		××××××××××××××××××
公司性质	外资	所属行业	商业	注册资金	600 万元	经营范围	食品、日用百货
信用额度	15 万元	忠诚度	一般	满意度	一般	应收账款	9.5 万元
客户类型		普通型	客户级别		B
建档时间		2007 年 7 月	维护时间		2018 年 6 月
Web 主页			www.meilai.com		
备注：每年 12 月 1—5 日期间货物盘点					

表 7-19 美兰公司档案信息

客户编号		210055055			
公司名称		美兰公司	助记码		ML
法人代表	李岚	家庭地址	天津市新港区紫竹苑×-×-×××	联系方式	022-××××××××
证件类型	营业执照	证件编号	××××××××××××××	营销区域	塘汉大
公司地址		天津市滨海区滨海新路×××号	邮编	××××××	联系人	高×
办公电话	022-××××××××	家庭电话	022-××××××××	传真号码	022-××××××××
电子邮箱	meilan@yahoo.com	QQ 账号	××××××××××	—	—
开户银行		××商业银行	银行账号		××××××××××××××××××
公司性质	民营	所属行业	零售	注册资金	200 万元	经营范围	日用品、食品
信用额度	10 万元	忠诚度	一般	满意度	较高	应收账款	9.9 万元
客户类型		普通型	客户级别		C
建档时间		2004 年 6 月	维护时间		2015 年 6 月
Web 主页			www.meilan.com		
备注：					

表 7-20 美乐公司档案信息

客户编号		2003042301				
公司名称		美乐公司		助记码		ML
法人代表	董轩	家庭地址	天津市湖西区嘉义街凯莱庄园×-×××	联系方式		022-×××××××
证件类型	营业执照	证件编号	××××××××××××	营销区域		天津市区
公司地址		天津市滨海区西城道××号	邮编	×××××	联系人	王×
办公电话	022-×××××××	家庭电话	022-×××××××	传真号码		022-×××××××
电子邮箱	meile@162.com	QQ账号	×××××××××			
开户银行		××商业银行	银行账号	××××××××××××××		
公司性质	中外合资	所属行业	商业	注册资金	100万元	经营范围	食品、办公用品
信用额度	5万元	忠诚度	一般	满意度	较高	应收账款	4.5万元
客户类型		普通型		客户级别		B
建档时间		2003年4月		维护时间		2015年6月
Web主页		www.meile.com				
备注：						

表 7-21 美丽公司档案信息

客户编号		2003020157				
公司名称		美丽公司		助记码		MJ
法人代表	杨佳丽	家庭地址	天津市西开区枫林别墅××号	联系方式		022-×××××××
证件类型	营业执照	证件编号	××××××××××××	营销区域		天津市区
公司地址		天津市滨海区第五大街××号	邮编	×××××	联系人	王××
办公电话	022-×××××××	家庭电话	022-×××××××	传真号码		—
电子邮箱	meili@sina.com	QQ账号	×××××××××			—
开户银行		××银行	银行账号	××××××××××××××		
公司性质	中外合资	所属行业	商业	注册资金	1 200万元	经营范围	日用品、食品
信用额度	200万元	忠诚度	高	满意度	高	应收账款	199.7万元
客户类型		普通型		客户级别		A
建档时间		2001年12月		维护时间		2015年6月
Web主页		www.meili.com				
备注：						

表7-22 美霖公司档案信息

客户编号		2009081602				
公司名称		美霖公司		助记码		MX
法人代表	王熠	家庭地址	天津市西开区临海街西湖里x-×××		联系方式	022-××××××××
证件类型	营业执照	证件编号	××××××××××××		营销区域	滨海区
公司地址		天津市滨海区第五大道××号		邮编	××××××	联系人	王××
办公电话	022-××××××××	家庭电话	022-××××××××		传真号码	022-××××××××
电子邮箱	meilin@136.com	QQ账号	××××××××××		—	—
开户银行		××银行		银行账号		××××××××××××××××
公司性质	国有	所属行业	商业	注册资金	400万元	经营范围	服装、食品
信用额度	12万元	忠诚度	较高	满意度	较高	应收账款	120万元
客户类型		普通型		客户级别		A
建档时间		2001年12月		维护时间		2015年6月
Web主页		www.meili.com				
备注：						

表7-23 美园公司档案信息

客户编号		2009012403				
公司名称		美园公司		助记码		MY
法人代表	李文和	家庭地址	天津市滨海区霞光街水岸渔村x-×××		联系方式	022-××××××××
证件类型	营业执照	证件编号	××××××××××××		营销区域	华北地区
公司地址		天津市滨海区新民道××号		邮编	××××××	联系人	李×
办公电话	022-××××××××	家庭电话	022-××××××××		传真号码	022-××××××××
电子邮箱	Meiyuan.com	QQ账号	××××××××××		—	—
开户银行		××银行滨海支行		银行账号		××××××××××××××××
公司性质	民营	所属行业	零售	注册资金	400万元	经营范围	食品、日用百货
信用额度	160万元	忠诚度	较高	满意度	高	应收账款	152.5万元
客户类型		重点型		客户级别		B
建档时间		2009年1月		维护时间		2017年6月
Web主页		www.meiyuan.com.cn				
备注：						

LGD 物流公司客户优先权评价指标的权重如表 7-24 所示。

表 7-24 客户优先权评价指标

评价指标	客户类型	客户级别	忠诚度	满意度
权重	40%	30%	20%	10%

任务二客户订单信息，2018 年 12 月 1 日，LGD 物流公司接到了 6 家客户的采购订单，其内容如表 7-25～表 7-30 所示。

表 7-25 美福公司采购订单

订单编号：D2018120101

序号	商品名称	单位	单价/元	订购数量	金额/元	备注
1	金龙鱼大豆油	箱	100	3	300	
2	小浣熊方便粉丝	箱	100	1	100	
3	康师傅方便面	箱	100	3	300	
4	康师傅冰红茶 330 mL	瓶	50	1	50	
5	康师傅橙汁饮品 310 mL	罐	50	2	100	
6	脉动青柠口味 400 mL 维生素饮料	瓶	50	1	50	
7	百岁山饮用天然矿泉水 348 mL	瓶	50	1	50	
8	芬达橙味碳酸饮料 330 mL	罐	50	5	250	
合计				17	1 200	

表 7-26 美华公司采购订单

订单编号：D2018120102

序号	商品名称	单位	单价/元	订购数量	金额/元	备注
1	金龙鱼大豆油	箱	100	10	1 000	
2	小浣熊方便面	箱	100	3	300	
3	康师傅酸梅汤 310 mL	罐	50	2	100	
4	康师傅芒果小酪 310 mL	罐	50	1	50	
5	美年达橙味碳酸饮料 330 mL	罐	50	3	150	
6	百岁山饮用天然矿泉水 570 mL	瓶	50	2	100	
7	雪碧柠檬味碳酸饮料 330 mL	罐	50	5	250	
8	脉动青柠口味 600 mL 维生素饮料	瓶	50	3	150	
合计				29	2 100	

表 7-27 美德公司采购订单

订单编号：D2018120103

序号	商品名称	单位	单价/元	订购数量	金额/元	备注
1	金龙鱼大豆油	箱	100	7	700	
2	康师傅方便面	箱	100	9	900	
3	康师傅酸梅汤 310 mL	罐	50	1	50	
4	康师傅芒果小酪 310 mL	罐	50	2	100	
5	农夫山泉饮用天然水 380 mL	瓶	50	3	150	
6	脉动青柠口味 600 mL 维生素饮料	瓶	50	1	50	
7	可口可乐汽水碳酸饮料 300 mL	瓶	50	5	250	
	合计			28	2 200	

表 7-28 美园公司采购订单

订单编号：D2018120104

序号	商品名称	单位	单价/元	订购数量	金额/元	备注
1	金龙鱼大豆油	箱	100	7	700	
2	小浣熊方便粉丝	箱	100	4	400	
3	7喜冰爽柠檬味汽水 330 mL	罐	50	2	100	
4	百事可乐 330 mL	罐	50	1	50	
5	百岁山饮用天然矿泉水 348 mL	瓶	50	1	50	
6	脉动青柠口味 400 mL 维生素饮料	瓶	50	4	200	
7	可口可乐汽水碳酸饮料 330 mL	罐	50	5	250	
	合计			24	1 750	

表 7-29 美丽公司采购订单

订单编号：D2018120105

序号	商品名称	单位	单价/元	订购数量	金额/元	备注
1	金龙鱼大豆油	箱	100	6	600	
2	统一方便面	箱	100	7	700	
3	百事可乐 330 mL	罐	50	2	100	
4	7喜冰爽柠檬味汽水 330 mL	瓶	50	6	300	
5	娃哈哈饮用纯净水 596 mL	瓶	50	6	300	
6	农夫山泉饮用天然水 550 mL	瓶	50	5	250	
7	脉动水蜜桃口味 400 mL	瓶	50	3	200	
8	雪碧柠檬味碳酸饮料 300 mL	瓶	50	5	250	
	合计			40	2 700	

表 7-30　美来公司采购订单

订单编号：D2018120106

序号	商品名称	单位	单价/元	订购数量	金额/元	备注
1	金龙鱼大豆油	箱	100	6	600	
2	统一方便面	箱	100	5	500	
3	7喜冰爽柠檬味汽水 330 mL	罐	50	3	150	
4	康师傅绿茶 330 mL	瓶	50	3	150	
5	娃哈哈苏打水饮品 350 mL	瓶	50	8	400	
6	脉动水蜜桃口味 600 mL	瓶	50	4	200	
7	芬达橙味碳酸饮料 300 mL	瓶	50	5	250	
	合计			34	2 250	

LGD 物流公司对客户订单有效性判断的标准是累计应收账款超过信用额度的视为无效订单。该公司在盘点期间不作业。

任务三　库存状态信息。

1）重型（托盘）货架入库任务完成前的库存信息如表 7-31 所示。

表 7-31　重型（托盘）货架原始库存信息

序号	货品名称	规格/(mm×mm×mm)	单位	货位地址	入库日期	生产日期	保质期
1	金龙鱼大豆油	395×295×180	箱	H2-01-05-01	2018年04月10日	2017年11月5日	18个月
2	统一方便面	330×235×180	箱	H2-01-02-02	2018年08月08日	2018年6月12日	9个月
3	小浣熊方便面	330×235×180	箱	H2-01-04-02	2018年08月09日	2018年6月15日	9个月
4	康师傅方便面	330×235×180	箱	H2-01-06-02	2018年08月06日	2018年6月17日	9个月
5	小浣熊方便粉丝	595×395×180	箱	H2-01-02-03	2018年09月09日	2018年1月23日	18个月

2）电子标签货架区存储信息如表 7-32 所示。

表 7-32　电子标签货架区存储信息

序号	商品名称	单位
1	康师傅水蜜桃 310 mL	罐
2	康师傅蜂蜜柚子 310 mL	罐
3	康师傅酸梅汤 310 mL	罐
4	康师傅芒果小酪 310 mL	罐
5	康师傅冰糖雪梨 310 mL	罐
6	康师傅葡萄汁饮品 310 mL	罐

续表

序号	商品名称	单位
7	康师傅橙汁饮品 310 mL	罐
8	康师傅冰红茶 310 mL	罐
9	康师傅冰红茶 330 mL	瓶
10	康师傅绿茶 330 mL	瓶
11	康师傅水蜜桃 330 mL	瓶
12	康师傅冰糖雪梨 330 mL	瓶
13	百事可乐 330 mL	罐
14	七喜冰爽柠檬味汽水 330 mL	罐
15	美年达橙味碳酸饮料 330 mL	罐
16	百事可乐 330 mL	瓶
17	七喜冰爽柠檬味汽水 330 mL	瓶
18	美年达橙味碳酸饮料 330 mL	瓶

3）阁楼货架区存储信息如表 7-33 所示。

表 7-33　阁楼货架区存储信息

序号	商品品种
1	百岁山饮用天然矿泉水 348 mL
2	百岁山饮用天然矿泉水 570 mL
3	农夫山泉饮用天然水 380 mL
4	农夫山泉饮用天然水 550 mL
5	娃哈哈饮用纯净水 596 mL
6	娃哈哈苏打水饮品 350 mL

4）重型货架散货存储信息如表 7-34 所示。

表 7-34　重型货架散货存储信息

序号	商品名称
1	脉动青柠口味 400 mL 维生素饮料
2	脉动水蜜桃口味 600 mL 维生素饮料
3	脉动椰子菠萝口味 600 mL 维生素饮料
4	脉动橘子味 600 mL 维生素饮料
5	脉动青柠口味 600 mL 维生素饮料
6	脉动水蜜桃口味 400 mL 维生素饮料

5)电商货架存储信息如表 7-35 所示。

表 7-35 电商货架存储信息

序号	商品名称
1	芬达橙味碳酸饮料 330 mL
2	可口可乐汽水碳酸饮料 330 mL
3	可口可乐汽水碳酸饮料 300 mL
4	雪碧柠檬味碳酸饮料 330 mL
5	雪碧柠檬味碳酸饮料 300 mL
6	芬达橙味碳酸饮料 300 mL

(4)配送作业计划。

LGD 物流公司于 2018 年 12 月 1 日向美兰(A)、美福(B)、美来(C)、美华(D)、美德(E)、美园(F)、美丽(G)、美霖(H)、美乐(I)这 9 家公司配送货物。图 7-8 中连线上的数字表示公路里程(km),靠近各公司括号内的数字表示各公司对货物的需求量(t)。配送中心备有 2t 和 4t 载重量的汽车可供使用,且配送车辆一次巡回里程不超过 35km。设送到时间均符合用户要求,试用节约里程法制订该配送中心的最优配送方案。

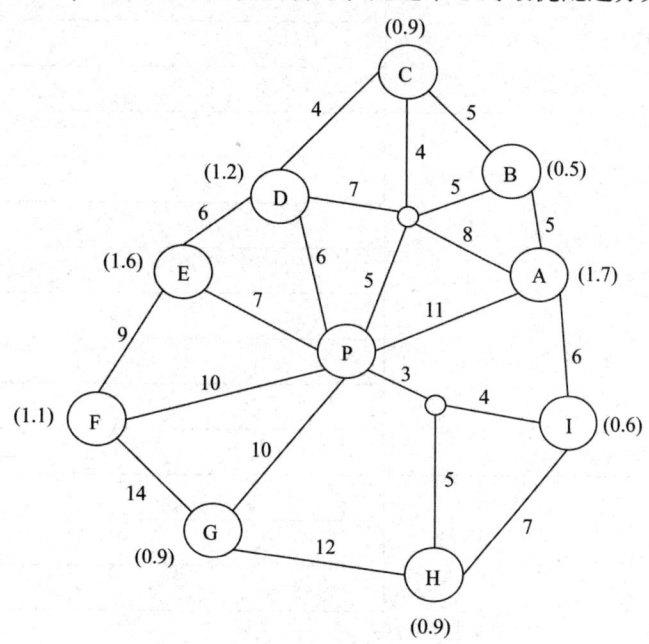

图 7-8 配送线路

(三)所需账、卡、单

1. 人员分工

根据作业方案要求完成人员分工情况(表 7-36)的填写。

表 7-36 人员分工情况

序号	人员	分工
1		
2		
3		
4		

2. 运输作业计划

1) 根据运输作业信息填写托运单表 7-37。

表 7-37 货物运输托运单

2018 年 12 月 2 日第 122 号

托运人：				电话：			装货地点：			
收货人：				电话：			卸货地点：			
货物名称	性质	包装或规格/(mm×mm×mm)	件数	实际重量/t	计费重量/t	货物声明价值/元	计费项目			货物核实记录
							运费/元	装卸费/元	保价费/元	
注意事项	1. 货物名称应填写具体商品名称，如商品名称过多，不能在托运单内逐一填写，必须另附货物清单 2. 对于保险或保价货物，应在相应的价格栏中填写货物声明价值									

2) 完善表 7-38，按照合适的车型、吨位、路线派车。

表 7-38 派车计划

货物总重量/t	货物总体积/m³	车型	载重量/t	容积/m³
		车型一		
		车型二		

若选择车型一，则需_____辆，单辆车载重_____t。
若选择车型二，则需_____辆，单辆车载重_____t。
根据上述信息分别填制表 7-39 和表 7-40。

表 7-39 转型一费用情况

	高速来回	国道来回
燃油费/元		
司机工资/元		
过路过桥费/元		
时间成本费/元		
小计		
所需车辆数		
总费用/元		

表 7-40 转型二费用情况

	高速来回	国道来回
燃油费/元		
司机工资/元		

续表

	高速来回	国道来回
过路过桥费/元		
时间成本费/元		
所需车辆数		
总费用/元		

由题可得，选择最节约成本的车型、路线是：选择_____辆车型_____进行派车，行驶高速来回路线成本最低，其成本为_____元。

3. 入库作业计划

1）完成物动量 ABC 分类（表 7-41）的填写。

表 7-41　物动量 ABC 分类

序号	商品名称	商品编码	物动量	品目累计百分比	物动量累计百分比	分类
合计						

2）完成收货检验单（表 7-42）的填写。

表 7-42　收货检验单

序号	商品名称	应收数量/箱	到货数量/箱	实收数量/箱	差异原因

检验人：　　　　　　　　　　　　　　　　　　　　　检验时间：

3) 根据货物组托示意，完成托盘条码信息(表7-43)的填写。

表7-43 托盘条码信息

序号	商品名称	数量/箱	所需托盘数/个	托盘单层码放数量/箱	码放层数	总重（含托盘）	备注

4) 编制托盘条码信息并填入表7-44中。

码制：CODE39，8位，无校验位；参考规格：100 mm×50 mm。前2位设为学号倒数第2~3位，其余6位自设。

表7-44 托盘条码信息

序号	托盘条码	数量/个	备注

5) 上架存储货位如图7-9所示。

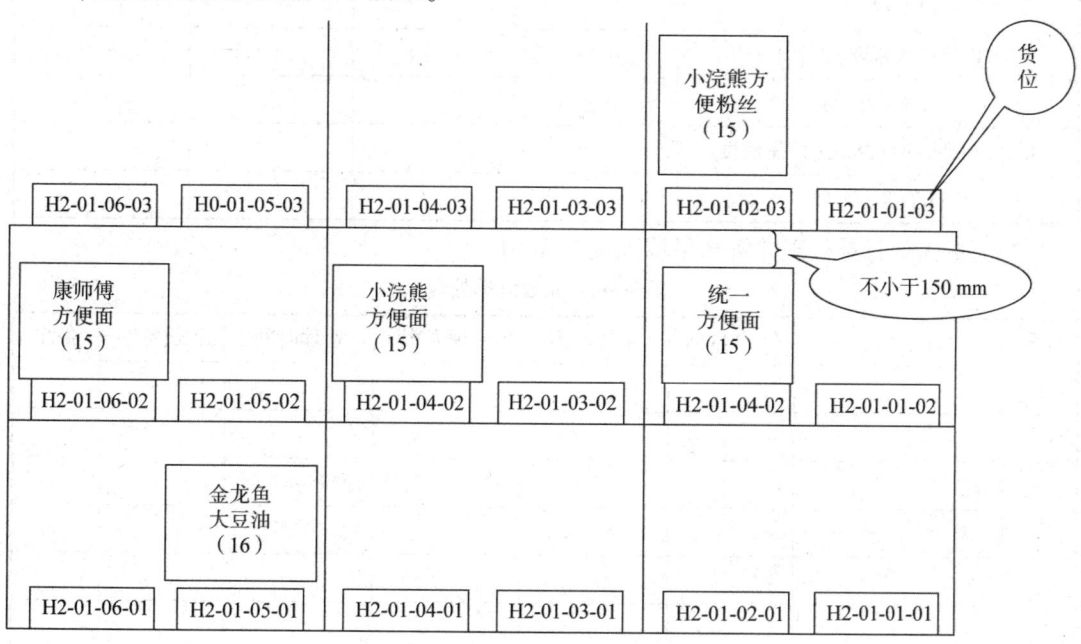

图7-9 上架存储货位示意

6）根据任务六的入库通知，在框中完成入库作业准备项目设计。

4. 出库作业计划

1）完成订单有效性分析并填入表7-45中。

表7-45 订单有效性分析

客户名称				
客户类型				
信用额度(万元)				
应收账款(万元)				
订单金额(万元)				
累计应收账款(万元)				
差额(万元)				
累计应收账款是否超过信用额度				
订单是否有效				

2）完成无效订单处理并将结果填入表7-46中。

表7-46 无效订单处理

序号	订单编号	客户名称	无效原因	处理方案	处理时间	队长签字	备注

3) 完成客户优先权分析并将结果填入表 7-47 中。

表 7-47 客户优先权分析

判断指标＼客户名称				
客户类型(0.4)				
客户级别(0.3)				
忠诚度(0.2)				
满意度(0.1)				
分值合计				
优先排序				

4) 完成库存分配计划并将结果填入表 7-48 中。

表 7-48 库存分配计划 (单位：箱)

商品名称	订购数量	计划出库	现有库存	库存分配	库存余额	缺货数量
总计						

5) 完成拣选单编制(表 7-49~表 7-55)。

表 7-49 拣选单 1-1(播种式)

商品名称						
货位地址				拣选数量		
序号	客户名称	订单编号	包装规格		数量	月台
			箱	件		

表 7-50　拣选单 1-2(播种式)

序号	客户名称	订单编号	商品名称			拣选数量	
			货位地址				
			包装规格		数量	月台
			箱	件		

表 7-51　拣选单 1-3(播种式)

序号	客户名称	订单编号	商品名称			拣选数量	
			货位地址				
			包装规格		数量	月台
			箱	件		

表 7-52　拣选单 1-4(播种式)

序号	客户名称	订单编号	商品名称			拣选数量	
			货位地址				
			包装规格		数量	月台
			箱	件		

表 7-53　拣选单 2-1(摘果式)

序号	商品名称	货位地址	客户名称			数量	月台
			订单编号				
			包装规格			
			箱	件		

表 7-54 拣选单 2-2(摘果式)

序号	客户名称	货位地址	订单编号		数量	月台
	商品名称		包装规格			
			箱	件		

表 7-55 拣选单 2-3(摘果式)

序号	客户名称	货位地址	订单编号		数量	月台
	商品名称		包装规格			
			箱	件		

6)完成月台分配(表 7-56)。

表 7-56 月台分配

客户名称	月台号

7)完成月台点检单的填写(表 7-57~表 7-59)。

表 7-57 1号月台(____公司)点检单

订单编号：　　　　　　　　　　　　　　订货时间：

序号	商品名称	单位	订购数量	计划出库量	实际出库量

续表

序号	商品名称	单位	订购数量	计划出库量	实际出库量
	合计		31	31	

点检人：　　　　　　　　　　　　复核人：

表 7-58　2号月台(　　公司)点检单

订单编号：　　　　　　　　　　　订货时间：

序号	商品名称	单位	订购数量	计划出库量	实际出库量
	合计		31	31	

点检人：　　　　　　　　　　　　复核人：

表 7-59　3 号月台(____公司)点检单

订单编号：　　　　　　　　　　　　　订货时间：

序号	商品名称	单位	订购数量	计划出库量	实际出库量
	合计		31	31	

点检人：　　　　　　　　　　　　　　复核人：

5. 配送作业计划

1) 分别将车辆调度及路线优化填入表 7-60~表 7-62 中。

第一步，计算两点之间的最短距离(单位：km)。

表 7-60　两点之间的最短距离

P	A	B	C	D	E	F	G	H	I	J
P										
A										
B										
C										
D										
E										
F										
G										
H										
I										

第二步，计算两点之间的节约里程(单位：km)。

表 7-61　两点之间的节约里程

A	B	C	D	E	F	G	H	I	J
A									
B									
C									
D									
E									
F									
G									
H									
I									

第三步，将节约里程进行降序排序(单位：km)。

表 7-62　排序

序号	路线	节约里程/km	序号	路线	节约里程/km
1			17		
2			18		
3			19		
4			20		
5			21		
6			22		
7			23		
8			24		
9			25		
10			26		
11			27		
12			28		
13			29		
14			30		
15			31	FJ	1
16					

第四步，路线优化设计，在空白处完成路线优化图，将优化好的线路图画在框内，再将路线优化设计内容填入表7-63中，并在框中写出结论。

表7-63 路线优化内容

路线		载重量/t	行驶里程/km	节约里程/km
路线一				
路线二				
路线三				
合计				

结论：_____
_____。

2)配装配载：将配装车辆模型图绘制在框内。

配送时针：_____。

配送顺序：_____。

卸货客户：_____。

6. 编制计划

将作业进度计划甘特图绘制在框内。

7. 应急预案

填写应急预案(表 7-64)。

表 7-64 应急预案

序号	紧急情况	应对措施

(四)实训报告

姓名		学号	
专业		班级	
实训日期		指导教师	
实训任务			
实训收获及反思			

参 考 文 献

[1] 王喜富. 大数据与智慧物流[M]. 北京：清华大学出版社，2015.
[2] 中华人民共和国教育部. 高等职业学校物流管理专业教学标准，2019.
[3] 薛威. 仓储作业管理[M]. 北京：高等教育出版社，2018.
[4] 薛威. 智慧物流实训[M]. 北京：高等教育出版社. 2021.
[5] 贾春玉，王海军，钟耀广. 仓储与配送管理[M]. 北京：机械工业出版社，2019.
[6] 张宇. 智慧物流与供应链管理[M]. 北京：电子工业出版社，2016.
[7] 鲁楠. 采购管理与库存控制[M]. 大连：大连理工出版社，2014.
[8] 蓝仁昌. 物流信息技术应用[M]. 北京：高等教育出版社，2012.